시청각 일본어 표현 연습

허인순, 최영숙, 김은모, 최준호 지음

전북대학교 출판문화원

본 저서는 2013년 전북대학교 저술장려연구비 지원에 의하여 연구되었음

목 차

남녀노소 참여하는 마쓰리

머리말

교재의 특징

대다수의 일본어 학습자들이 회화 능력을 키우기 위해 많은 시간을 할애하는데도 실제 사용에서는 만족스러운 결과를 얻지 못하고 있다. 일본인들과 어울려 대화하다 보면 종종 어휘나 문법적으로 문제가 없음에도 학습자의 일본어가 실생활 속에서 일본인들이 사용하는 일본어 표현과는 사뭇 다른 모양새를 띠고 있는 것을 느끼게 된다. 물론 일본 현지에 체류하며 오랜 시간을 들여 그들의 사회문화에 동화되어 일본인처럼 일상회화를 구사하는 것도 불가능하지는 않으나, 모든 학습자들이 그러한 여건을 누릴 수는 없지 않은가. 따라서 본 교재는 일본의 드라마와 영화 그리고 애니메이션에 나타나는 중요 어휘와 문형표현을 정리하여, 학습자가 일본식 회화 표현에 익숙해지고 이를 연습하고 활용할 수 있는 기회를 제공하고자 한다.

교재의 구성 및 내용

본 교재는 전체 4부로 구성된다. 먼저 1부에서는 일본어 회화를 학습하는 데 중요한 역할을 차지하는 축약표현에 대하여 학습자의 이해를 돕기 위한 설명부분으로 이루어진다. 다음 2부는 본격적으로 시청각 자료를 통해 일본어 문형을 학습하는 장이다. 2부에서 다루는 작품은 드라마 6편, 영화 5편, 애니메이션 4편이다. 작품소개와 줄거리요약 그리고 출연진 및 등장인물에 관한 정보를 제공하여 본 교재에 수록된 작품을 시청하지 못했다 하더라도 어느 정도 각 작품의 내용과 분위기를 파악하는 데 도움을 주고자 했다. 다음으로는 각 작품 내에서 선별한 중요 어휘와 문형표현을 정리하여 실용적인 일본어 회화 학습에 도움이 되도록 구성하였다.

또한 본 교재에 수록된 작품과 관련이 있는 일본의 시사 칼럼을 준비하여 각 장의 끝에 배치하였다. 그리고 3부에서는 본 교재에 등장하는 전체 문형

표현을 일괄 정리 하였으며, 마지막 부록에서는 일본 문화의 전반적인 사항을 이해하는 데 도움이 되는 자료들을 한데 모았다.

교재의 기대효과

본 교재에 수록된 일본어 시청각 자료들의 어휘와 문형을 연습하고 문법적인 내용을 숙지하면 일본 사람들이 실생활에서 구사하는 자연스러운 일본어에 학습자가 좀 더 가까워질 수 있을 것이다. 또한 일본의 드라마나 영화, 애니메이션을 감상함으로써 그들의 사회 문화에 대한 전반적인 이해도를 높이는 데도 큰 도움이 될 것이다.

마지막으로 이 책의 편집과 제작에 정성을 다해주신 전북대학교 출판문화원 관계자들께 깊은 감사를 드리며, 삽화를 그려준 대전 외삼중학교 박지수 학생, 일본어 교정을 보아주신 전주대학교 아오모리 쓰요시 교수님께도 심심한 감사말씀을 드린다.

I. 축약표현

교토 료안지

겐로쿠엔

I 축약표현

축약형은 텔레비전의 드라마, 연극, 영화, 만화 등의 대화문, 특히 일상생활의 회화에서 빈번하게 나타나는데, 이것은 우리가 말을 할 때 되도록 최소의 노력을 들이려는 발음의 간소화 경향이라고 할 수 있다. 그래서 말의 뜻을 이해하는데 그다지 중요하지 않은 음소는 탈락되어 발음되는 경우가 많다.

1. 일상생활 및 드라마에서 많이 사용되는 축약표현

1) <~て+보조동사>

(1) ~ている [teirɯ] → ~てる [terɯ]
~でいる [deirɯ] → ~でる [derɯ]
[i]모음 탈락현상이다.

- 何で一人で食べてる(いる)のよ。
- あなたが盗んでるのを見たんですよ。
- あすからまた休むといってます。
- なにノンビリしてるんですか！

(2) ~ていく [teikɯ] → ~てく [tekɯ]
[i]모음 탈락현상이다.

- とにかく連れてく(いく)しかないだろう。
- 余りもんだけど、持ってく？
- 今日留置場に泊まってく？

(3) ~ていらっしゃる [teirasʃarɯ] → ~てらっしゃる [terasʃarɯ]
[i]모음 탈락현상이다.

· 何を見て(いら)らっしゃるの？
· 本当にそう思ってらっしゃいます？
· 相当悩んでらっしゃるみたいね。
· お若いのに、色々事業をやってらっしゃるんですね。

(4) ~てしまう [teʃimaɯ] → ~ちまう [tʃimaɯ]
~でしまう [deʃimaɯ] → ~じまう [ʤimaɯ]
[e] 모음 탈락하고 구개음화된 현상이다.

· え？もう行っち(てし)まうの？
· お前のせいで、遅れちまったじゃねぇか。
· ほんとに惚れちまったのかな。
· ようし、今日は朝まで飲んじまうぞ。

(5) ~てしまう [teʃimaɯ] → ~ちゃう [ʧaɯ]
~でしまう [deʃimaɯ] → ~じゃう [ʤaɯ]

~てしまう [teʃimaɯ]에서 ~ちまう [ʧimaɯ]가 된 다음 [m]가 탈락함과 동시에 이중모음화하여 결국 ~ちゃう [ʧaɯ]가 된다.

· 用事を忘れちゃ(てしま)った。
· 早く食べちゃいなさい。
· 行けないって言っちゃえばいいじゃない？
· のりかえちゃおうかしら。
· 食べると太っちゃう。
· 一晩でこの本を読んじゃ(でしま)った。
· 死んじゃえばそれまでだ。
· 腹ぺこのまま死んじゃうのは……。

(6) ~ておく [teokɯ] → ~とく [tokɯ]
[e]가 탈락한 현상이다.

· 私が見とく(てお)から、心配するな。

· ほっといたらあの娘が。

· オーナーには連絡しとくから。

(7) ~ておけば [teokeba] → ~ときゃ [tok^{j}a]

~ておけば [teokeba]에서 ~とけば[tokeba]가 된 다음 [b]가 탈락하면서 [tokea]는 이중모음화하여 ~ときゃ [tok^{j}a]로 실현된다.

· だからうなぎにしときゃ(ておけば)よかったのよ。

· スルーしときゃいいのに。

(8) ~ておる [teorɯ] → ~とる [torɯ]

[e]가 탈락한 현상이다.

· どこを見とる(てお)。

· なにをしとるんだ、君は。

· 独り身でフラフラしとるから。

(9) ~ているのだ [teirɯnoda] → ~てんだ [tenda]

~ているのだ [teirɯnoda]에서 [i]가 탈락하고 ~てるのだ [terɯnoda]가 된 다음 [n]와 [d]사이에서 [o]가 탈락하여 ~てるんだ [terɯnda]가 된다. る[rɯ]는 뒤 [n]의 영향을 받아 ~てんだ [tenda]가 된다.

· 惚れてんだ(いるの)ろう。

· そんなとこで何してんですか?

· あんなこと言ってんですけど、大丈夫ですか?

· なんで金田一が同じもの持ってんだ。

(10) ~てあげる [teagerɯ] → ~たげる [tagerɯ]

[e]는 [a]보다 개구도(입벌림)가 작은 모음이다. 따라서 [e]와 [a]가 충돌하여 [e]가 탈락하여 ~たげる [tagerɯ]가 되는 현상이다.

· これも買ったげる(てあ)よ。

· じゃ、私のも見せたげるから。
· したげる。
· そしたら写真とったげるって。
· もう一度、読んだげるから、よく聞いて。

2) <조사 は>

(1) ~ては [tewa] → ~ちゃ [ʧa]

구개음화 현상이다.

· 人のものを勝手に食べちゃ(ては)いけませんよ。
· なにも見ちゃいませんよ。
· 冗談言っちゃ、困りますよ。
· あなたにしちゃ、すごいと思います。
· お邪魔しちゃ悪いから。
· 無茶しちゃダメですよ。
· ツケを回されちゃかなわないもの。
· フードコーディネーターが胡椒忘れちゃ商売にならないでしょ。

(2) ~では [dewa] → ~じゃ [ʤa]

구개음화 현상이다.

· これ、全部飲んじゃ(では)駄目ですかね。
· それじゃ、お先に失礼します。
· 学校じゃこんなこと、教えないからさ。
· そんなにすてたものじゃないわ。
· じゃ、どうして涼介くんは引き抜かれないんですか？
· 押しかけ探偵じゃお金にならないでしょう？
· だからそういう問題じゃないの。

(3) ~には [ɲiwa] → ~にゃ [ɲa]

[w]가 탈락하면서 이중모음화한 현상이다.

· いい男にゃいい女がいるもんよ。

· お前にゃわかんないよ、私の気持ちなんか。

· 諦めるにゃちょっと早すぎるよ。

· 大丈夫よ。死にゃしませんから。

(4) それは [sorewa] → それあ [sorea]

[w]가 탈락한 현상이다.

· それあ、夕陽が当たっているからよ。

(5) ことは [kotowa] → こたぁ [kotaː]

[w]가 탈락하고 ことあ [kotoa]가 된 다음 [o]가 탈락한 현상이다.

· あんたが行くこたぁないんだよ。

· そんなの気にするこたぁないですよ。

(6) は [wa] → あ [a]

[w]가 탈락한 현상이다.

· あいつあ……。

· そらあ、こっちのほうが高いですわ。

(7) これは/それは/あれは → こりゃ/そりゃ/ありゃ

[korewa] / [sorewa] / [arewa] → [kor^{j}a] / [sor^{j}a] / [ar^{j}a]

[w]가 탈락하면서 [korea] / [sorea] / [area]의 [ea]는 이중모음화하여 [ja]가 된다. 결국, [kor^{j}a] / [sor^{j}a] / [ar^{j}a]가 된 현상이다.

① こりゃ

· こりゃ、大変だ。

· なんだ、こりゃ。

· こりゃ、麻婆豆腐だな。

② そりゃ

・そりゃ(れは)、ひどいね。

・そりゃいいな。

・そりゃ、フラれて当たり前だろ？

・そりゃ、具材は全部食べちゃったんでしょ。

③ ありゃ

・ありゃ(れは)なんだい。

3) <명사・대명사>

(1) わたし [wataʃi] → あたし [ataʃi]

[w]는 어두에서 탈락하기 쉽다.

・それ、あ(わ)たしやります。

・あたしのどこが気に入らないのですか。

・あたし、その人に間違えられてるようですね。

・そこ、あたしの席なんですけど。

(2) あなた [anata] → あんた [anta]

[n]와 [t]는 조음위치가 같은 치경음이다. 같은 조음위치 사이에 끼어 있는 모음은 탈락하기 쉽다. 따라서 [n]와 [t]사이에서 [a]가 탈락한 현상이다.

・あん(な)た、それ本気なの？

・あんた、帰っていいよ。

・あんた何やってたんだよ。

・あんたが通報しないんなら俺がするぜ。

・あんたなら判るだろ！？

(3) それから [sorekara] → そいから [soikara]

[re]는 [i]로 축약된 현상이다.

· そいからさ、あれは……。(い: れ)

(4) どこか [dokoka] → どっか [dokka]

[k]와 [k]사이에서 [o]가 탈락한 현상이다.

· 君はどっかの学校へ行ってるんですか。(っ: こ)
· ど、どっかで遊んでるんじゃないですか？
· どっかで鍋食べてくるんでしょ。
· どっか行っちゃいました。

(5) このあいだ [konoaida] → こないだ [konaida]

[o]는 [a]보다 개구도(입벌리는 정도)가 작은 모음으로 [o]가 [a]로 흡수된 현상이다.

· こないだの分返して。(な: のあ)
· こないだはお世話になりました。

(6) ~のうち [nouɯʧi] → ~んち [nʧi]

[ouɯ]가 탈락한 현상이다.

· あたしんちの階へ運んで看病してくれ。(ん: のう)
· サンミニアートのクオモさんちの豚の名前……。

僕んち　俺んち　君んち　友だちんち　彼氏んち

(7) それなら [sorenara] → そんなら [sonnara]

일본어의 ra행 음절은 뒤에 오는 음의 영향을 받기 쉽다. 따라서 [re]가 [n]로 된 현상이다.

· そんならあなたも行けるんでしょ？(ん: れ)

(8) いちにち [iʧiɲiʧi] → いちんち [iʧinʧi]

[ɲ]와 [ʧ]는 경구개(딱딱한 입천장)음이다. 조음위치가 같은 자음 사이

에 끼어 있는 [ni]의 [i]가 탈락한 현상이다.

· いちん(に)ちに

4) <부정>

(1) ~ない [nai] → ~ねえ [ne:]

[a]와 [i]가 만나면서 모음 충돌 회피현상으로 인하여 [a]와 [i]의 중간 모음인 [e]로 바뀌는 현상이다.

· 俺も知らねぇ(ない)んだよ。
· お前も行かねぇのに、俺が行くわけねぇじゃん。
· 今はあんたの顔なんか見たくもねぇよ。
· 腹へった。今日一日ずっとなにも食べてねぇ。
· じゃ、いらねえよ。
· お前、10歳やそこらで人生悟ったような態度取ってんじゃねえぞ！
· 人生計算すんじゃねえよ！

ねぇ　すくねぇ　すまねぇ　きたねぇ　あぶねぇ　知らねぇよ
かまわねえ　何でもねえよ

(2) ~なければ [nakereba] → ~なきゃ [nak^{j}a]

~なければ [nakereba]의 ければ [kereba]가 [b] 탈락과 동시에 이중모음화하여 ~なきゃ [nak^{j}a]로 축약된 현상이다.

· この薬、飲まなきゃ(ければ)風邪、治らないよ。
· ま、奥さんには署でじっくり話を聞かなきゃな。
· 罪は償わなきゃ。
· しかし、なんで食べなきゃいけないの？
· どうして私がそんなことをしなきゃいけないの！

見なきゃ　飲まなきゃ　作らなきゃ　読まなきゃ

5) <형용사>

(1) あたたかい [atatakai] → あったかい [attakai]
[t]와 [t]사이에서 [a]가 탈락한 현상이다.

- あっ(た)たかくなるんだよ。
- こっちの方があったかい。

(2) ~さい [sai] → ~せえ [se:]
[a]와 [i]가 만나면서 모음 충돌 회피현상으로 인하여 [a]와 [i]의 중간 모음인 [e]로 바뀌는 현상이다.

- だせぇ(さい)。
- うるせぇな。
- くせぇ。

(3) ~たい [tai] → ~てえ [te:]
[a]와 [i]가 만나면서 모음 충돌 회피현상으로 인하여 [a]와 [i]의 중간 모음인 [e]로 바뀌어 [tai]가 [te:]가 되는 현상이다.

- あ~、なんか食べてぇ(たい)よ。
- 前から行きてぇ行きてぇって言ったじゃない。
- 本当、お前バカみてぇだな。

  いてぇ　つめてぇ　ありがてぇ　おもてぇ

(4) ~まい [mai] → ~めえ [me:]
[a]와 [i]가 만나면서 모음 충돌 회피현상으로 인하여 [a]와 [i]의 중간 모음인 [e]로 바뀌어 [mai]가 [me:]가 되는 현상이다.

- ガキじゃあるめえ(まい)し。

  うめぇ　せめぇ　あめぇ

6) <동사>

(1) あたたまって [atatamatte] → あったまって [attamatte]
[t]와 [t]사이에서 [a]가 탈락한 현상이다.

· お風呂の中で、あっ(た)たまってくると。

(2) ~りかえ [rikae] → ~っかえ [kkae]
ら[ra]행 음절은 뒤에 오는 음의 영향을 받기 쉽다. [ri]는 뒤에 오는 [k]의 영향을 받아 촉음으로 실현된다.

· 取っ(り)替える。

(3) ひきかえして [hikikaeʃite] → ひっかえして [hikkaeʃite]
[k]와 [k] 사이에서 개구도가 가장 작은 [i]가 탈락한 현상이다.

· あなたが服をとっかえひっ(き)かえしてたから。

(4) ふみつける [hɯmitsɯkerɯ] → ふんづける [hɯnzɯkerɯ]

· 一平の足をしたたかに踏ん(みつ)づける。

7) <기타>

(1) の [no] → ん [n]
'の [no]' 가 어말에 오거나 の [no] 다음에 치경음으로 시작하는 だ[da], で[de], と[to], な[na]가 오면 'の [no]'의 [o]는 탈락한다. 같은 조음 위치 사이에 끼어 있는 모음은 탈락하기 쉽기 때문이다.

① ~のです → ~んです

· 何するん(の)ですか?

· こんなの初めてなんです。

· そんなにおいしいんですか。

・なにノンビリしてるんですか！
・チーフもサブも引き抜かれたんですよ！？
・お金がないんです！
・じゃ、どうして涼介くんは引き抜かれないんですか？
・それよりどうやって立て直すんですか？

② ~もの → ~もん

・いいもん（の）。
・もう電話しちゃったもんね。
・お酒のおつまみみたいなもんとか。
・ま、早く解決して旨いもん食べに行こう。
・なんか旨いもん食わせてやれ。
・減るもんじゃなし、見せてくれたっていいじゃない。
・余りもんだけど、持ってく？

③ あの → あん

・あん（の）時はお世話になりまして。

④ ここのところ → ここんところ / そこのところ → そこんところ

・ここん（の）ところをちょっとやってみせてください。
・そこん（の）ところまずよく認識しろ。

⑤ ~のと違う → ~んと違う

・外国へ持って行ったん（の）と違うやろ。

⑥ ~のなら → ~んなら

・それでも向いてないと思うん（の）なら。
・あんたが通報しないんなら俺がするぜ。
・しかしなぁ、殺されるって言うんならパトロールしたり……。
・告白してフラれたんならまだ判るけどさ……。

⑦ ~の… → ~ん…

· 頭ん(の)中もすこしコピーされてるらしくて。

⑧ ~なので → ~なんで

· あんまりきれいなん(の)で。

(2) ~れば [reba] → ~りゃ [r^{j}a]

~れば [reba]의 [b] 탈락과 동시에 [rea]는 이중모음화 하여 ~りゃ [r^{j}a]가 되는 현상이다.

· 食べたきゃ、食べりゃ(れば)いいね。
· 値段は安けりゃ、安いほどいい。
· 飲みたけりゃ、お金さえ出せばいいんだ。
· 放っておかなけりゃどうなさるの？
· じゃあどうすりゃいいんだよ。

すりゃ　見りゃ　食べりゃ　できりゃ
痛けりゃ　高けりゃ
行かなけりゃ　食べなけりゃ　買わなけりゃ
行きたけりゃ　見たけりゃ　遊びたけりゃ
黙って聞いてりゃ

(3) ~になる [ɲinarɯ] → ~んなる [nnarɯ]

[n]와 [n]사이에서 [i]가 탈락한 현상이다.

· その話、駄目ん(に)なった。
· あなた、いつも家に閉じこもりだと病気んなっちゃうかもよ。
· ああ、本当、いやんなっちゃうよ。
· 本当に先生んなりたいの？
· 海とカモメと一緒んなって。

(4) しよう [ʃijoɯ] → しょう [ʃo:]

[i]는 일본어에서 개구도가 가장 작은 모음이므로 탈락하기 쉽다.

・ しょうがないだろ。

・ 見てもしょうがないですけど……。

・ それに、死ぬのはしょうがねえ。

・ ったく、しょうがねえなあ。

(5) ~ているの [teirɯno] → (~てるの [terɯno]) → ~てんの [tenno]

~ているの [teirɯno]에서 [i]가 탈락하고 ~てるの [terɯno]가 된 다음 [rɯ]는 뒤에 오는 [n]의 영향을 받아 [n]이 되어 결국 ~てんの [tenno]로 축약된 현상이다.

・ 一人で何やってるの？

・ ああ~本当に！なに食べてんのよ。

・ なにいってんの。

・ どこ目を付けて走ってんの。

・ どこ見てんの？

・ 警察舐めてんのか！

(6) いやだ [ijada] → やだ [jada]

[i]는 일본어에서 개구도가 가장 작은 모음이므로 탈락하기 쉽다.

・ やだなあ、こんなに明るいのに。

・ あら、やだ。

(7) すみません [sɯmimaseɴ] → すいません [sɯimaseɴ]

[m]가 탈락한 현상이다.

・ すいませんが。

・ 本当にすいません。

・ す、すいません！

・ すいません、遅れちゃって！

(8) こんにちは [koɲɲitʃiwa] → こんちは [koɲtʃiwa]

조음위치가 같은 자음 사이에 끼어 있는 [ɲi]의 [i]가 탈락하여 こんち

は [kontʃiwa]가 되는 현상이다.

· おじさん、こんちは。

· こんちは、どうも。

(9) ~るのだ [rɯnoda] → (~るんだ [rɯnda]) → ~んだ [nda]

~るのだ [rɯnoda]에서 [n]와 [d] 사이에서 [o]가 탈락하여 ~るんだ [rɯnda]가 된 다음 [rɯ]는 뒤에 오는 [n]의 영향을 받아 ~んだ[nda]로 축약된 현상이다.

· なにすんだよ。

(10) ら행 → ん

일본어의 ra행 음절은 뒤에 오는 음의 영향을 받기 쉬워 역행동화현상이 나타난다. ら[ra]행 다음에 비음 [n]으로 시작하는 な[na], の[no]가 오면 ら[ra]행은 [n]로 되어 결국 ん이 되는 것이다.

① ~らない [ranai] → ~んない [nnai]

[ra]가 [n]로 된 현상이다.

· あっ、それ触んないで。

· 私、絶対、あの人みたいにはなんないから。
· あ~全然わかんないよ、この問題。
· あんたも知んないでしょ？
· ここは昔と変わんないね。
· これじゃ、入んないよ。

たまんない　止まんない　謝んない

② ~りない [rinai] → ~んない [nnai]

[ri]가 [n]로 된 현상이다.

· たんない。

· 呑み足んなくて。

③ ~れない [renai] → ~んない [nnai]

[re]가 뒤에 오는 음 [n]의 영향을 받아 [n]로 실현된 현상이다.

· 見せてくんない？
· ちょっとあれ、とってくんない？
· 一緒に行ってくんないの？
· 親父が生きてるころは考えらんないよな。
· かもしんない。

④ ~るの [rɯno] → ~んの [nno]

[rɯ]는 뒤에 오는 음 [n]의 영향을 받아 [n]로 축약되는 현상이다.

· 何すんのよ？
· これからどうすんの？
· いやだな。面倒なことに巻き込まれんのは。
· なんで中国語喋れんの？
· あいつ来んの？

⑤ ~りなさい [rinasai] → ~んなさい [nnasai]

[ri]는 뒤에 오는 [n]의 영향을 받아 [n]로 축약된다.

· お帰んなさい。
· 早く、走んなさいよ。
· 入んなさい。

(11) ら행 → っ

일본어의 ら[ra]행 음절은 뒤에 오는 음의 영향을 받기 쉬워 역행동화 현상이 나타난다. ら[ra]행 다음에 무성자음 [k, t]로 시작하는 か[ka], と[to]가 오면 ら[ra]행은 [k]로 되어 결국 촉음(っ)이 되는 것이다.

① ~るから [rɯkara] → ~っから [kkara]

[rɯ]는 뒤에 오는 [k]의 영향을 받아 [kkara]가 되어 ~っから로 축약된 현상이다.

・ 私がやっ(る)から、それでいいだろう。
・ すぐすっから、待ってよ。
・ あんまりきれいになってっからびっくりした。
・ 全部、先生にあずけっから。

② ~ると [ruto] → っと [tto]
・ そうすっと。

일본 도서관

일본 생협

II. 드라마

1. **도어 투 도어** DOOR TO DOOR
2. **일본인이 모르는 일본어**
   日本人の知らない日本語
3. **체인지** CHANGE
4. **드래곤 사쿠라** ドラゴン桜
5. **파견의 품격** ハケンの品格
6. **식탐정** 喰いタン

NHK TV방송국

후지 TV방송국

1. 도어 투 도어 DOOR TO DOOR

작품소개

『도어 투 도어(원제 『DOOR TO DOOR～僕は脳性まひのトップセールスマン～』)』는 2009년 3월에 TBS에서 방영된 스페셜드라마이다. 장애를 딛고 세일즈맨으로 성공한 미국의 실존인물 빌 포터의 삶을 그린 원작 소설(『Ten Things I Learned from Bill Porter』)을 일본사회에 맞게 각색하여 제작되었다. 뇌성마비 장애인을 연기하는 주인공은 일본의 아이돌 그룹 아라시(嵐)의 맴버인 니노미야 가즈나리(二宮和也)가 맡았고, 혼자 힘으로 장애인 아들을 키워나가는 어머니 역할은 히구치 가나코(樋口可南子)가 연기하고 있다.

줄거리

뇌성마비로 신체장애를 겪는 주인공 구라사와 히데오(倉沢英雄)는 어머니 미쓰에(美津江)와 단 둘이 생활하고 있다. 전문학교를 졸업하고 어렵게 구한 첫 일자리는 정수기 방문판매 회사였는데, 뇌성마비의 몸을 이끌고 부자연스러운 말투로 사람들과 만나 정수기를 판매한다는 것은 절대 쉬운 일이 아니었다. 그러나 죽은 아버지가 톱 세일즈맨이었다는 어머니의 말을 듣고 자란 히데오는 어려운 상황 속에서도 웃음을 잃지 않고 노력하는 모습으로 주변 사람들을 하나 둘씩 감동시킨다. 결국 처음에는 히데오를 껄끄럽게 여기던 고급맨션의 관리인 마쓰미야(松宮)와 이웃 할머니 다무라(田村)의 도움으로 히데오는 정수기 판매를 늘려나간다. 그러던 중 아침저녁으로 무리한 아르바이트에 피로가 겹친 어머니 미쓰에가 갑자기 뇌경색으로 쓰러지고, 경영난을 이겨내지 못한 히데오의 회사마저 도산하게 된다. 어려움에 부딪친 히데오는 처음으로 좌절을 맛보고 의기소침해하나 직장동료인 노자키 사오리(野崎さおり)와 주변 사람들의 도움으로 다시 일어나 새로이 통신판매 회사에 취직하게 된다. 어느 날 우연히 어머니의 재활치료를 돕던 중 몸에 난 상처나 멍을 숨기는 의료 화장품에 대해 알게 된 히데오는 상사에게 상품 취급을 건의

한다. 처음에는 부정적이었던 직장 상사도 히데오의 열정에 감복하여 판매를 허락하고, 히데오는 본인이 시작한 의료 화장품 판매에 온 힘을 쏟아 좋은 결과를 얻어낸다. 만사가 순조롭게 진행되어가는 듯이 여겨진 그때 입원 중이던 어머니가 결국 세상을 떠나고 히데오는 슬픔 속에서 자신의 미래를 위해 홀로서기를 다짐한다.

출연진

니노미야 가즈나리(二宮和也) : 뇌성마비라는 장애를 이겨내고 직업을 갖으려 노력하는 청년 구라사와 히데오(倉沢英雄) 역

히구치 가나코(樋口可南子) : 아들 히데오를 홀로 키우는 강직한 어머니 구라사와 미쓰에(倉沢美津江) 역

가토 로사(加藤ローサ) : 히데오의 직장 동료 노자키 사오리(野崎さおり) 역

와타나베 잇케이(渡辺いっけい) : 히데오가 취직한 정수기 판매회사의 사장 나와 노부스케(名和信介) 역

가네다 아키오(金田明夫) : 고급맨션의 관리인 마쓰미야 사다오(松宮貞夫) 역

노무라 아키코(野村昭子) : 히데오를 도와주는 이웃 할머니 다무라 하쓰네(田村初音) 역

장애인과 노약자를 배려한 저상버스

중요어휘

自慢話(じまんばなし) : 입찬말, 자기자랑

セールスマン : 세일즈맨

表彰(ひょうしょう) : 표창

達者(たっしゃ) : 뛰어남, 능숙함

身(み)だしなみ : 단정한 몸가짐, 차림새

口癖(くちぐせ) : 입버릇

紹介状(しょうかいじょう) : 소개장

見込(みこ)み : 예정, 가망

採用(さいよう) : 채용

浄水器(じょうすいき) : 정수기

現物(げんぶつ) : 실제 물품

品質(ひんしつ) : 품질

ろくに : (부정어와 함께) 제대로, 변변히

所詮(しょせん) : 결국, 어차피

訪問販売(ほうもんはんばい) : 방문판매

インチキ : 속임, 가짜

割(わり)に合(あ)う : 이익이 되다, 수지가 맞다

初心(しょしん) : 초심

少数精鋭(しょうすうせいえい) : 소수정예

名札(なふだ) : 명찰

時(とき)は金(かね)なり : 시간은 돈이다

余裕(よゆう) : 여유

脳性麻痺(のうせいまひ) : 뇌성마비

人手(ひとで) : 일손

就職(しゅうしょく) : 취직

好物(こうぶつ) : 즐기는 음식, 좋아하는 물건

都度(つど) : 그때마다, 할 때마다

メタボ : 대사 증후군을 뜻하는 메타볼릭 신드롬(メタボリック・シンドローム)의 약자로 종종 복부비만을 가리킴

胎児(たいじ) : 태아

目下(もっか) : 현재, 지금

早番(はやばん) : 시간제 근무 등에서 순번이 빠름

苦情(くじょう) : 불평, 불만

初陣(ういじん) : 첫 출전

戦場(せんじょう) : 전장

取引(とりひき) : 거래, 상행위

一切(いっさい) : (부정어와 함께) 일절, 전혀

立(た)ち入(い)り禁止(きんし) : 출입금지

健常者(けんじょうしゃ) : 심신 장애가 없는 사람, 정상인

納入(のうにゅう) : 납입, 납부

塩素(えんそ) : 염소

濾過(ろか) : 여과

殺菌(さっきん) : 살균

クーリングオフ(cooling off) : 상품 구입 후 일정 기간 동안 계약해지가 위약금 없이 인정되는 제도

返品(へんぴん) : 반품

ノルマ : 기준, 할당된 책임량

斡旋(あっせん) : 알선

一人暮(ひとりぐら)し : 독신생활, 혼자 삶

宝(たから)の持(も)ち腐(ぐさ)れ : 우수한 물건이나 재능을 가지고 있으면서도 그것을 제대로 활용할 수 없음을 비유

足元(あしもと) : 발밑, 신변

嫌味(いやみ) : 일부러 남에게 불쾌감을 주는 말이나 행동

脳梗塞(のうこうそく) : 뇌경색

むくむ : 부어오르다

別状(べつじょう) : 이상, 보통과 다른 상태

あせる : 안달하다, 초조하게 굴다

精一杯(せいいっぱい) : 힘껏, 고작

長居(ながい) : 한곳에 오래 머묾

誠心誠意(せいしんせいい) : 성심성의

推薦(すいせん) : 추천

倒産(とうさん) : 도산, 파산

潜(もぐ)り込(こ)む : 잠입하다, 들어가다

取(と)り替(か)え : 교체, 대체

渡(わた)りに船(ふね) : 어떠한 일이나 물건이 좋은 타이밍에 이루어짐(= 가는 날이 장날)

内弁慶(うちべんけい) : 집안에서만 큰소리 치고 밖에서는 패기 없는 사람

ダシ : 미끼, 구실, 수단

夢中(むちゅう) : 열중함, 몰두함

取(と)り戻(もど)す : 되찾다, 만회하다

打(う)ち切(き)り : 자름, 끝, 중단

ついてる : (속어) 운이 좋다, 재수 있다

心掛(こころが)け : 마음가짐

容態(ようたい) : 용태

手(て)を尽(つ)くす : 온갖 수단을 다하다

至急(しきゅう) : 아주 급함, 매우 서두름

甘(あま)える : 응석 부리다, 호의나 친절을 받아들이다

抱負(ほうふ) : 포부

중요문형

1. ~もの(=~もん)

· 大丈夫？座れる？大丈夫よね、ここまで歩いてきたんだ**もん**ね。
· この仕事に就けたのもお母さんのおかげだ**もん**ね。
· みんなで買えば、またヒデちゃんに会える**もん**。

2. ~かぎり

· ま、とにかく、今日**限り**でこの仕事辞めます。

3. ~くさい

· 何かインチキ**くせえ**しさ。割に合わねえや。

4. ~てもらう

· わるいけど君は臨時採用だから、一個も売れなかったりお客様から苦情が来たら辞め**てもらう**からね。
· これは仕方ないよ。はやく母さんによくなっ**てもらわ**なきゃ。

5. 의문사+か

· でも、何日間**か**のつなぎって言ってた。
· ですから一番近い肌色を何色**か**のファンデーションで作っていきます。

6. ~ということで

· はいっ、これで僕が壊した分と合わせて二個分ね。残りはコーチ代**ってことで**。

7. ~てもらえる

· 客に喜ん**でもらえ**ば、オッケーでしょ？

8. ~くせに

· 就職の斡旋なんて、全然してくれなかった**くせに**ね。

9. ~なんて

· その体でお仕事**なんて**お偉いわね。ご両親も心配なさってるでしょ。
· それで働いてる**なんて**偉いわね。

10. ~ぽい

· でも、いつもより治ってるっ**ぽく**ね？

11. ~まくる

・何日も社長のところに通ってきて、みんなの前で頭下げ**まくって**、あなたの就職頼み込んでた。

12. ~とばかりおもっていた

・自分の力で就職出来た**とばかり思ってた**。

13. ~わけではない

・別に本気でなりたかった**わけじゃない**の。携帯小説なんて地味だし。

14. ~しだい

・ただし、買うかどうかは君の説得力**次第**。

15. ~ていただく

・じゃ、私もこのキラキラウォーターの浄水器、取りつけ**ていただこう**かしら。

・満足し**ていただけなければ**8日以内に言ってください。全額お返しします。

・もし、あの、気に入っ**ていただけたなら**他の方にもご紹介し**ていただけない**でしょうか?

16. ~(さ)せていただく

・このマンションの蛇口には工具も使わず簡単に取りつけられますし、カートリッジ交換時期には私がお伺い**させていただきます**。

17. まだまだ

・**まだまだ**増えるかもな。

18. ~いっぱい

・今月**いっぱい**でここ辞める。

19. ~ぶん

・なので、あの、いただきすぎた**分**はお返しします。

20. ~(を)はたらく

・障害を持った息子をだしにサギ**働く**なんて。

21. ~のことで

・ああ、あそこはあの、龍次のアザ**のことで**相談しに行ったの。

22. ~ていく
· どんどんきれいになって**いく**わね。

23. ~わけがない
· 費用対効果が悪すぎる。稼げる**わけがない**。

24. はなしにならない
· 訪問販売なんて悪いけど**お話にならない**よ。

25. ~(た)ところで
· きれいになられた**ところで**、アイシャドーや口紅もつけてみます？

26. いかにも
· **いかにも**父親が男の子に言いそうでしょ。

27. ~きがする
· でもずっと、父さんが傍にいてくれてる**気がし**てた。

28. かならずしも~ない
· やりたいことと出来ることは**必ずしも**別じゃ**ない**。

29. ~(ている)ところだ
· 今、考えうる手を尽くしている**ところ**です。

30. ~のだから
· 倉沢君。初営業なん**だから**このプロジェクトにかける抱負を一言。

31. ~でも~でも
· 父の言葉**でも**母の言葉**でも**どっちでもいいじゃないか。

32. だって
· **だって**、父さんと母さんがいてくれたから僕はこうして歩いていけるんだから。

일본의 사회보장제도와 장애인

일본의 사회보장제도는 크게 다음과 같이 4가지로 분류된다. 먼저 「사회보험(社会保険)」은 사람들이 병이나 사망, 장애, 실업 등으로 인해 일상생활에 곤란을 겪게 되는 여러 사고에 직면했을 때 일정 금액을 주어 생활의 안정을 꾀하는 것을 목적으로 시행되는 제도로 의료보험이나 노동보험 등이 이에 속한다. 두 번째로 「사회복지(社会福祉)」는 장애인, 한부모가정 등 사회생활을 영위함에 있어서 여러 제약조건을 가진 사람들이 이를 극복하여 안심하고 생활 할 수 있도록 지원하는 제도이다. 세 번째로 「공적부조(公的扶助)」는 생활이 궁핍한 사람들에게 최저한도의 생활을 보장하고 자립할 수 있도록 도와주는 제도이다. 마지막으로 「보건의료 및 공중위생(保健医療・公衆衛生)」은 사람들이 건강하게 생활할 수 있도록 도와주는 예방이나 위생활동을 위한 제도를 가리킨다. 한편 장애인과 관련된 복지정책은 2005년에 성립된 「장애자자립지원법」으로 기존의 제도가 크게 변화되었는데, 새로 편성된 제도 중 중요 서비스로는 「개호급부(介護給付)」「훈련등급부(訓練等給付)」「지역생활지원사업(地域生活支援事業)」의 3가지를 들 수 있다. 「개호급부」는 홈 헬퍼 등의 간호서비스를 받는 것을 말하고, 「훈련등급부」는 취업활동지원 등의 자립훈련에 대해 지원 받는 것을 뜻한다. 그리고 「지역생활지원사업」은 수화통역 등의 지원업무를 관할 자치단체의 권한으로 시행하는 것을 가리킨다.

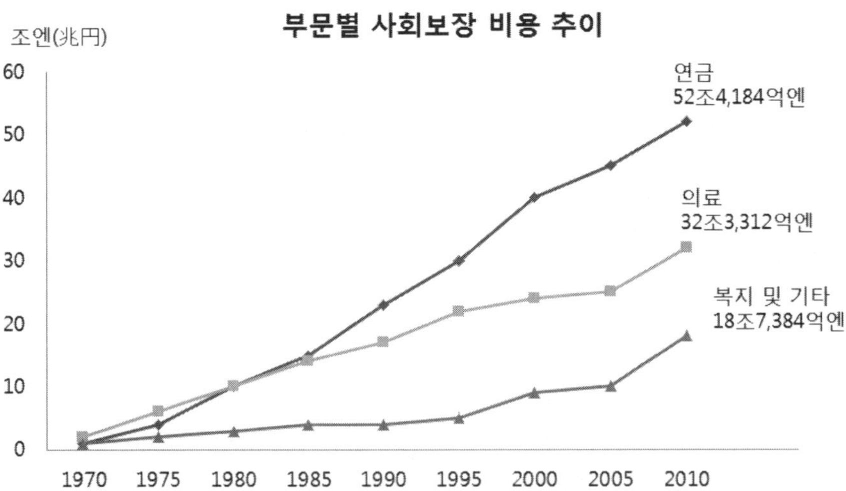

<2010년도 사회보장비용 통계(일본 국립사회보장/인구문제연구소) 참고>

2. 일본인이 모르는 일본어 日本人の知らない日本語

작품소개

『일본인이 모르는 일본어(원제 『日本人の知らない日本語』)』는 2009년에 발행된 코믹 에세이를 원작으로 만들어진 드라마로 2010년 7월부터 9월까지 니혼테레비(日本テレビ)에서 방영되었다. 일본어학교에서 외국인 학생들에게 일본어를 가르치면서 겪게 되는 여러 가지 사건을 다룬 것으로, 일본어 표현의 특징과 일본문화에 대한 소개가 주 내용을 이룬다.

줄거리

전직 카리스마 점원이자 고등학교 교사를 꿈꾸는 가노 하루코(嘉納ハルコ)는 은사의 부탁을 받고 외국인 학생들에게 일본어를 가르치는 학교인 고분학원(光文学院)에 임시직으로 부임하게 된다. 부임 첫 날부터 외국인 학생들의 익숙하지 않은 수업태도와 질문공세를 받고 당황한 하루코는 동료 교사인 다카스 가즈키(鷹栖一樹)에게 무시당하게 되고 이에 흥분한 나머지 자신이 담당한 학생들을 모두 우수한 성적으로 졸업시키겠다고 공언하게 된다. 이를 계기로 하루코와 외국인 학생들의 치열한 일본어 공부가 시작된다. 아르바이트하는 라면집에서 요리기구의 일본어 이름을 제대로 알지 못해 곤란해 하는 밥(ボブ)을 위해 하루코는 학생들을 현장학습에 데려가 실생활에 도움이 되는 일본어를 가르친다. 또한 일본어의 존경어 표현과 아르바이트에서 사용되는 경어표현 사이에서 혼란스러워 하는 다이아나(ダイアナ)의 의문점을 풀어주기도 하고, 일본의 오타쿠 문화에 빠진 루카(ルカ)의 연애고민을 해결해 주기도 하며, 강도폭행사건의 용의자를 닌자로 오해하고 따라나선 에렌(エレーン)을 위기에서 구출하기도 한다. 이러한 과정을 통해 동료 교사와 학생들로부터 점점 신뢰를 쌓아가던 하루코는 처음에는 무시하고 힘들게만 생각했던 일본어 교육에 대해 다시 한 번 진지하게 고민하게 된다. 그러던 중 중국인 유학생인 긴레이(金麗)가 일본인 남자친구에게 속아 술집 일을 도와주고 있다는 사실을 알게 된 하루코는 그녀를 설득하려다 경찰에 붙잡히게 되고, 이

사건이 출입국관리국에 알려지면서 일본어학교는 위기에 처한다. 결국 학교를 위해 하루코는 사직서를 제출하고 일을 그만둔다. 졸업시험을 무사히 치른 학생들과 만난 하루코는 자신이 배운 것에 대해 감사하고, 교사의 꿈을 포기하지 않겠다고 선언한다. 그리고 신학기가 시작되면서 고분학원에 하루코가 정식으로 부임한다.

출연진

나카 리이사(仲里依紗) : 전직 카리스마 점원이자 고분학원(光文学院)에서 학생들을 가르치는 가노 하루코(嘉納ハルコ) 역

이케다 나루시(池田成志) : 고분학원의 베테랑 일본어 교사 다카스 가즈키(鷹栖一樹) 역

아오키 무네타카(青木崇高) : 하루코의 동료 교사 시부야 다이요(渋谷太陽) 역

하라다 나쓰키(原田夏希) : 하루코의 동료 교사로 시부야 선생을 짝사랑하는 가토리 미유키(鹿取みゆき) 역

사이라스 노조미 세스나(サイラス・望・セスナ) : 어부가 되기 위해 일본에 온 영국인 유학생 폴(ポール) 역

그레이크 크로포드(グレイク・クロフォード) : 일본의 전통문화에 조예가 깊은 미국인 회사원 잭 파웰(ジャック・パウエル) 역

가미라(カミラ) : 닌자에 관심이 많은 스웨덴 유학생 에렌(エレーン) 역

조이(ZOE) : 연예인을 꿈꾸고 일본에 온 중국인 유학생 긴레이(金麗) 역

오르가 알렉스(オルガ・アレックス) : 엔카(演歌)가수가 꿈인 러시아 유학생 다이아나(ダイアナ) 역

메이요 아킨토이에(メイヨー・アキントイエ) : 우동집을 경영하고자 일본에 온 미국인 유학생 밥(ボブ) 역

세바스티아노 세라피니(セバスティアーノ・セラフィニー) : 일본의 오타쿠 문화에 빠진 이탈리아 유학생 루카(ルカ) 역

중요어휘

第1話

びびる : (속어) 기죽다, 위축되다

郷に入れば郷に従え : 로마에서는 로마의 법을 따르라는 서양 속담과 같은 의미

予備校 : 주로 대학 진학을 목적으로 하는 사설 학원

うける : (속어) 재미있다, 웃기다

退く : 물러나다, 비키다

勘違い : 착각

モビルスーツ : 애니메이션『기동전사 건담』에 등장하는 인간형 로봇을 지칭하는 용어

殴り込み : 남의 집에 몰려가 행패를 부리는 것

てぼ : 삶은 면의 물기를 제거하는 조리기구

怒鳴る : 고함치다, 야단치다

ギャンブル : 도박

水商売 : 술장사, 접객업

薬味 : 양념, 고명

ちょこ : 작은 사기잔

出花 : 막 물을 부어 우려낸 차

北京鍋 : 중화요리 집에서 사용되는 한쪽에 긴 손잡이가 달려있는 프라이팬 겸 냄비

広東鍋 : 중화요리 집에서 사용되는 손잡이가 양쪽에 달린 프라이팬 겸 냄비

寸胴 : 원통형의 속이 깊은 냄비

中華包丁 : 주로 중화요리 집에서 사용되는 날이 넓은 사각형의 식칼

ため口 : 반말

シック : 세련된, 멋을 낸 모양

腰掛 : 의자, 임시로 몸담고 있음

ぺーぺー : 미숙한 사람이나 하찮은 인물

ポリシー : 방침, 정책

第2話

はめる : 빠뜨리다, 걸려들게 하다

発破を掛ける : 기합을 넣다, 독려하다

落ちぶれる : 영락하다

大穴 : 경마나 경륜 등에서 예상이 크게 뒤집히는 경우나 그로인한 고액 배당금

忍者 : 일본의 전국시대에 무사가문에 복속하여 활약한 밀정, 스파이

同人誌 : 같은 취미나 관심사를 갖는 동인들이 자비를 들여 만든 잡지

ファミレス : 패밀리 레스토랑(ファミリーレストラン)의 약자

おごる : 한턱내다

自腹を切る : 자기 부담으로 돈을 지불하다

しける : (속어) 돈이 없다, 기운 없다, 기분이 우울하다

萌(も)え : (속어) 주로 애니메이션이나 만화 그리고 게임 등의 캐릭터에 대한 호의적 감정

イカサマ : 사기, 가짜

でたらめ : 엉터리

我侭(わがまま) : 제멋대로 굶, 버릇없음

クレーム : 불만, 요구

引(ひ)っ込(こ)む : 물러서다, 틀어박히다

突(つ)っ走(ぱし)る : 멋대로 행동하다, 힘차게 달리다

滅多(めった) : 마구, 함부로 함

威張(いば)る : 거만하게 굴다, 으스대다

斡旋(あっせん) : 알선

武士(ぶし)の情(なさ)け : 규율에 엄격한 무사가 보여주는 약자에 대한 동정이나 배려

筋(すじ)が通(とお)る : 조리가 서다, 이치에 닿다

気(き)が重(おも)い : 마음이 무겁다, 기분이 침울하다

追(お)い返(かえ)す : 쫓아버리다, 돌려보내다

腹(はら)ぺこ : (속어) 매우 배가 고픔

思(おも)いやり : 배려

見張(みは)る : 망보다, 지키다

キャバクラ : 카바레(キャバレー)와 클럽(クラブ)의 합성어로 캬바조(キャバ嬢)라 불리는 여성들이 돈을 받고 접대를 하는 곳

素性(すじょう) : 신원, 본성

土下座(どげざ) : 땅에 엎드려 조아림

どのみち : 어쨌든, 결국

つくづく : 절실히, 곰곰이

生意気(なまいき) : 건방짐, 주제넘음

労(いた)わる : 위로하다, 친절히 돌보다

足(あし)を引(ひ)っ張(ぱ)る : 일의 순조로운 진행을 방해하다

第3話

すべる : (속어) 개그나 농담이 생각보다 좋은 반응을 얻지 못함

オヤジギャグ : 시대에 뒤떨어진 개그나 재미없는 농담

任侠(にんきょう) : 협기가 있음, 남자답고 용감함

シカト : (속어) 무시

花札(はなふだ) : 화투

いたみいる : 황송해 하다

水臭(みずくさ)い : 서먹서먹하게 굴다

粋(いき) : 세련되고 매력적임

いなせ : 위세 당당한 남자다운 모습

ボンクラ : 멍청이, 얼간이

武者震(むしゃぶる)い : 흥분으로 설레어 몸이 떨림

てき屋(や) : 축제 등 사람이 모이는 곳에 노점을 열어 물건 등을 팔거나, 노점을 관리하는 사람

ピカイチ : (속어) 출중함, 발군

聞(き)き捨(す)てる : 듣고도 문제시하지 않고 그대로 넘기다

おべんちゃら : (속어) 알랑거림, 아첨

無茶(むちゃ) : 터무니없음, 엉뚱함

たしなみ : 소양, 행실

チンピラ : 불량스런 사람

上等(じょうとう) : (속어) 좋다

勘弁(かんべん) : 용서함

揉(も)める : 분쟁이 일어나다, 옥신각신하다

古(ふる)き良(よ)き : 과거의 좋았던 시절의

懲(こ)りる : 질리다, 데다

脈(みゃく)がある : 희망이 있다

御託(ごたく) : 장황하게 말을 늘어놓음, 우쭐해서 하는 건방진 말

第4話

宝玉(ほうぎょく) : 보옥, 보석

白玉(しらたま) : 백옥, 진주, 흰 경단

コミケ : 코믹마켓(コミックマーケット)의 약자로 1년에 두 번 주로 동인지 판매를 목적으로 개최되는 이벤트

ぼったくり : 바가지

御殿(ごてん) : 저택, 대궐

口説(くど)く : 설득하다, 구애하다

崖(がけ)っぷち : 벼랑 끝

買(か)いかぶる : 실제보다 과도하게 높이 평가하다

見(み)くびる : 얕보다, 업신여기다

ツンデレ : 특정 인간관계에 있어서 적대적 태도(ツンツン)와 과도하게 호의적인 태도(デレデレ)를 동시에 갖는 양상이나 그런 사람.

一肌脱(ひとはだぬ)ぐ : 분발하여 도와주다, 힘이 되어 주다

口下手(くちべた) : 말주변이 없다

逆撫(さかな)で : 상대방이 싫어하는 말이나 행동을 일부러 함

花魁(おいらん) : 지위가 높은 기생

身請(みう)け : 기생의 몸값을 지불하고 기적에서 빼냄

味気(あじけ)ない : 재미없다, 시시하다

さらけ出(だ)す : 비밀이나 과거 등을 드러내다

挫(くじ)ける : 기세가 꺾이다, 접질리다

砕(くだ)ける : 부서지다, 꺾이다

メロメロ : 맥을 못 추는 모양

第5話

うかつ : 물정에 어두움, 주의가 부족하고 멍청함

凍(こお)りつく : 꽁꽁 얼어붙다

引(ひ)きちぎる : 무리하게 잡아 찢다

語呂(ごろ) : 어조, 말의 음률

話(はなし)の腰(こし)を折(お)る : 말참견하여 상대방의 이야기를 가로막다

持(も)ち回(まわ)り : 역할 등을 돌려가며 맡음

不気味(ぶきみ) : 어쩐지 기분이 나쁨, 까닭 모를 무서움

人魂(ひとだま) : 도깨비 불

祓い : 부정을 쫓는 일, 고사

さらし首 : 효수

たたり : 어떤 행위에 대한 결과로 얻게 되는 재난

よかれ : 잘 되라고 바라다

そそのかす : 부추기다

精霊馬 : 오본(お盆) 때 혼령의 이동수단으로, 가지나 오이로 만든 말 모양의 인형

第6話

ビシビシ : 가차 없이, 엄하게

バリバリ : 일을 척척 처리해 나가는 모양

言わんこっちゃない : 이미 말했다, 또는 말한 대로 되었다 (= 言わないことではない)

見かけ : 외관, 겉보기

疎通 : 소통

ひっくるめる : 통틀다, 일괄하다

後ろ向き : 소극적임, 등을 돌림

手裏剣 : 수리검, 표창

不謹慎 : 불성실한 태도, 신중하지 못한 행동

第7話

青菜 : 푸른 채소

青梗菜 : 청경채

新芽 : 새싹

見とれる : 넋을 잃고 바라보다

それとなく : 넌지시, 에둘러

手を出す : 손을 대다, 때리다

尽くす : 있는 대로 다하다, 애쓰다

身の程 : 분수

うつつを抜かす : 열중하여 제정신을 잃다

肩こり : 어깨 결림

魯山人 : 일본의 예술가이자 미식가인 기타오지 로산진 (北大路魯山人)

グル : (속어) 한패, 한통속

上っ面 : 표면, 외면적인 것

人柄 : 인품

風味 : 풍미

筋金入り : 확고한 신념을 지니고 있는 사람

気を落とす : 낙심하다

第8話

お召し物 : 남의 의복에 대한 높임말

はせ参じる : 급히 달려가다, 찾아뵙다

重宝 : 소중히 여김

お目もじ : 만나 뵘

差し支え : 지장

恐れ入る : 송구스러워하다

なにとぞ : 아무쪼록

墓穴を掘る : (스스로) 무덤을 파다

アダになる : 헛되다

鬼(おに)に金棒(かなぼう) : 도깨비에게 방망이 (= 범에게 날개)

虫(むし)のいい : 자기중심적인, 뻔뻔스러운 (= 虫がいい)

持(も)ちかける : 말을 꺼내다

気(き)に障(さわ)る : 마음에 거슬리다, 불쾌하게 느끼다

茶杓(ちゃしゃく) : 가루차를 덜어내는데 사용하는 작은 숟가락

茶筅(ちゃせん) : 가루차를 저어서 거품을 내는 도구

懐紙(かいし) : 다도에서 과자를 나누거나 찻잔을 닦을 때 사용하는 종이

壺(つぼ)ふり : 도박에서 작은 단지에 주사위를 넣어 엎어놓는 것, 또는 그것을 행하는 사람

嗜(たしな)む : 즐기다, 소양을 쌓다

付(つ)け焼(や)き刃(ば) : 벼락 지식, 임시변통

点前(たてまえ) : 다도에서 가루차를 끓여 손님에게 접대하는 법식

ヤケクソ : 자포자기

茶番(ちゃばん) : 속 보이는 짓이나 수작

何様(なにさま) : 짐짓 대단한 사람인 척

僭越(せんえつ)ながら : 외람되지만

モジャモジャ : 털이 많이 난 모양, 혼잡하고 어수선한 모양

第9話

奥深(おくぶか)さ : 심오함

決(き)め付(つ)ける : 일방적으로 단정하다, 나무라다

うざい : (속어) 짜증나다

翻弄(ほんろう) : 농락함

あやふや : 모호한 모양

波瀾万丈(はらんばんじょう) : 파란만장

愛想(あいそ)がつく : 정나미 떨어지다

お茶(ちゃ)を濁(にご)す : 어물쩍 넘기다

第10話

厄病神(やくびょうがみ) : 역귀, 돌림쟁이

貧乏神(びんぼうがみ) : 가난을 가져오는 신

賽銭(さいせん) : 신불에 참배할 때 올리는 돈, 불전

はずむ : 금전을 호기 있게 지불하다, 반동으로 튀어 오르다

願掛(がんか)け : 신불에게 소원을 빌다

験(げん)かつぎ : 미래에 좋은 결과를 기대하며 행하는 일

シャバ : (속어) 형무소 밖 사회

屁(へ)でもない : 하찮다, 문제되지 않다

こじつけ : 억지

あやかる : 행복한 상태에 있는 사람의 영향으로 덕을 입다

第11話

高飛車(たかびしゃ) : 고압적인 태도

見栄(みえ)を張(は)る : 허세 부리다

指きり : (약속의 증표로) 새끼손까락을 서로 거는 행위

第12話

もてなし : 대접

勿体ない : 아깝다, 황송하다

裏切り者 : 배신자

志す : 뜻을 두다, 꿈꾸다

かかってくる : 함부로 덤비다

중요문형

第1話

1. ~わけにはいかない

・今さら帰る**わけにいかない**んだって。

2. ~わけ

・何でそうやって上から目線な**わけ**？
・当時の日本人も文脈によってどう読むかを決めてた**わけ**よ。（日9）

3. ~(た)つもり

・てっきり日本語学校だって言った**つもり**だったんだけど。
・お互いわかった**つもり**になって何なの？（日9）
・わかり合えてた**つもり**になってた。（日9）

4. ~というものではない

・ただ日本語を教えればいい**ってもんじゃない**のよ。

5. まさに

・慣れない日本での生活は**まさに**サバイバルってことなんだよ。

6. ~わけではない

・生徒はお前をバカにしたい**わけじゃない**んだ。
・取調べで無実は証明されたしそれに水商売や風俗で働いていた**わけでもない**。（日12）

7. ~からして

・この魚、何だと思う？見た事ないな。でも、描写**からして**かなりでかい。

8. ~てもはじまらない

・だから文句言っ**ても始まんない**の。

9. ~てやる

・責任とっ**てやろう**じゃないの！
・今日あんたのバイト先に行って確かめ**てやる**からね。（日7）
・お前を警察につきだし**てやる**！（日10）

第2話

1. ~てもらう

· 前の人に教え**てもらい**ました。
· お客さんに喜ん**でもらおう**とする気持ちなんじゃないかな。
· 嫌なら辞め**てもらって**構わないんだぞ。
· 何って店長さんに本場の料理を食べ**てもらおう**と思いましてみんなに作っ**てもらって**んの。

2. ~てもらいたい

· 本当はね、日本語教師になっ**てもらいたい**んだけど。

3. ~うえに

· 日本語が不自由な**上に**文化の違いとかがあってさ。

4. というか

· **っていうか**、なんであんた、ついてきたのよ？
· **っていうか**、だって路上でキスしてたのよ。（日7）

5. ~(さ)せてもらう

· アルバイトの募集を見てお電話**させてもらった**んですけど。
· 怖がら**せてもらおう**じゃないの。（日5）
· なら、お茶会で見**せてもらいます**。（日8）

6. ということは

· **ってことは**、次の人が……。もう働かせてもらえないだろうな。

7. どのみち

· ダイアナには**どのみち**辞めてもらわないといけなかったんだ。

8. ~あまり

· ただお客さんを思いやる**あまり**そうなっちゃったんだと思う。

9. ~つくす

· 彼らの舌は本場の味を知り**尽くしてる**はずなんです。

第3話

1. ~につき

・平仮名は一音**につき**一字を標準とする。

2. ~てやってください

・どうか、この老いぼれに免じて勘弁し**てやってください**。

3. ~にきまっている

・迷惑かけたオメエのおごり**に決まってん**だろ。バカ！
・大丈夫**に決まってん**じゃん。（日12）

第4話

1. ~なんて

・標準語**なんて**ものは日本語にはねえぞ。
・あんなに怒らせる**なんて**あんた一体何したの。（日5）
・「わかった」にだいたい**なんて**ないのよ。（日9）

2. ~わけない

・そんなんで死ねる**わけない**でしょ！
・あんたがモテる**わけない**んだからね！（日7）

3. ~まくる

・つまり、今の東京の言葉と勘違いして全国に広め**まくっちゃった**のよ。

4. ~がち

・共通語ってなんとなく味気ないっていうか冷たい印象を持たれ**がち**なんだけど、今さっき言ったみたいに方言から生まれた日本語がいっぱいあるのね。

第5話

1. ~ともなく

・そしてその夜芳一が待っているとどこから**ともなく**足音がガシャーン、ガシャーン。
・どこから**ともなく**ウオォォウオォォって声がするんだよ。

2. ~てくる

- もうバカバカしくなってきた。
- 日本に長くいると日本の常識にだんだん慣れてきます。（日7）
- 最近、本屋さんに行って本にカバーをかけてくれることが当たり前に感じられてきて。（日7）
- う~ん！ イライラしてきた。（日9）

3. なんて~

- なんて恐ろしい。
- なんて罰当たりな。（日10）

第6話

1. ~くせに

- まともな日本語も教えられないくせに。
- イギリス人のくせに日本で漁師？（日7）

2. ~き

- 待て待て。同じ過ちを繰り返す気か？

3. ~なおす

- 俺たち、やり直さないか？

4. ~ところだった

- あいつをクビにする楽しみがなくなるところだった。

5. ~とは~のことだ

- 調べたんだけどスッパ抜くの『スッパ』って実は忍者のことだったのよ。

6. だって

- でも、ほんとはいるんだよね。だって、ハルコくノ一だもんね。

第7話

1. ~たて

- 生まれたての赤ちゃんのことを「みどり児」って言ったりするのよ。

2. ~って

· ったく！ 勘違い男って万国共通でめんどくさいわね。
· ホント勘違い男って多いよね。
· 会長さんってもしかして外国人に偏見持ってません？（日8）

3. だったら

· だったら浮気してもいいってどういう意味よ？
· だったらまるでポールと同じじゃない。

4. なにしろ

· 何しろ俺、色男だからね。

5. ~くさい

· 確かにその仕草日本人くさいわね。

6. どうしても~たい

· 僕も最近の悩みは焼きギョーザがどうしても食べたくなって。

7. ~というか

· ありゃもう勘違いっていうかただのバカね。
· そっちの方が距離感が縮まるっていうか親近感？（日8）

8. ~ながら

· 一体なぜなんだ。僕というものがありながら。
· 残念ながら最近私も肩こりがひどくてシップが手放せないんですが。（日8）
· 僭越ながら僕もバックアップします。（日8）

9. あげくのはてに

· しかも納豆の温度がどうとか魯山人がどうとか挙句の果てに納豆は糸を食べるって。

第8話

1. ~ものだから

· 会社で早朝会議があったものですから。

2. ~かぶれ

· 外国人かぶれのような身なりをして。

3. ~(た)ところで

・無理ですよ。今から覚えた**ところで**。

第9話

1. ~てき

・コーヒー**的**なものとか。お茶**的**なものとかね？

2. ~というのは~ということだ

・その「どっちでも」**ってのは**飲むか飲まないか**ってこと**？

3. いちがいに~ない

・**一概に**そういうことではなく。

4. ~なんか

・この仕事って何なの？ 家族**なんか**より大事なの？

第10話

1. ~ものだ

・縁起の悪いものって気になっちゃうとかえたくなる**もんなの**よ。

2. ~ようものなら

・今度、外で何か問題起こしてクレームでも来**ようもんなら**即刻クビだからな。

3. たかが

・**たかが**遠足でしょ。

4. ~ていらい

・この子は。学校始まっ**て以来**の事件になってるぞ。

5. ~ようと

・運なんかどうとらえ**ようと**勝手でしょうが。

6. ~しだい

・ついてるかついてないかは自分**次第**だからね。

7. ~だけ

- テストの結果が悪いのは神様関係ないですね。勉強すればいい**だけ**だよね。
- 当然のペナルティだろ。クビにされなかった**だけ**ありがたく思え。
- 私が悪いのは運**だけ**ですから。
- それ**だけ**日本語がしゃべれたら十分だよ。（日11）

第11話

1. ~にかぎって

- ウチの子**に限って**ね。大体こんな高飛車な子が接客業なんてできると思いますか？

2. ~くせして

- たかが日本語教師の**くせし**やがって。

第12話 (最終話)

1. ~(た)あげく

- パクられた**挙げ句**ブタ箱に1泊か。

2. たとえ

- **たとえ**生徒のためだろうがな学校のためにはならん。

3. ~かぎり

- 出会いは一生に一度**限り**という精神で最高のもてなしをする。

4. ~ようなきがする

- ハルコが来る**ような気がし**てみんなで待ってました。

오미쿠지

일본의 속어

일본어에는 요즘 젊은 사람들이 사용하는 말이란 뜻을 갖는 「와카모노고토바(若者言葉)」라는 말이 따로 존재할 정도로 시대에 따라 다양한 종류의 속어가 만들어지고 또 사라져 간다. 타인으로부터 무엇인가를 받는 것을 뜻하던 말인 「우케루(うける)」가 공연 따위를 통해 대중이나 청중들에게서 좋은 반응을 얻다 라는 뜻으로 쓰이게 된 것은 이미 오래전의 일이다. 본래의 의미인 구멍이나 도랑 등에 빠지다와 더불어 주로 이성이나 취미에 대하여 열중하거나 전념하다란 의미도 있는 「하마루(はまる)」 역시 이미 정착된 속어 중 하나이다. 또한 자신의 생각이나 알고 있는 사실을 낱낱이 이야기하다 라는 의미인 「붓차케루(ぶっちゃける)」나 상대방의 발언에 대해서 다른 의견을 피력하고자 할 때 말머리에 넣어 사용하는 「쓰카(つうか)」 등도 오늘날 젊은 층에서 많이 사용되는 속어표현들이다. 최근에는 일반적인 기준을 의미하는 보통이라는 뜻을 갖는 「후쓰니(普通に)」가 본래의 뜻과는 달리 '맛있다(美味しい)', '이상하다(おかしい)' 등의 앞에 붙어 '당연히(当たり前に)'나 '절대적으로(絶対的に)'라는 의미로 사용되는 경우가 있으며, 주로 명사에 붙어 그 성질이나 경향을 나타내던 「~테키(的)」라는 표현을 광범위하게 적용하여 지칭하는 사물을 한정하지 않으려는 의도로 사용되는 경우도 자주 접하게 된다.

2000년 ~ 2013년 유행어 수상(대상) 및 수상자		
연도	유행어	수상자
2000	おっはー IT革命	慎吾ママ(香取慎吾) 木下斉
2001	米百俵、聖域なき改革、恐れず怯まず捉われず、骨太の方針、ワイドショー内閣、改革の「痛み」	小泉純一郎
2002	タマちゃん W杯	佐々木裕司 坂本休
2003	毒まんじゅう なんでだろう~ マニュフェスト	野中広務 テツandトモ 北川正恭
2004	チョー気持ちいい	北島康介
2005	小泉劇場 想定内(外)	武部勤 堀江貴文
2006	イナバウアー 品格	荒川静香 藤原正彦
2007	どげんかせんといかん ハニカミ王子	東国原英夫 石川遼
2008	アラフォー グ~!	天海祐希 エド・はるみ
2009	政権交代	鳩山由紀夫
2010	ゲゲゲの	武良布枝
2011	なでしこジャパン	小倉純二
2012	ワイルドだろぉ	スギちゃん
2013	今でしょ お・も・て・な・し じぇじぇじぇ 倍返し	林修 滝川クリステル 宮藤官九郎・能年玲奈 堺雅人

3. 체인지 CHANGE

작품소개

『체인지(원제『CHANGE』)』는 2008년 5월부터 7월에 걸쳐 일본 후지테레비(フジテレビ)에서 방영된 드라마이다. 일본의 정치를 소재로 한 이 드라마는 우리나라에도 많이 알려진 일본을 대표하는 남성 아이돌 그룹 스맙(SMAP)의 기무라 다쿠야(木村拓哉)가 주연을 맡아 열연하고 있다. 또한 상대역으로는 1990년대 후반 일본 드라마를 대표하는 시리즈물『춤추는 대수사선(踊る大捜査線)』의 여형사 역할로 유명한 후카쓰 에리(深津絵里)가 케스팅되어 화제를 모았다.

줄거리

내각지지율이 지속적으로 하락하는 가운데, 다음 총리선출을 놓고 여당인 일본정우당(日本政友党)내부에서는 유력 후보들 사이에 권모술수가 난무한다. 그러던 어느 날 후쿠오카를 기반으로 하는 여당 소속의원 아사쿠라 마코토(朝倉誠)가 후계자로 지목되던 장남과 함께 비행기 사고로 사망하자 보궐선거가 치러지게 된다. 야당에게 자리를 넘겨줄 수 없다고 판단한 일본정우당의 총무회장인 간바야시(神林)는 자신의 비서인 미야마(美山)를 후쿠오카에 파견하여 아사쿠라 가문의 둘째 아들인 아사쿠라 게이타(朝倉啓太)를 후보자로 세우라고 지시한다. 정치와는 멀리 떨어져 나가노의 한 초등학교에서 교사를 하고 있던 게이타는 결국 미야마에게 설득당해 입후보하게 되고, 유능한 선거 전략가인 니라사와(韮沢)와 후원회의 일원인 미야모토(宮本)의 도움으로 간신히 국회의원에 당선된다. 게이타는 도쿄로 거처를 옮겨 생활하게 되고 그러던 어느 날 지지율이 극도로 하락한 현직 수상이 사의를 표한다. 이에 간바야시는 자신의 영향력을 이용해 아무런 경험도 없고 미숙한 게이타를 총리후보로 지명한다. 뜻하지 않게 총리후보자가 된 게이타는 국민들과 같은 눈높이의 정치를 실현하겠다는 연설로 유권자들에게 감명을 주어 마침내 최연소 총리에 취임한다. 정치인으로서의 경험이 부족하면서도 항상 국민들의 입장에서 정책을 결정하고, 외국의 대표단과의 협상에서도 진정성을 보이려고 노력하는 그의 태도는 처음에는 경계하고 무시하던 주위사람들로부터 점점 신뢰를 얻게 된다. 한편 자신의 생각과 달리 게이타가 정치적 능력을 발휘하자 간바야시는 게이타를 총리자리에서 끌어내리기 위해 온갖 비열한 방법을 동원한다. 결국 무리한 스케줄로 인해 과로로 쓰러진 게이타는 자신이 원하는 정치를 실현하기 위해서는 지금까지 피해만 오던 간바야시와의 정면대결에서 승리해야 한다는 것을 깨닫고, 대국민담화를 발표하여 중의원을 해산하고 총선거를 통해 국민들의 뜻을 묻겠다고 선언한다.

출연진

기무라 다쿠야(木村拓哉) : 초등학교 교사로 근무하다 뜻하지 않게 아버지의 뒤를 이어 국회의원에 당선되고 이후 총리에 까지 오르는 아사쿠라 게이타(朝倉啓太) 역

후카쓰 에리(深津絵里) : 전직 재무성의 커리어 우먼으로 간바야시의 명을 받아 게이타의 비서가 된 미야마 리카(美山理香) 역

아베 히로시(阿部寛) : 유능한 선거 전략가로 게이타의 선거를 도운 것이 인연이 되어 내각의 관방장관에 취임한 니라사와 가쓰토시(韮沢勝利) 역

가토 로사(加藤ローサ) : 아사쿠라 후원회의 일원으로 선거운동을 돕는 미야모토 히카루(宮本ひかる) 역

데라오 아키라(寺尾聰) : 게이타를 이용하여 자신이 총리가 되려하는 야심으로 음모를 꾸미는 간바야시 쇼이치(神林正一) 역

오쿠라 고지(大倉孝二) : 총리의 경호임무를 담당하는 단바라 단(檀原段) 역

중요어휘

第1話

勘当(かんどう) : 의절

不肖(ふしょう) : 불초, 어버이나 스승을 닮지 않고 못남

弔い合戦(とむらいがっせん) : 죽은 사람의 영혼을 위로하기 위한 복수전

蛙の子は蛙(かえるのこはかえる) : 개구리 새끼는 개구리 (= 부전자전)

滾る(たぎる) : 끓어오르다

いけ好かない(いけすかない) : 매우 싫다, 지겹다

食いっぱぐれのない(くいっぱぐれのない) : 먹고 살 염려가 없는

蒸し返す(むしかえす) : 다시 문제 삼다

焼け石に水(やけいしにみず) : 달궈진 돌에 물 붓기 (= 언 발에 오줌 누기)

第2話

魑魅魍魎(ちみもうりょう) : (사람을 해치는) 온갖 도깨비나 귀신

セクハラ : 성희롱(セクシュアル・ハラスメント)의 약자

雲隠れ(くもがくれ) : 자취를 감춤

立ち退き(たちのき) : 물러감, 떠나감

貧乏籤を引く(びんぼうくじをひく) : 불리한 일이나 역할을 떠맡다

第3話

若手(わかて) : 젊은 사람, 젊은 축

打診(だしん) : 타진

若返る(わかがえる) : 젊어지다

徹する(てっする) : 투철하다, 철저히 하다

遊説(ゆうぜい) : 선거운동 등의 유세

凛々しい(りりしい) : 늠름하다

若造(わかぞう) : 젊은이, 풋내기

雪崩を打つ(なだれをうつ) : 일시에 많은 사람이 이동하다

街頭演説(がいとうえんぜつ) : 가두연설

食いつく(くいつく) : 혹하여 덤비다

第4話

いいなり : 남이 시키는 대로 함

番記者(ばんきしゃ) : 특정인에게 고정으로 배치된 기자

たたき台(たたきだい) : 시안, 기초

躊躇(ちゅうちょ) : 주저

償う(つぐなう) : 보상하다, 속죄하다

第5話

橋渡し(はしわたし) : 중개

図星(ずぼし) : 적중, 핵심

大黒柱(だいこくばしら) : 한 집안, 단체, 나라의 중심인물

修羅場(しゅらば) : 비장한 싸움의 장면

頭(あたま)ごなし : 무조건

立(た)て篭(こ)もり : 농성

掻(か)い摘(つま)む : 요약하다, 간추리다

陰湿(いんしつ) : 음습, 음침

第6話

勘(かん)ぐる : 의심하여 억측하다

根回(ねまわ)し : 사전 교섭

たらい回(まわ)し : 책임을 지지 않기 위해 여기저기 차례로 돌림

ばら撒(ま)き : 선심, 흩어뿌리기

ごそごそ : 바스락 바스락

おませ : 조숙함

捻出(ねんしゅつ) : 염출, 변통

罷免(ひめん) : 파면

火種(ひだね) : 불씨, 화근

単刀直入(たんとうちょくにゅう) : 단도직입

第7話

柄杓(ひしゃく) : 국자

寝返(ねがえ)る : 적 편으로 돌아서다, 배신하다

青臭(あおくさ)い : 풋내 나다, 미숙하다

うろたえる : 허둥대다, 당황하다

第8話

朝一(あさいち) : (속어) 첫 번째 일이나 교통편

ふがいない : 한심하다, 칠칠치 못하다

明(あ)け渡(わた)す : 내주다, 비워주다

後釜(あとがま) : 후임

取(と)り乱(みだ)す : 평정을 잃다, 어지르다

煮(に)え湯(ゆ)を飲(の)まされる : 끓는 물을 마시게 되다 (= 믿었던 사람에게 배반당하다)

天秤(てんびん)にかける : 저울질 하다, 양다리 걸치다

鼻(はな)を明(あ)かす : 상대방을 보란 듯이 놀라게 만들다

返上(へんじょう) : 반환

来賓(らいひん) : 내빈

あつかましい : 뻔뻔하다

一枚岩(いちまいいわ) : 조직 등의 단결이 굳음

第9話

調子(ちょうし)に乗(の)る : 우쭐해지다, 일이 순조롭게 진행되다

取(と)り付(つ)かれる : 홀리다, 씌다

しゃしゃり出(で)る : 뻔뻔스럽게 나서다

油断(ゆだん) : 방심, 부주의

詮索(せんさく) : 파고 듦

二枚舌(にまいじた) : 일구이언

悪乗(わるの)り : 분위기에 휩쓸려 지나친 농담이나 장난을 함

激甚災害(げきじんさいがい) : 국민생활에 큰 영향을 미치는 극심한 재해

踏ん張る(ふんばる) : 완강히 버티다

腸が煮え繰り返る(はらわたがにえくりかえる) : 밸이 뒤틀리다

針のむしろ(はりのむしろ) : 바늘방석

善人面(ぜんにんづら) : 착한척 꾸민 얼굴

けじめをつける : 일을 끝맺다, 매듭짓다

後ろ盾(うしろだて) : 후원자

汚れ役(よごれやく) : 나쁜 역할

野次(やじ) : 야유, 놀림

第10話 (最終話)

耳石(じせき) : 이석

差し出がましい(さしでがましい) : 주제넘다

セブンブリッジ : 트럼프 놀이의 일종으로 소유한 카드를 일정조건하에서 계속 내려놓아 최종적으로 모든 카드를 가장 먼저 소진한 플레이어가 승리하는 게임

神経衰弱(しんけいすいじゃく) : 트럼프 놀이의 일종으로 카드 뒷면을 위로해서 늘어놓고 2장의 짝을 맞추어 가져가는 게임

ババ抜き(ババぬき) : 트럼프 놀이의 일종으로 다른 사람의 카드를 뽑아가며 최종적으로 바바(ババ)로 정해진 카드를 들고 있는 플레이어가 지는 게임

撲滅(ぼくめつ) : 박멸

右往左往(うおうさおう) : 우왕좌왕

率先(そっせん) : 솔선

清々しい(すがすがしい) : 상쾌하다, 시원하다

人並みに(ひとなみに) : 남들만큼

うやむや : 흐지부지함

噛み合う(かみあう) : 의견이나 생각 등이 서로 맞다

不祥事(ふしょうじ) : 불상사, 비리

何食わぬ顔(なにくわぬかお) : 시치미 떼는 모양새

私利私欲に走る(しりしよくにはしる) : 사리사욕에 빠지다

踏み込む(ふみこむ) : 발을 들여놓다

일본의 선거유세 장면

중요문형

第1話

1. ~(た)つもり

· すみません。優しく、打った**つもり**なんですけど。

· 神林先生は、朝倉総理をお飾りにして自分の内閣を作った**つもり**だった。(C8)

2. ~わけがない

· 神林先生が受ける**わけない**だろ。

· 市議会議員29議席のところ、30人が立候補してな。負ける**わけがない**と思った。

3. ~もようだ

· 日本人を含む6人全員が、死亡した**模様です**。

· 党本部で開かれました記者会見の**模様です**。(C3)

4. ~わけにはいかない

· ここで政友党の議席を失う**わけにはいき**ません。

· 今更追い返す**わけにいかない**でしょう？ (C2)

5. ~なんて

· どういうつもりですか、お袋引っ張り出す**なんて**。

· でも僕は世の中に、必要な悪がある**なんて**子どもたちに教えたくはありません。

· 徹夜だ**なんて**信じられない。(C4)

6. ~すむ

· でもその車にしたのは、エコを意識したわけじゃなく、単にガソリン代が安く**済む**から。

7. ~てもらう

· これから全て、俺の言う通りに動い**てもらう**。

· つまり、この交渉に当たった担当者の回答と僕自身の回答は、一緒だと思っ**てもらって**結構です。(C5)

8. ~からには

・やるからには、当選しなきゃ。子どもたちも応援してくれているんでしょう?
・ 国会議員になったからには偉くなれよ。そうすりゃお前、自分のやりたい政治が出来るんだ。 (C2)
・ 出馬するからには勝ちたいと思います。 (C3)

9. ~うけがいい

・ やっぱり女性受けがいいんですよ。狙い通りです。

10. ~てやる

・ あと1週間、絶対逆転してやる。
・ 誰かが目立てば、足を引っ張ってやろうとか利用してやろうとか考える。 (C2)

11. そもそも

・ そもそも僕みたいな人間が、政治家になったって。

第2話

1. だって

・ だって本当に退屈なんだもの。

2. ~ものだから

・ 政治とは関係のないことばかり聞かれるもんですからみんなこんな記事になってしまって。

3. どうも~みたい

・ 君はどうもすねているみたいだが、朝倉先生の教育係は大事な役目だよ。

4. ~わけではない

・ 女が裸で出て来たわけじゃあるまいし。
・ 日米構造協議は、今年で終わったわけじゃないですよね。 (C5)
・ 起訴されたわけでもないのになぜ辞職されるんですか!? (C9)

5. ~きり

・ 二人きりはまずいですよね。

6. ~ばかり

・しかし、今度**ばかり**は厳しいんじゃないのかな。

7. ~わけ

・つまり、不当な立ち退きを迫られている**わけ**ですよね。
・景気が拡大すれば、自然と、税収が増える**わけ**です。（C3）

第3話

1. ~がち

・ベテランは経験豊富でも、政界にどっぷりつかって国民のことがわからなくなり**がち**なんだよ。

2. まるで~ない

・今こそ政治の力が必要なのに、国民はそれを**まるで**当てにせ**ず**、自己防衛に必死になっている。
・政府与党は、国民の生活を**まるで**考えてい**ない**。（C6）

3. ~(た)上で

・国会議員とは、国民みなさんの為に奉仕することを約束した**上で**、選挙で国民のみなさんに選んでもらった人たちです。
・クラゲの件に関しましては、十二分に調査し、検討をした**上で**結論を出しております。（C4）
・今回の日米構造協議の結果を受け入れた**上で**、改めて交渉の機会をいただきたいと、仰っているそうです。（C5）

4. ~(た)とたん

・選挙のときだけ頭を下げて、当選した**途端**に特権階級のように振舞うような人間は、本当の政治家ではありません。
・総理になった**途端**、公邸住まいじゃ、調子乗ってるもんな。（C4）

5. ~まみれ

・みなさんと同じ手で、自分も汗**まみれ**になって働き……。

第4話

1. ~までもない

・総理のご判断を、仰ぐ**までもない**と存じますが。

2. ~ぬき

・では、新内閣の基本方針を確認しましょう。総理**抜き**で。

3. ~かねない

・一つ国の責任を認めたら、他のことも全て、認めていくことになり**かねない**。

・女性秘書官と個人的に親密な関係があると噂されるだけで、政権にマイナスのイメージを与え**かねません**。（C6）

・私の話がきっかけだと知られたら、また誤解を招き**かねません**。（C6）

第5話

1. ~(た)うえに

・そして湾岸戦争で一人敵陣地に乗り込み、味方の捕虜20人を救出した**上に**、軍事施設を全て破壊して帰って来たそうだ。

2. ~(を)はじめとする

・これに対し、2007年の輸入実績は、とうもろこし111万2千トン**をはじめとする**、総額1251億4000万円に過ぎない。

3. ~(を)はじめ

・もちろん、神林先生**をはじめ**、みなさんのサポートは必要です。

4. ~むき

・あの人は、実はとても、政治家**向き**なのかもしれません。

第6話

1. ~がらみ

・あの、美山さんって、恋愛**絡み**に異常な警戒心持ってません？

2. ~にかぎって

・でもそういう子**に限って**、実は、おませさんだったりするんですよね。

3. ~きる

・いや、現場の医師たちは本当に疲れ**きっている**んですよ。

4. かりにも

・**仮にも**わが国の総理大臣ですよ。

5. ~ものだ

・甘く見られた**ものだ**。

・始球式？普通は代理をたてる**ものです**。 (C7)

第7話

1. ~といいたいところだが

・僕の秘書を紹介しましょう**と言いたいところですが**、うちも人手不足で。

2. ~どころではすまない

・総理の居場所がわからなくなったと知れたらお前のクビが飛ぶ**どころじゃ済まない**ぞ。 (C8)

3. ~には

・そして選挙に勝つ**には**金がいる。

4. ~ものの

・つまり、辞職するとは言った**ものの**、総理をサポートするのは、自分しかいないと思っている。

5. ~てまで

・大臣に罷免をちらつかせ**てまで**閣議決定させたあの補正予算案が、国会で否決されるとなると、朝倉総理の責任問題になるのは当然だな。

6. それとも

・政権運営に自信がなくなったことにするか、**それとも**、病気になってもらうか。

第8話

1. ~きれない

・僕も、総理を支え**きれなかった**自分が、情けない。

第9話

1. ~あってのこと

・総理にだってね、何か事情が**あってのこと**だと思うんです。

2. ~ぶん

・総理の場合、政治の世界に慣れていない**分**、ストレスも相当溜まっていると思うし。

3. ~とはいえ

・総理が謝罪した**とはいえ**、イメージダウンは免れないな。
・18年前の話**とはいえ**、これが事実だとしたらこの方々は当然責任を問われます。
・18年前の疑惑**とはいえ**、今回のことで、政治はまた、信頼を失ってしまいました。

4. ~とすぐに

• 総理は、帰られる**とすぐに**、変なことを喋り出す癖があるんですか？

第10話 (最終話)

1. ~というものだ

・総理の病状ですが、急性発作頭位目眩症。これは極度の過労とストレスが原因で起こる症状で、耳石に異常が生じ、急に目眩が起こる**というものです**。

2. ~(た)ところ

・仕入れ業者に確認した**ところ**、昨年は100グラム650円だったのが、今年は100グラム800円に変わっています。

3. たかだか

・**たかだか**のお茶でも、国民の税金を使っていることには変わりないんです。

4. ~てくる

・期待したことがバカみたいに思え**てきて**、もうどうでもいいやって気になっちゃって。
・でも何回か聞いていれば、会議の内容はなんとなくわかっ**てきます**。

5. ~からといって

・でも、政治家になった**からといって**、何をしていいのかはわからなかったんです。

6. ~どころか

· 一年生議員**どころか**、政治のど素人に、総裁選、最大与党の、政友党の総裁っていったら、総理大臣ですよ。

7. ~(という)こと

· 官僚といわれる人たちの中に、本当にこの国のことを考え、必死になって、働いている人たちがいる**こと**を。どうか知って下さい。

8. ~にそう

· そこで選ばれた人は国民の代表であり、国民の意思**に沿う**仕事をしなければならない。

일본 국회의사당

일본의 국회의원과 세습정치

일본의 국회는 우리나라와 달리 양원제(両院制)를 채택하고 있어 국회의원도 참의원(参議院議員)과 중의원(衆議院議員)으로 구성된다. 참의원은 242명으로 임기는 6년이나 3년마다 정수의 반을 선출하고 임기 중의 해산은 없다. 반면 중의원은 의원정수 480명으로 4년을 임기로 하나 의회가 해산할 시에는 임기만료 전에 자격이 상실된다. 메이지시대의 제국의회부터 시작된 일본의 의회정치는 패전과 개헌을 거치면서 약 120년 동안의 역사를 유지하고 있는데, 이러한 과정 속에서 특정 가문이나 혈통의 정치인들이 의원직을 세습하는 행태가 엿보인다. 소위 세습의원(世襲議員) 또는 2세의원(二世議員)이라 일컬어지는 정치인들은 자신의 부모나 조부모가 조성한 특정 선거구의 지지기반을 그대로 물려받아 국회의원에 당선되는 경우가 많은데, 이는 기존 정치인과 혈연이나 혼인관계가 없는 신인 정치인들의 정계입문을 어렵게 한다는 의미에서 비판의 대상이 되고 있다. 의원직을 세습하는 방법은 주로 현직에 있는 국회의원이 차기 선거 실시 수개월 전에 은퇴선언과 동시에 자신의 친족을 후계자로 내정하고, 소속정당에서 공인을 받는 형식을 취한다. 2008년 당시 일본의 민주당은 세습입후보규제 법안 작성에 착수하나 피선거권을 제한하는 내용이 헌법의 취지와 어긋나 무산되고 만다. 현재 일본의 대표적인 세습의원으로는 가나가와현의 고이즈미 준이치로(小泉純一郎)로 전 수상의 아들인 고이즈미 신지로(小泉進次郎)의원, 군마현의 후쿠다 야스오(福田康夫) 전 수상의 아들인 후쿠다 다쓰오(福田達夫)의원 등이 있다.

이렇듯 일본의 정계에는 몇 대째를 이어오며 한 가문이 일본 정치에 큰 영향력을 행사하는 경우가 있는데 아베 신조(安倍晋三) 현 일본 수상 또한 그 대표적인 예로 꼽을 수 있다. 1993년에 처음으로 중의원의원에 당선된 아베 신조 수상은 자민당 간사장(幹事長)과 관방장관(官房長官) 등을 역임하며 2006년과 2012년에 각각 자민당 총재에 당선되며 2번에 걸쳐 총리대신으로 임명되었다. 친가 쪽 조부에 해당하는 아베 간(安倍寛)은 전전(戦前) 일본진보당 소속 중의원의원을 지냈고, 아버지인 아베 신타로(安倍晋太郎) 역시 중의원의원과 1970년대 중반부터 역대 자민당 내각의 관료를 역임하였다. 또한 외가 쪽 조부에 해당하는 기시 노부스케(岸信介)는 태평양전쟁 당시 도조 히데키(東条英機)내각에서 상공대신에 임명되었으며 이로 인해 전쟁 직후 열린 미군에 의해 A급전범 피의자로 체포되나 불기소처분을 받고 풀려났다. 이후 공직에서 추방되나 1952년에 정계에 복귀, 1957년 2월부터 1960년 7월까지 2차례에 걸쳐 총리대신을 역임하였다. 그리고 기시 노부스케의 동생이자 아베 신조 현 수상의 외종조부에 해당하는 사토 에이사쿠(佐藤栄作) 역시 1964년 11월부터 1972년 7월까지 3차례에 걸쳐 총리대신을 역임한 인물이다. 이와 같이 아베 신조 수상 가문은 현재까지 3명의 총리대신을 배출하며 일본 정치계에 막강한 영향력을 행사하고 있다.

아베 신조 수상의 가계도

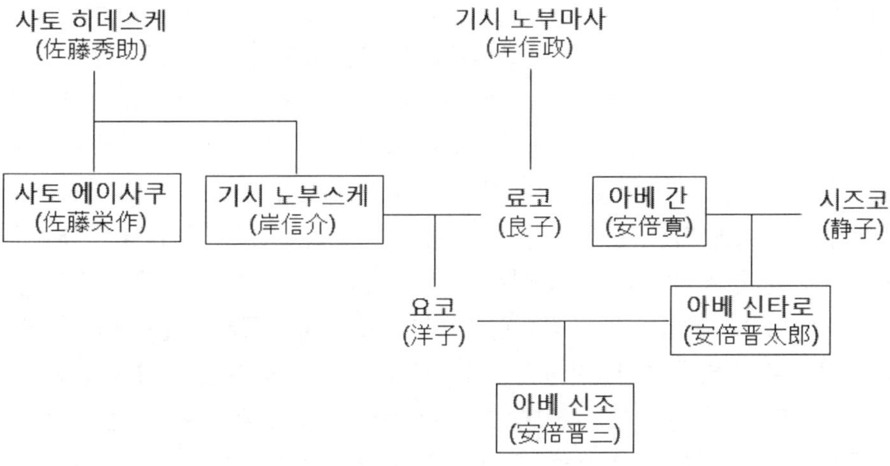

4. 드래곤 사쿠라 ドラゴン桜

작품소개

『드래곤 사쿠라(원제 『ドラゴン桜(ざくら)』)』는 미타 노리후사(三田紀房)의 만화 『드래곤 사쿠라(ドラゴン桜)』를 원작으로 한 드라마이다. 2005년 7월부터 9월까지 TBS에서 방송되었다. 우리나라에서는 KBS에서 2010년 『공부의 신』이라는 제목으로 리메이크 되었다.

줄거리

꼴찌 학교로 유명한 류잔(龍山) 고등학교에 사쿠라기 겐지(桜木建二)라는 변호사가 학교의 파산 문제로 찾아온다. 사쿠라기는 학교의 회생을 위해 학생들을 도쿄대학에 합격 시키는 계획을 발표하지만, 어느 누구도 그 계획에 호응하지 않아 도쿄대 특별진학반의 담임을 본인이 맡게 된다. 사쿠라기는 학생들에게 세상에 속으면서 살고 싶지 않으면 도쿄대에 가라고 한다. 아버지의 빚 때문에 학교와 활동하던 밴드마저 그만 두려는 야지마 유스케(矢島勇介)는 사쿠라기의 도움으로 빚을 갚고 특별 진학반의 제1호 학생이 된다. 유스케의 친구 히데키(英喜), 마키(麻紀), 요시노(よしの) 세 명도 더불어 진학반에 들어오게 되고, 다함께 앞으로 류잔 고등학교의 상징이 될 드래곤 사쿠라를 심는다. 특별 진학반의 합숙이 시작되고, 졸업 후 어머니의 술집에서 일을 도와야 할 운명이라 생각하던 미즈노 나오미(水野直美)는 그러한 상황에서 벗어나기 위해 특별 진학반에 들어가려 한다. 하지만, 어머니의 반대에 부딪치게 되고 사쿠라기는 나오미를 진학반에 넣기 위해 진학반 학생들의 고등 수학문제 만점을 조건으로 내세운다. 나오미가 열심히 노력하는 모습을 본 어머니는 나오미의 합숙을 허락하게 되고, 학생들은 도쿄대를 목표로 더욱더 노력할 것을 다짐한다. 전설의 수학 선생님 야나기 데쓰노스케(柳鉄之介)를 초빙하여 수학 수업을 진행하던 중 요시노가 특별 진학반을 그만둔다

며 떠나는데, 이노(井野) 선생님의 노력으로 그녀를 다시 데려온다. 새로운 과학 선생님인 아인 슈타로(阿院修太郎)와 국어 선생님인 아쿠타야마(芥山)의 기발한 수업 방법을 통해 학생들은 즐겁게 공부하기 시작한다. 한편 수재 학교인 슈메이칸(秀明館) 고등학교에 다니는 쌍둥이 동생을 둔 오쿠노(奧野)는 더 이상 동생에게만 양보하며 바보같이 살지 않기 위해 멀리서 동경만 하던 특별 진학반에 들어오게 된다. 어느 날 방송국에서 류잔 고등학교 특별 진학반을 취재하러 오고, 학생들은 도쿄대 실전 모의시험을 앞두고 더욱더 열심히 공부에 정진 하지만, 모의시험 결과는 좋지 않고 학생들은 좌절하여 특별 진학반을 떠난다. 특별반을 그만둔 학생들을 위해 사쿠라기는 특별 여름 합숙을 준비하고, 사쿠라기와 찾아간 도쿄대에서 학생들은 다시 한번 입시를 위해 노력 할 것을 결심한다. 특별 진학반의 야지마는 누구보다 열심이지만, 항상 꼴찌를 면하지 못하는 자신에게 실망하고, 나오미는 엄마가 뇌경색으로 쓰러져 특별 진학반을 그만둔다. 사쿠라기는 독학으로라도 입시를 준비 할 수 있도록 나오미를 격려해준다. 드디어 도쿄대 시험 날이 다가오고 아이들은 최선을 다해 시험에 임한다. 하지만, 나오미는 어머니의 병 때문에 시험을 중도에 포기할 수밖에 없게되고, 남은 학생들 중 일부만이 합격하게 된다.

출연진

아베 히로시(阿部寬) : 류잔 고등학교의 특별 진학반을 맡은 변호사 사쿠라기 겐지(桜木建二) 역

하세가와 교코(長谷川京子) : 류잔 고등학교의 영어 교사로 사쿠라기를 도와 특별 진학반을 이끌어 가는 이노 마마코(井野真々子) 역

야마시타 도모히사(山下智久) : 특별 진학반의 첫 번째 학생인 야지마 유스케(矢島勇介) 역

나가사와 마사미(長澤まさみ) : 특별 진학반을 어쩔 수 없이 그만두지만 독학으로 끝까지 노력하는 미즈노 나오미(水野直美) 역

나카오 아키요시(中尾明慶) : 슈메이칸 고등학교에 다니는 쌍둥이 동생을 둔 오쿠노 이치로(奥野一郎) 역

고이케 뎃페이(小池徹平) : 자신을 무시하는 아버지에게 도쿄대에 합격한 모습을 보여 주고자 특별 진학반에 들어간 오가타 히데키(緒方英喜) 역

아라가키 유이(新垣結衣) : 유스케의 여자친구로 유스케와 함께 있고 싶어 특별 진학반에 들어간 고사카 요시노(香坂よしの) 역

사에코(サエコ) : 도쿄대에 재학 중인 아이돌이 되고 싶어 하는 고바야시 마키(小林麻紀) 역

시나가와 도루(品川徹) : 특별 진학반의 수학 교사 야나기 데쓰노스케(柳鉄之介) 역

고바야시 스스무(小林すすむ) : 특별 진학반의 과학 교사 아인 슈타로(阿院修太郎) 역

데라다 미노리(寺田農) : 특별 진학반의 국어 교사 아쿠타야마 류자부로(芥山龍三郎) 역

가네다 아키오(金田明夫) : 특별 진학반의 영어 교사 가와구치 히로시(川口洋) 역

입학식

중요어휘

第1話

管財人(かんざいにん) : 재산의 법정 관리인

当座(とうざ) : 그 순간, 잠시

のし上(あ)がる : 기어오르다, 높아지다

浮(う)かばれる : 체면이 서다

根(ね)こそぎ : 전부, 모조리

差(さ)し押(お)さえ : 압류

早(はや)まる : 성급히 판단하여 일을 그르치다

一昔(ひとむかし) : 한 옛날

リストラ : 구조 조정 또는 그에 따른 실직

反吐(へど)がでる : 구역질나다

ゲス野郎(やろう) : 비열한 놈, 천한 놈

第2話

要領(ようりょう) : 요령

搾取(さくしゅ) : 착취

ガッポリ : (속어) 왕창, 듬뿍

世間知(せけんし)らず : 세상 물정에 어두움

有益(ゆうえき) : 유익

土建屋(どけんや) : 토건업자

迷宮(めいきゅう) : 미궁

幼馴染(おさななじみ) : 어렸을 때부터 친하게 지낸 사이

底辺(ていへん) : 밑변, 하층

台無(だいな)し : 못쓰게 됨

荷台(にだい) : 짐받이

合宿(がっしゅく) : 합숙

効率(こうりつ) : 효율

第3話

コツ : 요령

つべこべ : 이러쿵저러쿵

文句(もんく) : 불평, 이의

醍醐味(だいごみ) : 묘미, 진정한 즐거움

二(に)の腕(うで) : 위팔, 상박부, 어깨와 팔꿈치 사이

改装(かいそう) : 개장

日陰(ひかげ) : 음지

企(たくら)む : 계획하다, 꾀하다

巻(ま)き添(ぞ)え : 남의 일에 말려듦

ドリル : 반복 학습을 통한 지식습득 행위

成(な)り行(ゆ)き : 형세, 동향

肩代(かたが)わり : 대신 떠맡음

張本人(ちょうほんにん) : 장본인

台形(だいけい) : 사다리꼴

正真正銘(しょうしんしょうめい) : 진정한, 진짜

負(ま)けず嫌(ぎら)い : 지기 싫어하는 성질이나 그런 사람

第4話

泣(な)き言(ごと) : 우는 소리, 푸념

詰(つ)め込(こ)み : 가득 채움, 주입

干(ひ)からびる : 말라붙다, 진부해지다

ほざく : (속어) 지껄이다, 잔소리하다

痴話喧嘩(ちわげんか) : 치정 싸움, 사랑싸움

ボケ : 멍청함, 노망함

根暗(ねくら) : 원래부터 성격이 어두움

度胸試(どきょうだめ)し : 담력 시험

第5話

毛嫌(けぎら)い : 이유 없이 괜히 싫어함

スケベ : 호색, 음란한

気(き)が散(ち)る : 산만해지다

贔屓(ひいき) : 편을 듦, 특별히 돌봐줌

置(お)き去(ざ)り : 내버려 두고 떠나버림

割(わ)り切(き)る : 결론짓다, 체념하다

濡(ぬ)れ衣(ぎぬ) : 누명

冤罪(えんざい) : 억울한 죄, 누명

荒立(あらだ)てる : 악화시키다, 거칠게 하다

歯(は)を食(く)いしばる : 이를 악물다, 입술을 깨물다

寝言(ねごと) : 잠꼬대

第6話

奇想天外(きそうてんがい) : 기상천외

丸暗記(まるあんき) : 통째로 외움

帰国子女(きこくしじょ) : 부모의 사정으로 외국에서 공부하다가 다시 일본으로 돌아온 사람

第7話

寝耳(ねみみ)に水(みず) : 아닌 밤중에 홍두깨

怒(いか)り心頭(しんとう)に発(はっ)する : 화가 머리끝까지 치밀다

掛(か)け持(も)ち : 겸임, 겸무

断崖絶壁(だんがいぜっぺき) : 단애절벽, 매우 위험한 상태를 비유

ちまちま : 자잘함, 아담함

あてずっぽう : 어림짐작

遵守(じゅんしゅ) : 준수

第8話

鉄(てつ)は熱(あつ)いうちに打(う)て : 쇠는 뜨거울 때 때려라 (= 시기를 놓치지 말고 시행하라)

一夜漬(いちやづ)け : 하룻밤 사이의 벼락치기

敏腕(びんわん) : 뛰어난 능력을 갖춘

第9話

介護 : 간병, 간호

行間 : 행간

飢餓 : 기아

くよくよ : 끙끙

ナイーブ : 순진한, 철없음

ほっつき歩く : 싸다니다

いじける : 주눅 들다

口を挟む : 말참견하다

お座なり : 어물쩍, 일시 모면, 적당히 넘김

おだてる : 치켜세우다, 부추기다

うじうじ : 우물쭈물, 꾸물꾸물

女々しい : 연약한, 사내답지 않다

変哲 : 특별난 것 없는, 평범한

誇大 : 과대

第10話

切羽詰る : 궁지에 몰리다, 다급해지다

取りこぼし : 어이없이 패함, 승리를 놓침

丼勘定 : 주먹구구식

陶酔 : 도취

分際 : 신분, 처지

甘ったれる : (속어) 어리광 부리다

落とし前 : (속어) 뒤처리, 끝매듭

漫然 : 만연

第11話 (最終話)

咄嗟 : 돌연, 순간

減らず口を叩く : 억지 부리다, 생떼를 쓰다

差し入れ : 주로 일하는 사람들을 위로하기 위한 음식물

手形 : 어음

粗忽 : 경솔함, 부주의한 실수, 소홀

臆病 : 겁이 많음

噛み締める : 꽉 깨물다, 음미하다

早耳 : 소문 등을 빨리 들어 아는 것, 또는 그런 사

교토 은각사

기요미즈데라 수학여행

중요문형

第1話

1. **~なんて**
   - 学校が倒産だ**なんて**、生徒達の将来はどうなってしまうんですか？

2. **~ついては**
   - しかも偏差値36の馬鹿学校という評判が広まり、本年度新入生定員300名に対し、入学希望者、たったの165人。**ついては**これ以上の授業継続は不可能と判断。

3. **~というのは**
   - 弁護士先生、いきなり清算**というのは**ちょっと性急すぎるのでは。

4. **~だけ**
   - 暴力団じゃなくて、暴走族だったという**だけ**の話です。

5. **~むりない**
   - しかしまあ、汚い事務所だな。これじゃ、依頼人が来ないのも**無理ない**な。

6. **~につき**
   - 乱闘寸前**につき**、没収試合ってとこですかね。

7. **~もいいところだ**
   - こんなもんが今更出てきて。営業妨害**もいいところだ**な。
   - 時代遅れ**もいいところだ**わ。（ド2）

8. **~これをきに**
   - **これを期に**、のし上がれるかもしれねえな。

9. **どのみち**
   - このまま何もしなかったら**どの道**破産なんです。

10. **~あるのみだ**
    - なら、チャレンジ**あるのみ**です。

11. **~わけない**
    - よしのちゃんが知らないのを俺が知ってる**わけない**でしょ。

12. ~くせに

・一緒にバンド組んでる**くせに**。

13. ~ていられるか

・こんな時に学校なんて行って**られっか**よ。

14. ~にきまっている

・おまけに俺はバカ龍山で、卒業したってバカにされ続ける**に決まってる**んだ。

15. ~わけにはいかない

・いくら理事長命令でも私は自分の生徒が変なことに巻き込まれるのを黙って見てる**訳にはいき**ません。

16. ひらたくいえば

・**ひらたく言えば**破産はせずに、もう少し学校事業を継続し、経営状態の改善を図るということです。

17. なにをいうかとおもえば

・**何を言うかと思えば**、東大だなんて!

18. みるからに

・大体、**見るからに**勉強しなさそうじゃねえか。

19. ~ありだ

・一応様子を見るっていうのも、**ありです**かね。

20. ~というわけだ

・この学校は倒産寸前。潰れるんだ。つまり全員自動的に失業者**って訳だ**。

21. ~わけ

・この計画が上手くいくかどうかは、来年水野さんの東大合格にかかっている**訳**ですよね。

22. ~っぽっち

・言っとくけど、俺はあんたを信頼した訳じゃないし、感謝なんて**これっぽっち**もしてねえから。(ド2)

23. ~も~なら~も~だ

・教師**も**教師**なら**生徒**も**生徒**だ**。

24. ~にしている

・ みんな頭のいいやつがわざとわかりにくくして、ろくに調べもしない頭の悪いやつから多く取ろうという仕組み**にしている**。

25. ~てばかりいる

・ つまりお前らみたいに頭を使わず面倒くさがっ**てばかりいる**やつらは、一生騙されて高い金払わされ続ける。

第2話

1. ~ということ

・ やっぱり柳より松だな。ぽっきりへし折りやすい**ってこと**さ。

2. ~というところだ

・ まぁ、1日分の利子**ってとこ**かな。

3. ~からといって

・ そんなこと信じられません。いくら文型だ**からといって**。

4. ~ということで

・ じゃ、負けた方は1週間、勝った方の、奴隷になる**ってことで**。

5. ~きれない

・ 昔バイクでコーナー曲がり**きれず**崖から落ちたことがあってな。

6. ~かぎり

・ 人は誰かに使われてる**限り**、この搾取の迷宮から逃れられないんだ。

7. ~かつ

・ 答えは非常に簡単**かつ**明快だ。

8. ~かえり

・ 三人で野球を見に行った**帰り**だという。

9. ~というのは~のことだ

・ ところで、昨日のお買い物**というのは**、そのイヤリング**のことです**か?

10. たかだか

・ なんで、**たかだか**2万円ほどの買い物で、そんなこと言われなきゃなんないんですか。

11. ~もの

・カッコイイ男が幼馴染で。キミみたいに地味な子も、一緒に注目されるもんね。

12. ~てやる

・この際妥協してやるよ。
・それじゃ、東大の中で最も簡単に入れる学部を、俺がお前らに教えてやる。（ド7）

13. ~さえ~ば

・受験で点数さえ取れば、一流大学に入れるんだ。
・あの子は受験当日、下痢で体調さえ崩さなければ、学区一の公立高校に普通に行っていたという噂です。（ド6）

14. ~ようが

・だったらこの金がどこに消えようが、お前の知ったこっちゃないんじゃないのか？

15. いっこうに~ない

・借金の金利を返すだけで精一杯。元金は一向に減りゃしない。

16. どうってことない

・建さんの頼みならどうってことないっす。

第3話

1. 수량사+も~たら

・あと1年もしたらあんたもこの店手伝うんだよ。

2. ~ようが

・いいじゃないか。二の腕が多少タプタプしようが、ほっぺたが少々腫れぼったかろうが、気にすんな。

3. ~ても~なくても

・そもそも、この子が合格する程度の大学なら、行っても行かなくても同じでしょう？

4. ~ものだ
- 成績というのは、目の前にわかりやすい目標を置いた方が伸びる**ものだ**。

5. ~まくる
- まずは小学6年までの算数ドリルだ。とにかく、解いて解いて解き**まくれ**。
- もう頭良くなり**まくり**で大変なんだ！（ド7）

6. ~てやる
- 俺はもうやるって決めた。だから今度の勝負だって満点とっ**てやる**んだ。

7. ~(た)ところで
- ダレてきた**ところで**これからチーム編成を行う。

8. あえて
- ただ問題を解くだけじゃなく、**あえて**違う立場に立つことで人は客観的になることが出来る。

9. ~うえで
- 客観性とは勉強する**上で**最も大切なことだ。

10. ~までもない
- 予想通りだな。半分以上空欄です。採点する**までもありません**。

第4話

1. ~だけ
- わしにはもうそれを覆す**だけ**の気力も体力もない。消えていく**だけ**だ。

2. ~こっちゃない
- あんたがどこでのたれ死のうが、そんなこと世間の誰も知った**こっちゃない**がな。

3. ~ものか
- そう簡単に入る**ものか**。

4. いかにも
- **いかにも**、生徒のこと考えてます、みたいな面しちゃってさ。

5. ~ことにする

・3分後すぐ解答を見て、解き始めが合っていたら出来た**ことにして**次の問題へ。

6. ~とは
・わしの授業、ボイコットする**とは**いい根性だ。

第5話

1. ~からって(⇒からといって)
・俺がちょっとベビーフェイスだ**からって**な、舐めてるんじゃねえぞ。
・兄弟だ**からって**庇ってるんじゃないの？

2. まるで~ない
・こんな問題は漠然としていて、それに対する回答も、具体性が**まるでない**。

3. しいていえば
・**強いて言えば**ですよ、これ。

4. ~とは
・それは、みなさんには決定的に欠けている要素がある。その要素**とは**、奉仕の心。サービス精神です。

5. ~ほうだい
・こっちが下手に出てりゃ言いたい**放題**言いやがって。

6. ~どころのさわぎではない
・こんなことが表沙汰になれば、進学校化**どころの騒ぎじゃありません**ね。

7. ~ぶる
・香坂さんが出て行ったときはほったらかしだったくせに、どうして急にいい先生**ぶる**んですか？

8. ~にかぎって
・二郎、いい子なんです。二郎**に限って**悪いことするはずありません。

9. ~という
・もちろんここで突っ張って、自分のプライドを守る**という**手もある。
・もう一つは、現実的なメリットを優先する**という**方法だ。

10. ~ぶん
・48時間余計に勉強できる。その**分**、東大への合格率も、早まるってわけだ。

11. ~わけ

・だからさ、俺は俺なりに今の特進に賭けてるって**わけ**よ。

12. こんどというこんど

・**今度という今度**は本当にあなたに失望しました。

13. ~ぬく

・大マジだ。割り切るところは割り切る。現実社会を生き**抜く**にはな、そういう賢さも必要なんだよ。

14. ~なんか

・別に庇って**なんか**いません。事実を言っているだけです。
・僕、誰からも殴られて**なんか**いません。

15. ~にしては

・お前龍山**にしては**珍しいぐらいの努力家らしいじゃねえか。

16. ~かぎり

・だからせめて兄貴として、弟の将来の為に出来る**限り**のことをして……。

17. ~ことにする

・受験のイライラのせいだと決め付け何も聞かなかった**ことにして**忘れる。

第6話

1. ~まくる

・誉めて誉めて誉め**まくる**んです。

2. ~ひきかえ

・それに**引き換え**、たとえばアメリカ人に日本語出来るかって聞くと、Yesって返事が返ってくる。

3. ~てくる

・やっべ。俺なんか、すっげえ楽しくなっ**てきた**。

4. ~なり

・そんなこと言うなよ。井野は井野**なり**に頑張ってるんだから。

5. ~ことで

・好きな英語の曲を何曲か丸暗記する**ことで**、相当の英語力が付きます。

6. ゆめのまたゆめ

- お前のルックスじゃタレントなんて、東大ブランドなしじゃ**夢のまた夢**じゃねえのか?

7. ~てもらう

- お前が負けた場合、英語教師を辞め**てもらう**ぞ。
- これからはまず、お前にも生徒達と同じように、全ての小テストを受け**てもらう**。

8. ~きり

- 実はな、お前はもっと大きな失敗をしている。それはな、栗山一人に頼り**きり**、彼のライバルである仲間を用意しなかったことだ。
- 私の為に6人も特別に、プロの先生が付きっ**切り**。(ド7)

9. ~てはじめて

- スポーツと同じように、受験も共に高めあい、共に頑張る仲間がい**て初めて**勝てる。
- この勉強法はな、全員が力をあわせ**て初めて**成功するんだ。(ド7)

10. いくらなんでも

- **いくら何でも**言い過ぎだろう?

11. ~きる

- 東大受験の肝である大事な大事な英語をお前なんぞに任せ**きる**わけないだろう。

第7話

1. ~ぶん

- それぞれの世界史の教科書と世界史用語集を使って、自分達に割り当てられた**分**の 『メモリー·ツリー』 を作成する。
- でもまぁ、余力がある**分**、現役の方が追い込みに適してますから。(ド8)

2. ~がち

- 自分一人だと怠け**がち**だが、他人が読むとなると要点を外さずに一生懸命楽しいノートにしようと思うだろう?
- 上ばかり見ていると足元がおろそかになり**がち**になる。(ド8)

3. ~かねない

· いきなり取り付け騒ぎなんてことになり**かねない**。

4. ~うえで

· 人は生きていく**うえで**、いろんなハプニングが起こります。
· みな、きちんと基礎研究を理解し、その学問におけるルールを遵守した**上で**、研究を進めている。（ド7）

5. ~にきまっている

· 答えは買う**に決まってる**。

第8話

1. ~からこそ

· この合宿はよ、東大模試の後にやる**からこそ**意味があるんだ。

2. ~にもほどがある

· 一夜漬けで東大に行こうだなんて、ずうずうしい**にも程がある**。

3. そのばしのぎ

· **その場しのぎ**で魚を釣ってやるよりも……。

4. ~つもり

· 当たり前じゃない。私だってね、自分の娘がどの位バカなのかわかってる**つもり**よ。
·うちは双子ですから、小さい頃から同じように育ててきた**つもり**です。（ド9）

5. ~というわけだ

· いわば運命共同体って**わけだ**。

6. ~ようが

· いくらバカにされ**ようが**、世の中に無視され**ようが**、結果を出せば全て見返せるんだ。

7. ~にいたっては

· ああ、スポーツ**にいたっては**、強い筋力とスタミナが必要だろ？

第9話

1. ~うえに
- バカな**上に**暗い学校になりそうですね。

2. ~というところだ
- 乗り越えられるかどうかは、半々**というところだ**ろう。

3. ~ということ
- 吠える犬ほど実は繊細でナイーブだ**ということ**だ。

4. ~しだい
- お前のサポート**しだい**だよ。
- 無駄かどうかはお前**次第だ**。

5. ~ぶる
- 優し**ぶらない**でよ。彼女いるくせに。

6. ~よばわり
- 子供をバカ**呼ばわり**するってことは、親である自分自身のことをバカと告白しているのと同じです。

7. ~ならびに
- 緒方英喜君、**並びに**特進クラスの全員が東大合格を狙っています。

8. ~ぶり
- 思った通りの0点**ぶり**ですね。

9. ~にかけて
- 子供は7歳ぐらいまでは直感的思考段階と言われて、7歳から11歳くらいまで**にかけて**論理的思考が身に付き始めるんだそうです。

10. ~それまでだ
- 親の育て方が悪いと言われれば**それまでだ**が、もしお宅に入学させればこいつでも、本当に東大に入れるの？

11. みるからに
- それはですね。息子さんの頭が、**見るからに**空っぽそうだからです。

12. ~ざるをえない
- だからお前は、人より早く大人になら**ざるを得な**かったんだ。

第10話

1. そのうえ

・お母さん病院で、私一人でお店やって。**その上**東大受験なんて出来ると思うの。

2. ~わけ

・俺達さ、今まで、諦めなければどうにかなると思って、ずっとそう信じてやってきた**わけ**じゃん。

・テストの点数だってみんなちょっとずつ落ちてきている**わけ**だしさ。

3. ~ということはない

・まさか、このままサヨナラって**ことはない**よね。

4. ~までして

・私と賭け**までして**、水野さんをこの特進クラスに入れたんじゃないですか。

5. ~なんて

・人間**なんて**よ、自分の人生必死に生きてればそれで手一杯だ。

6. ~うえで

・生きて行く**上で**一番厳しい道なんだぞ。

7. ~ぬく

・でも彼らは、頑張り**ぬきます**。

8. ~とは

・またこいつが必要になる**とは**な。

9. だって

・**だって**、私にはあんまりメリットないんだもん。

10. いくらなんでも

・水野さん! **いくらなんでも**そんな言い方はないんじゃない?

第11話 (最終話)

1. ついては

・みんな、特進クラスの勉強は今日で終わりだ。**ついては**この特進クラス最後の授業にあたり、一つだけみんなに言っておきたい。

2. ~にあたり

・この特進クラス最後の授業**にあたり**、一つだけみんなに言っておきたい。

3. ~(た)ところで

・そんな言葉お前らに今更並べた**ところで**、これからの何の役にも立ちゃしねえ。

4. ~つもり

・綺麗事を言った**つもり**はない。

5. ~つくす

・友達ととことん遊び**つくす**のも、そして誰かのため敢えて遠回りするのも、全て正解だ。

와세다대학 캠퍼스

일본의 대학입시제도

일본의 대학입시는 크게 「일반입시(一般入試)」, 「AO입시(AO入試)」, 「추천입시(推薦入試)」로 나누어진다. 일반입시는 원칙적으로 우리나라의 대학수학능력시험과 유사한 이른바 대학입시센터시험(大学入試センター試験)을 필수적으로 치러야만 한다. 외국어, 국어, 수학, 지리역사 등의 과목으로 구성된 센터시험은 매년 1월 13일 이후 첫 번째 주말에 이틀간에 걸쳐 시행되는데, 이 시험을 통해 얻은 점수는 대학이 지정하는 논술이나 면접 등 개별학력검사(個別学力検査)에 의한 점수와 합산되어 입시에 반영된다. 대학의 입학관리국을 뜻하는 어드미션 오피스(Admissions Office)를 줄인 AO입시는 대학에 따라서는 최저학력의 확보를 위해 센터시험 등의 점수를 요구하는 경우도 있으나, 기본적으로 시행 대학이 요구하는 인물상에 근접한 수험자를 지원이유서나 면접 등을 통해 합격자를 선발한다. 추천입시는 일반적으로 수험자가 출신 고등학교의 추천을 받아 대학 측이 요구하는 특정분야의 성적이나 조사서 등을 토대로 합격여부를 결정하는 방식이다. 최근에는 영어검정시험, 한자검정시험 등 자격증의 유무나 학생회활동 및 봉사활동 등의 실적을 통해 선발하는 대학이 늘어나고 있으며, 주로 스포츠나 예술분야 신입생을 선발할 때 이러한 방식을 취하는 경우가 많다.

일본 국립대학 입시 랭킹					
인문계열			자연계열		
순위	대학	학과(계열)	순위	대학	학과(계열)
1	東京大学(とうきょう)	문과1,2,3류	1	東京大学(とうきょう)	이과3류
2	一橋大学(ひとつばし)	법과	2	京都大学(きょうと)	의과
3	京都大学(きょうと)	문과, 경제, 법	3	大阪大学(おおさか)	의과
4	一橋大学(ひとつばし)	상과, 사회	4	九州大学(きゅうしゅう)	의과
5	京都大学(きょうと)	교육	5	東北大学(とうほく)	의과
6	大阪大学(おおさか)	영어	6	東京医科歯科大学(とうきょういかしか)	의과
7	東京外国語大学(とうきょうがいこくご)	국제사회	7	名古屋大学(なごや)	의과
8	筑波大学(つくば)	사회, 국제사회	8	神戸大学(こうべ)	의과
9	大阪大学(おおさか)	문과	9	千葉大学(ちば)	의과
10	東京外国語大学(とうきょうがいこくご)	언어문화	10	東京大学(とうきょう)	이과1류

일본 사립대학 입시 랭킹					
인문계열			자연계열		
순위	대학	학과(계열)	순위	대학	학과(계열)
1	慶應義塾大学	법, 정치	1	慶應義塾大学	의과
2	早稲田大学	국제정치경제	2	東京慈恵会医科大学	의과
3	慶應義塾大学	경제A	3	順天堂大学	의과
4	早稲田大学	경제	4	日本医科大学	의과
5	慶應義塾大学	상과	5	大阪医科大学	의과
6	早稲田大学	법과	6	昭和大学	의과
7	慶應義塾大学	경제B	7	自治医科大学	의과
8	慶應義塾大学	종합정책	8	関西医科大学	의과
9	早稲田大学	국제교양	9	慶應義塾大学	이공
10	慶應義塾大学	문과	10	早稲田大学	생명의과학

도쿄대학의 아카몬

5. 파견의 품격 ハケンの品格

작품소개

『파견의 품격(원제 『ハケンの品格』)』은 2007년 1월부터 3월까지 니혼테레비(日本テレビ)에서 방영된 드라마이다. 시노하라 료코(篠原涼子)가 연기하는 오마에 하루코(大前春子)라는 독특하고 유능한 파견사원이 주인공으로 등장하여 그녀를 둘러싼 회사원들의 일과 사랑을 코믹하게 그려내고 있다. 따라서 오늘날 일본사회와 기업문화를 이해하는데 많은 도움을 주고 있으며, 정규직과 비정규직의 현주소에 대해 생각해 볼 수 있는 기회를 제공하는 드라마이다. 극중 오마에 하루코의 상사인 사토나카 주임역을 맡은 배우 고이즈미 고타로(小泉孝太郎)는 일본의 전 수상 고이즈미 준이치로(小泉純一郎)의 아들로도 유명하다. 또한 이 작품은 2013년에 우리나라에서 김혜수 주연의 『직장의 신』이라는 제목으로 리메이크 되었다.

줄거리

여러 회사를 거치며 정규직보다 더 큰 능력을 발휘하는 슈퍼 파견사원 오마에 하루코(大前春子)는 신입 파견사원인 모리 미유키(森美雪)와 함께 S&F의 마케팅부서로 파견된다. 아직 일처리가 서투른 미유키는 회사의 중요한 프로젝트 관련 데이터가 들어있는 디스크를 택시에 놓고 내리는 실수를 저지른다. 영업부와 마케팅과 직원 모두 택시를 찾으러 동분서주 하는 가운데 하루코는 묵묵히 자신의 할 일만을 처리한다. 이를 보다 못한 판매 2과 주임 쇼지(東海林)는 하루코에게 비난을 퍼붓고, 이를 마케팅과 주임인 사토나카(里中)가 필사적으로 말린다. 결국 디스크를 싣고 가던 택시가 사고로 인해 곧 폐차가 된다는 이야기를 듣게 되고 절망하고 있던 사원들 앞에 하루코가 중장기를 운전하며 나타나 폐차직전인 택시를 찾아내어 일을 해결한다. 한편 쇼지는 파견사원인 주제에 자신을 무시하는 하루코의 콧대를 꺾기 위해 백화점 영업에 함께 데리고 가는데 백화점 담당 메니저는 쇼지 앞에서 일전에 그 곳에 근무한 적이 있는 하루코를 극진히 대우한다. 기가 꺾인 쇼지는 하루코에게 더욱 매몰차게 굴고, 결국 사원들 앞에서 자신의 실수를 지적당한 쇼지는 파견 사원 전체를 비난하게 되고, 이에 영업부의 사원들은 정사원과 파견사원으로 나눠어 호치키스 빨리 찍기로 승부를 가린다. 결국 하루코의 양보로 쇼지가 승리하게 되지만, 두 사람의 관계는 더욱 멀어지게 된다. 이후 여러 가지 사건들이 벌어지는 가운데 하루코는 점점 주변 동료들과 신뢰관계를 쌓아가게 되고, 그러한 그녀의 모습에 쇼지는 뜻하지 않게 사랑의 감정을 느낀다. 한편 창립 80주년을 기념해서 열린 사내 기획모집에 미유키의 아이디어인 「파견 도시락」이 선정되나 파견사원이라는 이유로 이 기획은 쇼지 담당으로 변경된다. 기리시마(桐島) 부장은 사내의 규칙을 위반하고 파견사원 명의로 기획서를 제출한 사토나카를 좌천시킬 생각을 하고 이를 알게 된 쇼지는 입사동기인 사토나카와의 우정과 출세욕 사이에서 번민한다. 결국 다음날 중역들이 보는 앞에서 「파견 도시락」의 프레젠테이션을 맡게 된 쇼지는 이번 기획의 입안자가 자신이 아닌 파견사원임을 밝혀 파문을 일으키고 더불어 회사에 사표를 제출하고는 모습을 감춘다. 하루코는 체면 때문에 직장으로 돌아오지 못하는 쇼지를 찾아내고, 우여곡절 끝에 「파견 도시락」의 판매도 성공적으로 이루어진다. 한편 쇼지는 재취직하여 S&F의 지방 영업소에서 근무하게 된다. 그리고 동료들의 만류에도 불구하고 3개월 동안의 파견근무를 마친 하루코는 새로운 일을 찾아 쇼지가 근무하는 지방 영업소로 향한다.

출연진

시노하라 료코(篠原涼子) : 무수한 자격증을 취득하여 정규직도 해결하지 못하는 일들을 보란 듯이 처리하는 슈퍼 파견사원인 오마에 하루코(大前春子) 역

가토 아이(加藤あい) : 신입 파견사원으로 오마에 하루코와 함께 근무하게 된 모리 미유키(森美雪) 역

오이즈미 요(大泉洋) : S&F의 영업부 판매 2과 주임인 쇼지 다케시(東海林武) 역

고이즈미 고타로(小泉孝太郎) : S&F의 영업부 마케팅과 주임인 사토나카 겐스케(里中賢介)역

마쓰카타 히로키(松方弘樹) : S&F의 영업부 부장인 기리시마 도시로(桐島敏郎) 역

가쓰지 료(勝地涼) : S&F의 영업부 마케팅과 소속 신입사원 아사노 쓰토무(浅野務) 역

고마쓰 마사오(小松政夫) : S&F의 영업부 마케팅과 소속 촉탁사원 오가사와라 시게루(小笠原繁) 역

야스다 겐(安田顕) : 하루코와 미유키가 소속된 파견회사의 담당자 히토쓰키 신야(一ツ木慎也) 역

일본의 고층빌딩

도쿄의 백화점

중요어휘

第1話

茨(いばら)の道(みち) : 가시밭길

腰(こし)を入(い)れる : 허리를 낮춰 자세를 안정시키다, 본격적으로 일을 추진하다

選(え)り好(ごの)み : 선호하는 것만을 취함

高望(たかのぞ)み : 분수에 넘치는 바램

即戦力(そくせんりょく) : 바로 투입 가능한 전력

新米(しんまい) : 신참, 풋내기, 햅쌀

甲斐性(かいしょう) : 생활능력

恩着(おんき)せがましい : 생색내려는 듯이 행동하다

拙(つたな)い : 서투르다, 변변찮다

引(ひ)け目(め) : 열등감

さじを投(な)げる : 포기하다, 단념하다

片(かた)っ端(ぱし)から : 닥치는 대로

甘々(あまあま) : 지나치게 관대하다

第2話

シュール : 초현실적인, 몽상적인

ばっくれる : (속어) 시치미 떼다

壁打(かべう)ち : (스포츠에서) 혼자서 벽을 향해 공을 치는 행위

画鋲(がびょう) : 압정

稟議(りんぎ) : 품의

おじゃん : 모처럼의 계획이나 예정 등이 깨짐, 틀어짐

用無(ような)し : 쓸모없는 것, 도움이 안 되는 것

キャラ立(た)ち : 명확한 개성(キャラクター)의 확립

癒(いや)し系(けい) : 평온함을 주는 물건이나 사람

はぐれる : 일행을 놓치다

首(くび)ったけ : 홀딱 반함

おべっか : 아첨, 아부

ぶきっちょ : 서투름, 재주가 없음

でしゃばる : 주제넘게 참견하다

虚仮(こけ)にする : 업신여기다, 바보 취급하다

使(つか)い走(ぱし)り : 심부름으로 여기저기 뛰어다니는 사람

総(そう)すかんを食(く)う : 모두에게 따돌림 당하다

かさばる : 부피가 커지다

口(くち)ほどでもない : 듣던 것보다 못하다, 대단치 않다

只者(ただもの)ではない : 보통내기가 아니다

第3話

カルマ : 업보, 인과응보

放浪(ほうろう) : 방랑

デリケート : 예민한, 섬세한

一匹狼 : (속어) 조직이나 집단에서 자신만 믿고 단독으로 행동하는 사람

人間離れ : 특출한 사람, 비상한 사람

板につく : 익숙해지다, 어울리다

乗り気 : 솔깃함, 마음이 내킴

軒並み : 일제히, 다 함께

腰が抜ける : 기력이 꺾이다, 크게 놀라다

だらしない : 칠칠치 못하다

金魚の糞 : (속어) 능력 있는 사람에게 달라붙기만 하고 스스로 노력하지 않는 사람을 야유하여 이르는 말

横槍を入れる : 간섭하다, 참견하다

手柄 : 공로

法被 : 옥호, 상표 등을 등이나 옷깃에 염색해 나타낸 겉옷

鉢巻 : 머리에 두르는 띠

ホッペが落ちる : 매우 맛있음

元手 : 밑천, 본전

刃の上を渡る : 매우 위험한 형세

穴を埋める : 손실을 메우다

命拾い : 목숨을 건짐

第4話

親孝行 : 효행, 효도

宴もたけなわ : 연회가 한창 무르익음

お色直し : 결혼식에서 신부가 의상을 갈아입는 일

真逆 : 정반대

ヘソクリ : 비상금

こじれる : 악화되다, 뒤틀리다

売切れ : 매진, 품절

馴れ合い : 남녀가 서로 친밀함, 공모

ずる休み : 꾀를 부려 쉼

合鍵 : 여벌 열쇠

漕ぎ着ける : 노력하여 목표에 도달하다

電信柱 : 전봇대, 키다리

第5話

つるむ : (속어) 같이 다니다

長い目でみる : 먼 안목으로 보다

ほっぽりだす : (속어) 내팽개치다

粗大ごみ : 대형 쓰레기

根に持つ : 앙심을 품다

ぼったくる : 바가지 씌우다

思い上がり : 잘난 체하다

無駄話 : 잡담

花道を飾る : 은퇴하는 마지막 길을 장식하다

危機一髪 : 위기일발

ばっちい : 더럽다

専売特許 : 전매특허

しがみつく : 매달리다

仕(し)返(かえ)し : 앙 갚음, 복수

第6話

水(みず)増(ま)し : 실제보다 부풀림

怠慢(たいまん) : 태만

天然(てんねん)パーマ : 곱슬머리

急遽(きゅうきょ) : 급거

一(ひと)目(め)惚(ぼ)れ : 첫눈에 반함

無神経(むしんけい) : 무신경

箱(はこ)詰(づ)め : 물건을 상자에 넣어 포장함

こき使(つか)う : 부려 먹다

力(りき)む : 힘주다

不本意(ふほんい) : 바라던 바가 아님

気分(きぶん)を害(がい)す : 기분을 망치다

第7話

刷(すり)上(あ)がる : 인쇄가 끝나다

凛々(りり)しい : 늠름하다

駄目(だめ)だし : 지적하다, 주의하다

弱腰(よわごし) : 소극적 자세, 약한 태도

いじましい : 인색하다

押(お)しかける : 밀어닥치다

実直(じっちょく) : 성실하고 정직함

よちよち : 아장아장

寵愛(ちょうあい) : 총애

腹(はら)いせ : 분풀이

肝(きも)いり : 돌봐줌, 주선함

取(と)り計(はか)らう : 처리하다

直談判(じかだんぱん) : 직접 담판을 짓다

手(て)合(あ)わせ : 시합, 한판

涙腺(るいせん) : 눈물샘

第8話

頭取(とうどり) : 은행장, 우두머리

危(あぶ)なっかしい : (속어) 위험스럽다, 염려되다

コバンザメ : 빨판상어

絵心(えごころ) : 그림에 대한 재능

立(た)ち回(まわ)る : 누비고 다니다, 설레발치다

乱闘(らんとう) : 난투

第9話

恥(はじ)をかく : 창피를 당하다

飼(か)い犬(いぬ)に手(て)を噛(か)まれる : 기르던 개에게 손을 물리다 (= 믿었던 사람에게 배신당하다)

土壇場(どたんば) : 마지막 순간

愛妻弁当(あいさいべんとう) : 아내가 직접 싸준 정성스런 도시락

空回(からまわ)り : 겉돎

居場所(いばしょ) : 거처, 있을 곳

すがる : 매달리다, 의지하다

軌道(きどう) : 궤도

馴(な)れ馴(な)れしい : 친한 척 굴다, 허물없다

木(こ)っ端微塵(ぱみじん) : 산산조각

清々(せいせい)する : 상쾌하다, 시원하다

風(かぜ)の便(たよ)り : 풍문

立(た)つ鳥後(とりあと)を濁(にご)さず : 날아오른 새는 뒤를 어지르지 않는다 (= 떠날 때는 뒤처리를 깨끗이 하라)

つるっぱげ : (속어) 대머리

未練(みれん)たらたら : 미련이 많은 모양새

運試(うんだめ)し : 운수를 시험함

落(お)ち武者(むしゃ) : 싸움에 패한 무사

第10話 (最終話)

ちゃっかり : (속어) 약삭빠르게

あっさり : 간단히, 깨끗이

取柄(とりえ) : 좋은 점, 장점

執(と)り行(おこな)う : 거행하다, 치르다

壇上(だんじょう) : 단상

晴(は)れがましい : 성대한, 영광스러운

値打(ねう)ち : 값어치, 가격

しめて : 전부 합해서

역에서 파는 도시락(에키벤)

도시락

중요문형

第1話

1. ~ていだたく

・まずは登録し**ていただく**為に、一般常識のテストと、パソコンのスキルをチェックしましょう。
・あ、もちろん、書き直し**ていただいて**結構ですから。（ハ9）

2. ~ながら

・わが部も遅ればせ**ながら**、マーケティングに力を入れることになってな。
・お恥ずかし**ながら**、仕事じゃないんですよ。（ハ3）
・まあ、本当に困った子よね。39度の熱があり**ながら**会社に行くなんて。（ハ4）
・今更**ながら**驚くよな。（ハ9）

3. なんとか

・そこを**何とか**お願いします。
・でも、命令聞かない派遣はダメだろ。わかった。俺が**何とか**するよ。
・森君も頑張ってくれて**なんとか**完成しました。

4. ~わけではない

・別に焼きそばパン買うためにね、派遣された**わけではない**ですからね。

5. ~わけにはいかない

・去年大学を卒業したばかりですから、スキル、バリバリっていう**わけにはいきません**けれど、がんばるよね。
・大事な最終プレゼンを、派遣に任せる**わけにはいかない**だろ。（ハ8）

6. ~(さ)せていただく

・私の方から、条件を説明**させていただきます**。

7. ~ぶん

・三か月間お時給の**分**は、しっかり働かせていただきます。
・すみません。私の**分**まで。

8. いかにも

・入社一年目の俺と派遣だけって、**いかにも**寄せ集めって感じですね。

9. いくらも~ない

・昼食代と交通費引いたら、**いくらも**残ら**ない**だろうから。

10. ~ではすまない

・すいませんじゃ**済まない**だろ。

・賢ちゃん、始末書どころ**じゃ済まされない**ぞ。

11. ~わけがない

・そんなバカな指示出す**わけない**でしょう。

・あの人が後輩の面倒なんかみる**わけない**でしょう。

12. ~のことで

・うちの里中がね、彼女**のことで**もうすっかり悩んじゃっているのよ。

13. ~くらいなら

・出たくもない歓迎会に出て、したくもないお酌をさせられる**くらいなら**、クビにしていただいて結構です。いますぐ契約打ち切って下さいと、桐島部長にお伝え下さい。

・なんでこんな事になるんだ。こんな事になる**位なら**、森君の企画取り下げるよ。　(ハ7)

14. ~(た)ところだ

・今、終わった**ところ**です。

15. ~とはいえ

・知らなかった**とはいえ**、俺の責任だ。

16. ~まくる

・あんたみたいのが一人いるだけでな、こっちのモチベーション下がり**まくり**なんだよ。

17. ~ようと~ようと

・不景気が100年続**こうと**、日本中の会社が潰れ**ようと**、私は大丈夫。

18. ~さえ~ば

・生きていく技術とスキル**さえ**あれ**ば**、自分の生きたいように生きていける。

・解体じゃないので、車が動き**さえ**すれ**ば**いいですから。（ハ8）

19. ~(る)ばかりだ

・みんなリストラされちゃって、これから、アカの他人の派遣が増える**ばっかりだ**。

20. ~にしては

・初仕事**にしては**よくやった。

第2話

1. ~よばわり

・毛糸のパンツに先輩**呼ばわり**される筋合いはありません。

2. ~ようが

・あんた正社員じゃないんだから、どんな夜のバイトし**ようが**勝手だし。

3. ~ともなく

・わずらわしい人間関係は一切排除し、三か月の契約終了と共に、どこへ**ともなく**去る。

4. ~てあげてください (⇒~てやってください)

・大前さん、今日はうちの課暇だから、東海林主任の仕事、手伝っ**てあげて下さい**。

・森ちゃんを、救っ**てあげてくれない**かな。

5. ~てやる

・あの女に俺の営業力、見せ付け**てやる**から！

・あんなやつ、すぐに俺が辞めさせ**てやります**から。

6. ~ぶん

・デスクにコーヒー持ってきて。小笠原さんの**分**も二個。

7. ~のだから

・バカね、あんた！ 三か月しかいない**んだから**、三回払いにしなさい。

8. うりにする

・たとえば愛想が良くて、なんでも気軽に頼めちゃうみたいな、そういった癒し系のキャラを自分の**売りにする**んです。

9. ついでに

・**ついでに**タバコ頼めばよかったな。

10. ~がかり

・半年**がかり**でやっとの思いで店長とのパイプ作ったのによ、あのトックリのせいで俺のメンツ丸つぶれだよ。

11. ~かねない

・俺、前、人事にいた頃にさ、派遣がこっそり、お茶に雑巾の絞り汁入れてるのを見て凍りついたことがある。あの女もやり**かねない**ぞ。

12. ~ひきかえ

・春子先輩って、正社員の人たちに全然おべっか使わないし、嫌な仕事はきっぱり断るし。そういうところすごいなって。それに**引き換え**私は。

13. ~ばあいではない

・私なんて経験もスキルもないから、春子先輩みたいにプライド高く仕事出来ないし。プライドなんて言ってる**場合じゃない**んです。

14. ~てくる

・敵の疲れも見え**てきた**みたいよ。

・何分森はあの、ハケン二か月目でして、徐々に馴染ん**でくる**と思います。（ハ7）

第3話

1. ~きがする

・一人で食べてると、みんなに見られてるような**気がしちゃって**。

2. ~こと

・そのマグロの美味い**こと**！ 腰が抜けるほど美味いんですよ！

3. ~ようと

・会社がどうなろ**うと**、どうだっていいんだ。

4. ~ものだから

・部下が突然ツネさんにお会いしたと言う**もんですから**、もうマグロの話を聞きたくてやってきてしまいました。

・すみません、急遽集めた**ものですから**教育が行き届いてなくて。（ハ6）
・いつもうちで森ちゃんの話をする**もんだから**ね、家内が、森ちゃんにって。（ハ10）
・失礼いたしました。あの、会長の顔、写真でしか拝見したことがなかった**ものですから**。（ハ10）

5. ~にしても
・それ**にしても**さ、よくこんな人気者をつかまえることできたね。

6. ~だの~だの
・本社**だの**結果**だの**って関係ねえよ。
・格差**だの**上**だの**下**だの**なんてどうでもいいんです。（ハ4）

7. ~やがる
・お前の正体わかったよ。頼むときだけ調子いいこと言い**やがって**。

8. ~かける
・あんた達最悪。船が沈み**かけたら**、さっさと逃げ出すわけ。

9. ~しだい
・こうなったら板前とかすし職人とか、手当たり**次第**当たってみようよ。

10. ~っこない
・みんな、無茶言い**っこなし**。この人は、残業も、休日出勤も、絶対しないから。

第4話

1. さんこうまでに
・**参考までに**伺いますけど、先輩はハケンと正社員の結婚、どう思います?

2. ~ほうだい
・さっきは働かない正社員だとか、言いたい**放題**ですね。

3. ~きれない
・資格が多すぎて、スキルの欄に書き**きれなかった**ので、省略いたしました。

4. ~どころか
・お家賃、母がヘソクリで大家さんに振り込んでくれたんです。プレゼント贈る**どころか**、ますます迷惑かけちゃって。

・プレゼン上手くいったら次は課長かな。で、銀行のご令嬢と結婚して、部長**どころか**、重役も見えてきたわね。（ハ8）

5. ~すじあいはない

・それにあれは業務の一環です。こんな所まで押しかけられて、尚且つ、お礼を言われる**筋合いはございません**。

・あなたにお礼を言われる**筋合いはございません**。（ハ7）

6. ~にきまっている

・東海林さんは、あなたの電話ずっと待ってたんですよ。会いたいから来た**に決まってる**でしょう。

・欲しい**に決まってん**だろ。（ハ6）

7. ~ということ

・一緒に働くってさ、一緒に生きる**ってこと**と同じだろ？（ハ8）

8. ついては

・急にロシアに帰国することになったので、今日午後三時までに、契約書を交わしたいということです。**ついては**、必要書類をそろえてくれとのことでした。

9. ~ということで

・同じ釜の飯第一弾**ってことで**。フグでも食べに行かないか？

・じゃあ、送別会じゃなくて、お祝い**ってことで**。（ハ7）

10. ~からって(⇒からといって)

・その辺を飛び回っているハエが、たまたま唇に止まった**からって**、ハエに腹を立てる人間がいますか？

11. ~よばわり

・ハエ**呼ばわり**された。

第5話

1. ~てたまるか

・これ以上大事な先輩辞めさせ**てたまるか**。

2. ~そびれる

・寝坊して朝飯食い**そびれ**ちゃって。

3. ~ぶん

・塩むすびは具がないから価格設定を安く出来る。その**分**、美味しい米や塩にこだわれば、他との差別化もばっちり。早速リサーチしましょう。
・チョコが売り切れたからお疲れ様って、時給は7時の**分**まで払ってくれるんでしょうね？（ハ6）
・うちはもう、全部手作りだから、注文の**分**だけで手一杯。（ハ6）

4. ~でいい

・戻ってから**でいい**です。
・その仕事は明日**でいい**ので、よろしくお願いします。（ハ7）

5. なんでもかんでも

・私ね、パソコンってのがね、どうも信用できなくてね。昔は**何でもかんでも**手書きだったんだよね。

6. ~かける

・やり**かけ**の仕事があったので先に戻らせていただきました。

7. ~さわぎ

・迷子**騒ぎ**でお昼ご飯食べそびれて、お腹が鳴りましたが、それが何か。

8. ~っぽい

・それは無理**っぽい**ですね。

9. ~もの

・里中主任も大変だよね。その若さで管理職だ**もの**ね。

10. いちりある

・確かに大前さんの言うことも**一理ある**かも。

11. ~なり

・正社員もハケンも食うか食われるか。みんな自分の身を守るので精一杯。だから主任も部長の言い**なり**になって、小笠原さんにクビを宣告した。

12. こともあろうに

・**こともあろうに**、小笠原さんに暴行を働き、エレベーターに連れ込むところを目撃しました。

13. ~というところだ

・危機一髪**ってとこだ**な。助かって良かった。

第6話

1. ~まくる

・俺、地震大嫌いだからビビり**まくった**よ。

2. ~(た)ばかり

・あ、大丈夫ですよ。今、冷蔵庫から出した**ばかり**ですから。

3. はなしにならない

・バイトじゃ**話にならない**わ。

4. ~ことに

・悲しい**ことに**、キャリアを積んだ真面目なハケンから、切られていくんです。

5. ~ということで

・今、取り込んでいるから帰ってください。新製品の話は白紙**ということで**。

6. ~うえで

・あなたは人の気持ちがちゃんとわかった**上で**、接待なさってるんですか。

第7話

1. ~(を)とわず

・ほら、ここに、社内外**問わず**って。

2. ~くせに

・またすぐに来る**くせに**。

3. ~(た)まで(のこと)だ

・しかし部長、僕は社員として、当然のことをした**までです**から。

4. ~ぬく

・企画コンペ勝ち**抜けたら**、部長に掛け合って、君の時給上げてもらうから。

5. ~こむ

・私がね、このようじ屋さんの実直な味に惚れ**込んで**いるんですよ。

6. とてもじゃないけど

・私たち、**とてもじゃないけど**、自分の名前で企画なんて出せないよ。

7. ~ぶる

・ちょっとあんた、何いい子**ぶってる**の。

8. ~たちばにない

・わかった。君は、自分が企画を出す**立場にはない**ってことをちゃんとわかってたんだよな？

9. ~とでもおもう

・それであの子のクビがつながる**とでも**、本気で**思っている**のか？

10. ~っぱなし

・今日で契約打ち切られました。先輩にはほんと、ご迷惑かけ**っぱなし**で。

・こういう汚らしい荷物を置き**っぱなし**にされたら、周りが迷惑です。(ハ9)

・しかし、あなた、春子に振り回され**っぱなし**で大変だったね。(ハ10)

第8話

1. ~ごし

・ミラー**越し**にガン飛ばすのはやめろよ。

2. ~といえば

・子犬を飼っていらっしゃるんですか。子犬**といえば**ですね、僕の友達でも、とにかく落ち込むと、迷子の子犬みたいな目になるヤツがいましてね。

3. ~きれない

・もううんざりだ。こんなお人よしのバカとは付き合い**きれねえ**よ。

4. ~だけ

・ハケンは利用する**だけ**利用して捨てるもんだ。

5. ~あたり

・一個**当たり**千円です。

6. ~ものなら

・これが最高のハケン弁当です。作れる**ものなら**作ってみなさい。

第9話

1. **~ばあいではない**
   - ・春子先輩、恥ずかしがっている**場合じゃない**ですよ。
   - ・落ち着いて。そんな**場合じゃない**んだ。（ハ10）

2. **~でも~でも**
   - ・辞職**でも**失踪**でも**勝手にすればいいんです。

3. **~いっぱい**
   - ・とにかく私は今月**いっぱい**でいなくなります。

4. **~つもり**
   - ・あなたはあの会社をカッコよく飛び出した**つもり**かもしれませんが、何なんですか、この原稿は!

5. **~からといって**
   - ・落ちた**からといって**、人生が目の前から消えて無くなってしまうものではない。受かった**からといって**、明るい未来があるわけでもない。

第10話 (最終話)

1. **~だけ**
   - ・私がこれ**だけ**引き止めているのに契約更新を拒むのはなぜだ。

2. **~のことだから**
   - ・東海林君**のことだから**きっと手柄上げて本社に戻ってくるわよ。

3. **どうやら**
   - ・仕事の方向性が**どうやら**似てるみたいで、なんとあの笑わない大前さんが黒岩さんには笑顔を見せました。

4. **~(と)はじまらない**
   - ・派遣のお弁当は森君がいない**と始まらない**から。

5. **~ざるをえない**
   - ・そうなら**ざるを得ない**でしょうね。

6. **どうしても~たい**
   - ・派遣じゃなくて、**どうしても**社員になり**たい**んです。

일본의 비정규직 노동자

오늘날 노동환경의 변화로 인해 일본의 비정규직 노동자는 매년 증가 추세에 있다. 전후 고도경제성장기의 일본기업들은 대부분 인력난을 겪으며 이미 고용한 노동자들이 다른 회사로 이탈하는 것을 막기 위해 연공서열(年功序列)이나 종신고용(終身雇用)과 같은 안정적인 고용환경을 제공하며 정규고용(正規雇用) 체제를 갖추어 나갔다. 그러나 일본 버블경제의 붕괴로 인해 불황기에 접어들자 기업은 경쟁력 강화를 위해 대규모 정리해고를 실시하게 되고 다가오는 불확실한 미래의 경영환경에 순발력 있게 대처하기 위해 정규고용 근로자, 다시 말해 정사원(正社員)의 고용을 줄여나가게 된다. 이에 따라 많은 수의 기업들은 기존에 정사원들이 맡아 왔던 직무의 상당수를 상대적으로 저렴한 인건비와 단기고용의 편의성을 갖춘 비정규고용(非正規雇用)을 증가시킴으로 해소하고자 했다. 이런 과정을 통해 전체 근로자 중 비정규직 노동자가 차지하는 비율이 점차 증가하여 1990년대에 들어서 20%를 넘고, 2000년대에 이르자 25%, 그리고 2010년도에는 최고 35%까지 육박하게 된다. 이러한 비정규직 노동자들은 계약의 용이성에 의해 일시적인 호경기에 대량으로 고용되기도 하나, 기업의 경영상황이 악화될 때 가장먼저 인원삭감의 대상이 되어 항상 고용불안에 시달리는 신세를 면치 못한다. 현재 일본의 고용시장에서 중소기업보다 대기업에서 비정규직 노동자를 더 많이 고용하고 있으며, 남성보다는 여성의 비정규직 노동자 비율이 높게 나타나는 경향을 보이고 있다.

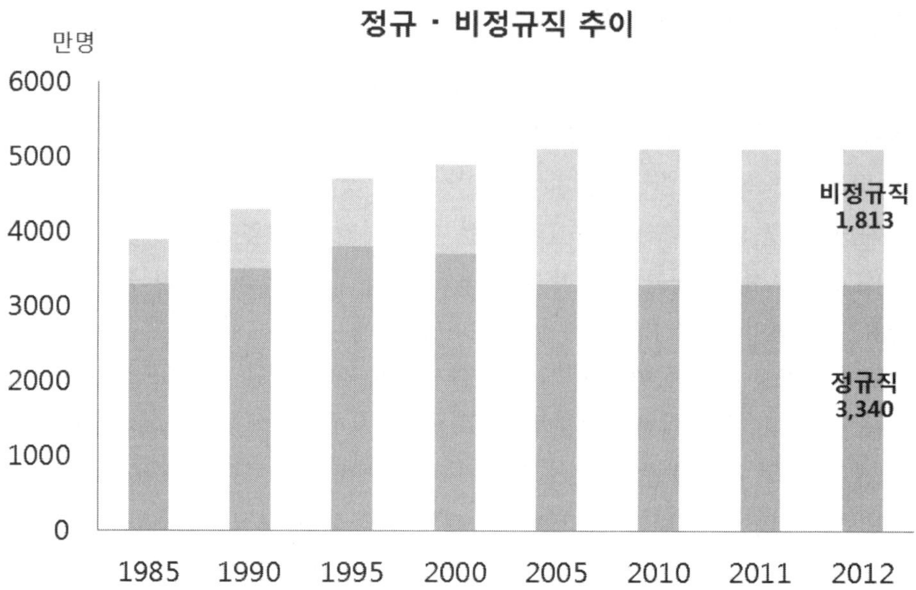

<일본 후생노동성 웹사이트 참고>

택시

샐러리맨

6. 식탐정 喰いタン

작품소개

『식탐정(원제 『喰いタン』)』은 데라사와 다이스케(寺沢大介)의 만화 『구이탄(喰いタン)』을 원작으로 하는 드라마로 2006년 1월부터 3월까지 Part 1이, 2007년 4월부터 6월까지 Part 2가 니혼테레비(日本テレビ)에서 방영되었다. 또한 주연배우인 히가시야마 노리유키(東山紀之)의 생일이기도한 2006년 9월 30일에는 「홍콩편」이 스페셜드라마로 방영되었다.

줄거리

일거리가 없이 한가한 나날을 보내고 있는 탐정사무소 「홈즈 에이전시」에 어느 날 갑자기 정체를 알 수 없는 사나이가 나타난다. 자신만의 황금색 젓가락을 몸에 지니고 다니며 맛있는 음식을 보면 사족을 못 쓰는 이 남자가 다름 아닌 새로 「홈즈 에이전시」에 탐정으로 부임하게 된 다카노 세이야(高野聖也) 이다. 기존의 탐정사무소 직원인 료스케(涼介)와 교코(京子)는 다카노의 돌발적인 행동과 믿을 수 없는 식욕에 당황하면서도, 한편으로는 그의 음식과 관련된 추리능력에 감탄한다. 한편 우연히 요코하마 시내에서 발생한 살인사건 현장에 잠입한 다카노는 피해자가 먹은 것으로 추정되는 스시를 집어 먹어 증거인멸죄로 현장에서 오가타(緒方) 형사에게 체포된다. 요코하마 미나토 경찰서로 끌려온 다카노는 그곳의 서장인 야마우치(山内)와 재회하게 되고 사건해결에 도움을 주기로 약속한다. 한편 잃어버린 고양이 수색을 의뢰하러 온 가네다(金田) 소년도 「홈즈 에이전시」의 일원으로 참가한다. 이후 다카노와 「홈즈 에이전시」의 일원들은 마파두부, 케익, 고로케, 오코노미야키 등 여러 가지 식재료 및 음식과 관련된 어려운 사건들을 차례차례 해결해 나간다. 이 과정 속에서 료스케와 가네다 소년이 범인들에게 납치되기도 하고, 자식을 위해 살인까지 저지르려 하는 노인을 설득하기도 하고, 마약조직을 일망타진하기도 하는 등 갖가지 사건들이 서로 맞물려 진행된다.

출연진

히가시야마 노리유키(東山紀之) : 뛰어난 미각을 통해 사건을 해결하는 탐정 다카노 세이야(高野聖也) 역

모리타 고(森田剛) : 경험도 능력도 모자란 홈즈 에이전시의 사원 겸 탐정 노다 료스케(野田涼介) 역

이치카와 미카코(市川実日子) : 홈즈 에이전시의 재정관리를 담당하는 직원 데미즈 교코(出水京子) 역

스가 겐타(須賀健太) : 의뢰인에서 홈즈 에이전시의 일원이 된 초등학생 가네다 하지메(金田一) 역

이토 시로(伊東四郎) : 요코하마 미나토 경찰서의 서장 야마우치 다카시(山内崇) 역

교노 고토미(京野ことみ) : 요코하마 미나토 경찰서의 불같은 성격의 여형사 오가타 모모(緒方桃) 역

사노 시로(佐野史郎) : 요코하마 미나토 경찰서의 베테랑 형사 이가라시 슈넨(五十嵐修稔) 역

히로시마풍 오코노미야키

오코노미야키 메뉴

중요어휘

第1話

チョイ悪(おやじ) : 불량스런 매력이 있는 (중년 남자)

無銭飲食 : 무전취식

絞殺 : 교살

物色 : 물색

社交辞令 : 겉치레 인사말

証拠隠滅 : 증거 인멸

筋合い : 근거, 이유, ~할 처지나 입장

留置場 : 유치장

かっか : 흥분하여 냉정함을 잃은 모양

お墨付き : 권위자의 보증

金一封 : 금일봉

出前 : 배달 요리

尾行 : 미행

楽勝 : 낙승, 어렵지 않음

うろちょろ : 졸랑졸랑

四六時中 : 언제나, 온종일

ずばり : 정통으로, 뚝 잘라 말하는 모양

聞き込み(捜査) : 탐문수사

真珠婚式 : 결혼 30주년을 축하하는 식

浮気 : 바람기

ちゃちゃをいれる : 방해 놓다

人妻 : 유부녀

つけ : 외상, 계산서

自家製 : 직접 만든 것

大きなお世話 : 쓸데없는 참견

付き纏う : 성가시게 따라다니다

連行 : 연행

見過ごす : 못 본 체하다

後始末 : 뒤처리, 마무리

自首 : 자수

食いしん坊 : 먹보

首を突っ込む : 필요이상으로 관여하다, 한패가 되다

第2話

持ち込み : 반입 또는 지참한 물건이나 음식

口論 : 말싸움

家探し : 집 안을 샅샅이 뒤짐

ローン : 대출, 융자금

誘拐 : 유괴

悟る : 득도하다

監禁 : 감금

運び屋(はこ や) : 운반꾼

多感(た かん) : 다감, 감수성이 예민함

季節外れ(き せつはず) : 계절에 걸맞지 않음

止め(とど) : 결정타, 최후의 일격, 숨통을 끊다

第3話

駆け出し(か だ) : 갓 시작하여 미숙함

脅迫(きょうはく) : 협박

ご利益(り やく) : (부처님의) 은혜

発作(ほっ さ) : 발작

不可抗力(ふ か こうりょく) : 불가항력

細工(さい く) : (속어) 잔꾀

楽屋(がく や) : 무대 뒤의 분장실 또는 대기실

火の車(ひ くるま) : 금전적으로 매우 쪼들리는 모양

第4話

行方不明(ゆく え ふ めい) : 행방불명

変死体(へん し たい) : 변사체

借金(しゃっきん) : 빚, 빌린 돈

いいとこどり : 좋은 것만을 선별해서 취함

行儀(ぎょう ぎ) : 예절, 행동거지

駆け落ち(か お) : 사랑의 도피

心中(しんじゅう) : 동반 자살

頬が緩む(ほお ゆる) : 싱글벙글하다

難航(なんこう) : 난항

腕を上げる(うで あ) : 솜씨를 늘리다

第5話

義理チョコ(ぎ り) : 발렌타인 데이 때 이성적 감정 없이 의리상 주는 초콜릿

こぢんまり : 조촐하고 아담함

守秘義務(しゅ ひ ぎ む) : 묵비 의무

買足す(かい た) : 부족분을 사서 채우다

容疑者(よう ぎ しゃ) : 용의자

追跡(ついせき) : 추적

ノリ : (속어) 그때의 분위기, 기운

本命(ほんめい) : 유력한 인물

思わせぶり(おも) : 상대방으로 하여금 의미 있는 듯 여기게 만듦

子持ち(こ も) : 아이가 딸린 남자 혹은 여자

第6話

働かざる者食うべからず(はたら もの く) : 일하지 않는 자는 먹지도 마라

腹が減っては戦はできぬ(はら へ いくさ) : 배가 고파서는 싸울 수가 없다

健啖(けんたん) : 잘 먹음, 먹성이 좋음

太っ腹(ふと ぱら) : 도량이 큼, 배짱이 큼

急先鋒(きゅうせんぽう) : 가장 앞서서 나아가는 사람

地上げ(じ あ) : 재개발을 위해 땅을 매수함

のどに刺さった小骨 : 목에 걸린 가시

囮 : 미끼, 유인 수단

悪しからず : 언짢게 생각하지 말아주시오

灯台もと暗し : 등잔 밑이 어둡다

第7話

再三 : 두 번 세 번, 여러 번

授業参観 : 수업 참관

一味 : 한패, 일당

サプリメント : 건강 보조제

一筋 : 외곬

粗末 : 변변치 않음

真摯 : 진지, 진실하고 흔들리지 아니함

情状酌量の余地がない : 정상참작의 여지가 없다

気の利いた : 눈치 빠른

第8話

頭に来る : 화가 나다

開脚 : 다리를 벌림

常習者 : 상습자

裏づけ : 뒷받침

絵に描いたよう : 전형적인

薄力粉 : 박력분

強力粉 : 강력분

つけこむ : 허점을 이용하다

お取り込み : 열중한 상황, 바쁜 와중

魂胆 : 속셈, 꿍꿍이 속, 책략

内通者 : 내통자

第9話 (最終話)

記憶喪失 : 기억상실

塩梅 : 간, 맛, 형편

令状 : 영장

思い込み : 굳게 믿다, 마음먹음

満漢全席 : 산해진미를 모두 모은 요리

バイキング : 뷔페

重り : 추

스시

중요문형

第1話

1. ~そこなう
- 見**損わない**でほしいな。

2. ~(た)ところ
- 俺たち、さっき昼食べた**とこ**だし。
- 私、週末から田舎に帰っていて、さっき戻ってきた**ところ**なんです。

3. ~わけがない
- あんなに美味しい寿司が握れて、こんな立派なお弟子さんを育てられる方が根っからの悪人の**わけがない**。

4. ~てやる
- 捕まえ**てやる**!

5. ~とはかぎらない
- だったら親しい**とは限らない**のでは?
- 容疑者が家にいる**とは限らん**。この近くに潜んでいるかもしれん。(喰5)

6. ~すじあいはない
- お前に説教される**筋合いはない**!

7. ~さいちゅうに
- 出前の寿司を食べてる**最中に**殺されたんですよね。

8. ~ていく
- 味は落ち**ていきます**ので、お客様のように食べていただけると嬉しいです。

9. ~てもらいたい
- お前の寿司が食べたくてもいろんな事情で店まで来れない人もいる。そんな人に食べ**てもらいたい**と思わないか? そう言われました。

10. ~てもらう
- 出前でも、工夫一つで美味しく食べ**てもらう**ことが出来るんだ、と師匠が教えてくれました。

11. ~かける

· あの日、山下さんは昼の営業の終わり**かけ**にやってきました。

12. ~かのように

· 私は出前用の車で山下さんの死体を運び、そこが現場である**かのように**細工しました。

13. ~あげる

· 磨き**上げられた**白木。

14. ~とは

· 捕まえるんじゃなくて自首させる**とは**ね。

第2話

1. ~ものとおもう

· 刃渡り十五センチの刃物で刺され、その後、遺棄された**ものと思われ**ます。

2. ~にきまっている

· 料理**に決まってる**でしょ。

3. ~てもらえる

· 食べ**てもらえ**ない料理は可哀相です。

4. ~どころではない

· それ**どころじゃない**んだ。

5. ~というか

· なんか、意外な展開**というか**、でかい事件になってきたなあ。

6. ~てくる

· 人間生まれ**てきた**んだから絶対死ぬ。

7. ~なんとやら

· まあ、飛んで火にいる**なんとやら**、ですよ。

8. どうやら

· **どうやら**私たちがそう思い込んでいただけのようです。

9. ~もの

· 拉致した人間をそれも二人**もの**人間を、店や人がひしめき合っている中華街で人目につかずに車から降ろして連れていくのは至難の技です。
· 何軒もの麻婆豆腐を食べて探す時間はありません。

第3話

1. ~とは~のことだ
· 汐留って、テレビジャパン**のことです**。

2. ~つもり
· ないとは言えないと思います。私は注意している**つもり**ですが。

3. ~ともかく
· 不可抗力なら**ともかく**、故意にアレルギー物質を混入したとすれば傷害罪になるからな。

4. ~にきまっている
· 死んだ男と犯罪計画を練っていた女だって知らないと答える**に決まってる**だろ。

5. ~どさくさ
· 違うわ。取られたのよ。川上さんが倒れた**どさくさ**に。
· 川上さんにアレルギー起こさせて騒ぎ起こして、その**どさくさ**で私のダイヤを盗ったんでしょ。

6. ~ものだ
· 食事は本来楽しい**もの**です。

7. ~にせよ
· どんな事情がある**にせよ**、アレルギーで人を苦しめる人間を私は許せません。

8. ~(た)つもり
· 瞳、俺は、俺なりにお前に目をかけてきた**つもりだ**。そのお返しがこれか。

9. ~もいいところだ
· 濡れ衣**もいいとこだ**わ。

10. ~からって(⇒~からといって)
· 喉が乾いた**からって**そんなもの飲まなくても。

11. ~かとおもったら

・何を言い出すか**と思ったら**バカバカしい。

12. ~ぬき

・今夜は食事**抜き**です。

第4話

1. ただでさえ

・**ただでさえ**忙しいのに時間割いてやってんだぞ。ありがたく思え。

2. ~てくる

・結局失敗して借金膨らんで苦しんでるって噂は流れ**てきた**けど。

3. ~まみれ

・幸平さん、借金**まみれ**。ヤミ金のヤバい金にも手を出して、二千万円以上借りてるみたい。

4. ~がち

・お父さんが仕事で留守**がち**なのでよく一緒に食事をするんです。

5. だって

・**だって**手がかり全然ないんだもん。

6. ~っぷり(⇒~ぶり)

・なるほど、見事な食べ**っぷり**だね。

7. ~とは~のことだ

・初恋の相手の松本さんって、更級金融の松本静夫**のこと**なの？

8. ~とはいえ

・でも、孫のため**とはいえ**、初恋の相手を殺す？

9. ~ばかりに

・ごめんなさい、私が勘違いした**ばっかりに**。

第5話

1. ~たて

・今、出来**たて**を詰めてもらってるところですから。
・熱々握り**たて**のおにぎり初めて食べたよ。（喰8）

2. ~がらみ

・料理**絡み**の事件だから当然呼ぶものと。
・これもコロッケ**絡み**の嫌がらせなんでしょうか？（喰6）

3. ~にきまっている

・お前鈍いなあ、好きだから**に決まってる**だろ？
・うまい**に決まっとる**じゃろが。（喰7）

4. ~(た)ところだ

・先程いらっしゃった刑事さんに説明した**ところです**から。

5. ~てくる

・わー、溶け**てき**た。

6. ~とはかぎらない

・主婦**とは限らない**でしょ。

7. ~わけにはいかない

・私の拳銃で犠牲者を出す**わけにはいかない**。

8. ~ものだ

・ピュアなチョコレートは苦い**ものです**。

第6話

1. ~ぶり

・先程から拝見していたのですが、見事な健啖**ぶり**。

2. どうにも

・うちの優秀なシェフたちに再現させたのですが、**どうにも**ダメで。

3. ~てもらう

・今、大事な話をしてるんだ。帰っ**てもらえ**。

4. ~と
- 一個でやめておこうと思っても、二個三個**と**手が伸びてしまう。

5. ~つもり
- 私は世界中旅をし、グルメを究めた**つもり**です。その私が死ぬ前に、最後の晩餐で食べたいのは、そのコロッケなんです。

6. ~というところだ
- どこか別の土地に移って商売してるか、転業、廃業、**ってとこ**じゃないですか？

7. あと+수량사
- 判りました。コロッケ**あと**三つ下さい。

8. ~は~で
- ここ**は**ここ**で**美味しいです。

9. ~こむ
- 聞き**込み**張り**込み**の時の定番なんだよ。

10. ~わけ
- そいつ、なんでコロッケ探して欲しくない**わけ**？

11. ~まくる
- コロッケ、食い**まくって**下さい。

12. ~おもいをする
- もし幻のコロッケと同じ味が作れたら、危ない**思いして**探す必要ないでしょ？
- 嫌われて悲しい**思いをした**食べ物は、お化けになるんです。（喰7）

13. ~ことにする
- 亀屋の鶴田さんが見つかった**ことにして**、須藤を誘い出し、逮捕する。

14. ~(ている)ところだ
- 第四倉庫に向かってる**ところだ**ろ？
- 裏付け捜査をしている**ところだ**。（喰7）

第7話

1. ~(の)ところ

・お父さん、このところずっと海外だから。

2. ~ようが

・食べようが残そうが本人の自由でしょ。

3. ~にしても

・いただきますにしても強制的に言わせてるのはどうかね。

4. ~ともかく

・二人とも、高野さんを見習って下さい。量はともかく。

5. ~からって(⇒~からといって)

・いくら食いしん坊だからって飼ってるウサギは食べないよ。

6. ~こむ

・人間、思い込みから見えないものが見えたり聞こえないものが聞こえたりするものです。
・全然姿現さないし、こんな怪しい男送り込んでくるし。

7. ~ということは、~ということだ

・窓がガタガタ音を立てていたということは、風が吹いていたということです。

8. ~ことだ

・教壇に残された野菜が先生の作ったものだと気づけばすぐに判ることです。

9. ~つもり

・翌日の給食でお代わりさせないというのも、罰則ではなく、ご褒美のつもりで提案したんですけど。

10. ~ことにする

・今の子供たちは科学的だけれど、オカルト好きなところもあり、もったいないお化けがいることにすれば、みんな食べるようになってくれるだろうと思ったんです。

第8話

1. ~あてのない

・ずっとここに籠もって、来る**あてのない**依頼の電話を待ってるか、私たちの食事を作るかですからね。

2. ~ながら

・残念**ながら**、キミの心配するようなことはない。

3. ~ゆえん

・それが彼が喰いタンと呼ばれてる**所以**でして。

4. ~(た)ところで

・フランスから帰って来た**ところで**、中国にもいたことがあり。

5. ~てはずになっている

・自分だけ助かる**手筈になって**んじゃないの?

6. ~さいちゅうに

・喧嘩してる**最中に**死んじゃうなんて最低。

第9話 (最終話)

1. ~にしては

・初めて**にしては**上出来だよ。

2. ~ものではない

・どんなに素材が美味しくても塩を入れ過ぎるとしょっぱくて食べられた**もの****じゃありません**。要は使い方次第なんですが。

3. ~かける

・俺たち結城に殺され**かけ**たんですよ。

4. ~てやる

・麻薬組織なんかぶっ潰し**てやる**!

5. ~だろうが~だろうが

・警察**だろうが**なん**だろうが**、膿が溜まっているなら最後の一滴まで出し切らなきゃならない。

6. ~というものだ

・中国全土からありとあらゆる美味しいものを集め、三日三晩食べ続ける**というものです。**

7. なんとしても

・**なんとしても**食べたい。

8. ~ものではない

・塩は、塩そのものの味を楽しむ**ものじゃありません。**素材が持ってる美味しさを引き出すためにあるんです。

9. ~(た)ところだ

・キミもホームズ·エージェンシーに馴染んだ**ところだ**し、うちの桃ちゃんともやっとうまくいきだした。

10. ~そこなう

・昨日バイキング食べ**そこなった**からかな。

일본의 향토음식

일본의 향토음식이란 특정 지역에서 생산되는 식재료를 사용하여 그 지역의 특색 있는 조리법을 통해 만들어진 것으로 지역사람들에 의해 널리 사랑받는 음식을 칭한다. 2007년 12월에 일본의 농림수산성 주최로 「농산어촌의 향토요리백선(農山漁村の郷土料理百選)」이라는 행사가 개최되었는데, 선정위원들의 의견을 모아 99가지의 각 지역을 대표하는 향토요리가 선정되었다. 또한 향토음식과는 별도로 특정 지역에서 널리 인기 있는 요리 23가지도 함께 선정되었다. 홋카이도 지역에서 선정된 향토음식에는 야채와 함께 양고기를 구워먹는 「징기스칸(ジンギスカン)」이 있으며, 지역의 인기 요리로는 걸쭉하지 않고 국물처럼 묽은 「스프카레(スープカレー)」가 선정되었다. 동북지역에서는 삶은 메밀국수를 식당 점원이 작은 그릇에 계속 담아 주는 「왕코소바(わんこそば)」와 밥을 으깨어 만든 기리탄포(きりたんぽ)가 들어간 「기리탄포나베(きりたんぽ鍋)」 등이 선정되었으며, 인기 요리로는 면발이 두껍고 쫄깃한 「모리오카냉면(盛岡冷麵)」과 소의 혀를 숯불에 구워먹는 「규탄구이(牛タン焼き)」가 선정되었다. 또한 관서지방에서는 멧돼지 고기를 넣은 「보탄나베(ぼたん鍋)」와 감나무 잎을 쌓아 말아둔 고등어나 연어 초밥인 「가키노하즈시(柿の葉寿司)」가 선정되었으며, 인기 요리로는 「오코노미야키(お好み焼き)」나 「다코야키(たこ焼き)」 등이 선정되었다. 이밖에도 시코쿠지역에서는 「사누키우동(讃岐うどん)」이, 규슈・오키나와 지역에서는 말고기회인 「바사시(馬刺し)」와 여주를 계란과 함께 요리한 「고야참풀(ゴーヤーチャンプルー)」 등이 대표적인 향토음식으로 선정되었다.

III. 영 화

1. **4월 이야기** 四月物語
2. **오쿠리비토** おくりびと
3. **고백** 告白
4. **세상의 중심에서 사랑을 외치다**
   世界の中心で、愛をさけぶ
5. **쉘 위 댄스?** Shall we ダンス？

제국극장

후쿠오카 시티극장

1. 4월 이야기 四月物語

작품소개

『4월 이야기(원제 『四月物語』)』는 1998년에 개봉된 일본 영화이다. 국내에서는 『러브레터(LOVE LETTER)』(1995)란 작품으로 유명한 일본의 감각파 영화감독 이와이 슌지(岩井俊二)의 작품으로 67분의 단편 영화이다. 현재 일본 영화와 드라마에서 크게 활약 중인 마츠 다카코의 첫 영화 주연작이기도 하다.

줄거리

벚꽃이 만발한 4월, 고향인 홋카이도 아사히카와(旭川)를 떠나 무사시노 대학에 진학하기 위해 도쿄에 온 니레노 우즈키(楡野卯月)는 익숙하지 않은 곳에서 새로운 대학 생활을 시작하게 된다. 여성스럽고 조용한 성격의 우즈키는 조금 특이한 성격을 지닌 친구 사노 사에코(佐野さえ子)와 낚시 동아리에 가입하며 대학 생활에 적응하려고 노력한다. 그런 그녀가 멀리 고향을 떠나 연고도 없는 도쿄의 무사시노 대학을 지망하게 된 이유는 다름 아닌 짝사랑하던 고등학교 선배를 만나기 위한 것이었다. 고등학교 시절 우즈키가 짝사랑하던 야마자키(山崎) 선배는 졸업 후 무사시노 대학에 진학하여, 우즈키가 살고 있는 동네 서점에서 일을 하고 있었던 것이다. 도쿄에 온 이후로 선배가 일하는 서점에 자주 들러 동향을 살피던 우즈키는 결국 짝사랑하던 선배와 재회하게 되고, 야마자키 선배 또한 학교 후배인 우즈키를 알아보게 된다. 어느 날 서점에 있던 우즈키는 갑자기 내리기 시작한 비 때문에 선배에게 우산을 빌리게 되고 우산을 꼭 돌려주러 오겠다며 약속하고 떠난다.

출연진

마쓰 다카코 (松たか子) : 짝사랑하는 야마자키 선배와 만나기 위해 도쿄에 있는 무사시노 대학에 진학한 니레노 우즈키 (楡野卯月) 역

다나베 세이이치(田辺誠一) : 우즈키가 좋아하는 야마자키(山崎) 선배 역

후지이 가호리(藤井かほり) : 우즈키의 옆집에 사는 기타오 쇼코(北尾照子) 역

루미(留美) : 우즈키의 대학 친구이자 특이한 성격의 소유자인 사노 사에코 (佐野さえ子) 역

다이죠 공원(오시마)

중요어휘

足元 : 발밑, 눈앞
座右の銘 : 좌우명
まんまと : 감쪽같이
弱音 : 나약한 말
禁物 : 금물
移ろう : 변화하다, 꽃이 지다
戦乱 : 전란
悲願 : 비장한 소원, 의의 있는 계획
討ち果たす : 죽이다, 완전히 이기다
所詮 : 결국, 필경
成り上がり : 갑자기 출세함
ついえる : 무너지다, 궤멸하다
不釣合い : 어울리지 않음, 부적합
亡霊 : 망령
闇討ち : 야습
成り代わる : 대신하다, 대리하다
冥土の土産 : 저승길의 추억거리
やいば : 칼날
空き缶 : 빈 깡통
定休日 : 정기휴일
渓流 : 시냇물
ミミズ : 지렁이
如意棒 : 여의봉
筋がいい : 소질이 있다
新体操 : 신체조
名器 : 명기
片思い : 짝사랑
猛烈 : 맹렬
だだっ広い : (속어) 그저 넓기만 함
原野 : 벌판, 들
額縁 : 액자, 사진틀
脳裏 : 뇌리
こびり付く : 달라붙다
明け暮れる : 세월을 보내다, 열중하다
刷り込む : 인쇄하다
捧げる : 바치다
背表紙 : 책 표지의 등 부분
出来の悪い : 됨됨이가 좋지 않은
奇跡 : 기적
祝福 : 축복

중요문형

1. ~(た)ばかり

· 引っ越した**ばっかり**だから、荷物とか、いろいろ。

2. ~かぎり

· 成り上がりものは、一代**限り**でついえるもの。

3. ~てもらう

· 奴には織田信長として死ん**でもらった**。

· えっと、次の授業までにレポートを提出し**てもらいます**。

4. ~ちゅうの~

· こいつは名器**中の**名器なんだ。しばらく君に貸してあげるよ。

5. ~きがする

· 友人の小野田夏子に言わせると有名な大学らしい。でも武蔵野という響きは、なんか先輩らしい**気がした**。

6. ~てくる

· 雨、降っ**てき**ちゃったね。

대학 강의실

일본의 대학축제

일본의 대학축제는 흔히 대학제(大学祭)라 불리며 중고등학교에서 행해지는 문화제(文化祭)와 구별된다. 4년제 대학이나 2년제 단기대학 등에서 행해지는 대학제는 태평양전쟁 이전부터 시행되어져 왔다. 예를 들면 도쿄농업대학(東京農業大学)에서 매년 10월에 열리는 축제인 「수확제(収穫祭)」는 2013년 122회의 긴 역사를 자랑하고 있으며, 도쿄외국어대학(東京外国語大学)에서 매년 11월에 열리는 「외어제(外語祭)」는 1900년부터 시작되어 2013년 91회를 맞이하고 있다. 또한 매년 5월에 열리는 도쿄대학(東京大学)의 축제인 「오월제(五月祭)」는 그 기원이 다이쇼(大正)시대까지 거슬러 올라가는데, 2013년 86회를 맞이하고 있다. 일본의 대학축제는 운영위원회의 기획과 준비 과정을 거쳐 캠퍼스 곳곳에 공간을 설치하고 각 동아리 소속 학생들이 음악 공연, 연극, 전시, 출품 등 자신들의 활동을 소개하는 이벤트를 실시한다. 또한 대학 외부에서 저명인사를 초청하여 강연회를 열거나, 인기가수나 개그맨과 같은 연예인을 불러 콘서트나 토크쇼를 펼치는 경우가 많다. 더불어 축제 기간에 미스캠퍼스(ミスキャンパス)라고 불리는 미인 선발대회를 개최하는 대학도 존재한다.

일본의 대학축제

2. 오쿠리비토 おくりびと

작품소개

『오쿠리비토(원제 『おくりびと』)』는 2008년에 개봉한 영화로 일본의 전통적인 납관의식과 장례문화를 엿볼 수 있다. 이 영화는 제32회 일본아카데미 시상식에서 최우수작품상을 비롯하여 감독상, 각본상, 남우주연상, 여우조연상 등 10개 부분을 수상하였으며, 해외에서는 제81회 아카데미 시상식에서 외국어영화상 및 제32회 몬트리올 세계영화제 그랑프리를 수상하였다.

줄거리

도쿄에서 첼로연주자로 활동하던 주인공 고바야시 다이고(小林大悟)는 갑작스런 악단의 해체로 인해 고향인 야마가타(山形)로 돌아오게 된다. 새로운 직장을 찾던 다이고는 엉뚱하게도 시신을 수습하여 관에 넣는 납관사라는 직업을 시작하게 되고, 아내인 미카(美香)에게는 관혼상제에 관한 일이라며 둘러대고 납관사로서 일을 배워나간다. 납관 일을 통해 수많은 죽음과 마주하게 된 다이고는 사장인 사사키(佐々木)의 죽은 사람을 대하는 경건한 자세와 남겨진 가족들을 대하는 태도에서 납관사라는 직업의 숭고함을 느끼게 된다. 한편 어릴 적 친구 야마시타(山下)는 항시 죽은 사람과 마주하게 되는 다이고의 납관사라는 직업을 경멸하는데, 자신의 어머니가 죽고 그 시신을 정성껏 대하는 다이고의 모습을 보고 고마움을 느낀다. 그러던 중, 다이고는 어린 시절 자신과 어머니를 버리고 집을 나간 아버지의 뜻하지 않은 비보를 접하게 된다. 아버지에 대한 원망과 증오로 인해 갈등하던 다이고는 주변 사람들의 설득으로 결국 아버지의 시신을 정성스레 수습한다.

출연진

모토키 마사히로(本木雅弘) : 전직 첼로 연주자로 뜻하지 않게 납관사 라는 직업을 갖게 된 고바야시 다이고(小林大悟) 역

히로스에 료코(広末涼子) : 처음에는 납관사라는 직업에 심한 거부감을 보이나, 남편을 믿고 따르는 다이고의 아내 고바야시 미카 (小林美香) 역

야마자키 쓰토무(山崎努) : 베테랑 납관사로 다이고가 다니는 회사의 사장인 사사키 이쿠에이(佐々木生栄) 역

요 기미코(余貴美子) : 납관 회사의 직원 우에무라 유리코 (上村百合子) 역

요시유키 가즈코(吉行和子) : 다이고가 어려서부터 다니던 목욕탕 주인 야마시타 쓰야코(山下ツヤ子) 역

스기모토 뎃타(杉本哲太) : 다이고의 어릴 적 친구로 다이고가 납관사일을 하는 것을 경멸하는 야마시타(山下) 역

사사노 다카시(笹野高史): 화장터 직원 히라타 쇼키치(平田正吉) 역

오본 성묘

중요어휘

おぼつかない : 불안하다, 의심스럽다
ご愁傷さま : 문상할 때 쓰이는 말
納棺 : 입관
焼香 : 분향
練炭 : 연탄
安らか : 편안, 평온
分岐点 : 분기점
ささやか : 조촐함, 사소함
女手 : 여자의 힘
高給 : 높은 급료
添乗員 : 단체 여행 등을 수행하는 여행사 직원
履歴書 : 이력서
どっぷり : 듬뿍, 푹
採用 : 채용
もろもろ : 여러 가지, 많은 것
日払い : 급료를 일당으로 지불함
遺体 : 시체
誤植 : 오식, 오자
旅立ち : 여행길에 오름
サーロイン : 등심
冠婚葬祭 : 관혼상제
しらたき : 스키야키 요리에 사용되는 가늘고 긴 곤약
陽気 : 밝고 쾌활함
葬儀屋 : 장의사
隙間産業 : 틈새 산업
合板 : 합판
金具 : 쇠장식
檜 : 노송나무
皮肉 : 비꼼
煩悩 : 번뇌
消毒液 : 소독액
尊厳 : 존엄
脅かす : 위협하다
雇い主 : 고용주
もめる : 싸우다, 언쟁하다
看取る : 간병하다
巻き戻す : 되돌리다
天職 : 천직
静謐 : 조용함, 평온함
首吊り : 목매달아 죽음
別件 : 별건, 다른 일
感心 : 감탄, 감동
無我夢中 : 무아지경, 열중하여 자신을 잊음
肛門 : 항문
脱脂綿 : 탈지면
体液 : 체액
流出 : 유출
一生 : 한 평생
実家 : 생가, 친정
汚らわしい : 더럽다, 추잡스럽다
償う : 보상하다, 속죄하다
創業 : 창업
白子 : 물고기의 이리
炙る : 굽다
死に別れる : 사별하다
無理矢理 : 강행하려는 모양
堂々と : 당당하게
銭湯 : 대중목욕탕
薪 : 장작, 땔나무
いしぶみ : 비표, 비문

중요문형

1. なんとも

・東京から山形の田舎に戻ってもうすぐ二か月。思えば**何とも**おぼつかない毎日を生きてきた。

2. ~ものの

・客席はやや寂しかった**ものの**、演奏内容は素晴らしかったと思います。

3. ~ばかりに

・僕のような人間に買われた**ばかりに**仕事を失ってしまったのだ。

4. ~(た)とたん

・人生最大の分岐点を迎えたつもりだったが、チェロを手放した**途端**、不思議と楽になった。

5. ~(を)とわず

・年齢**問わず**高給保証。しかも実質労働時間わずか。正社員で。

6. ~にあたり

・ご納棺**にあたり**まず最初に含み綿と湯潅を行います。

7. ~にしては

・最初**にしては**ちょっとな、刺激が強すぎた。

8. なにも~ない

・どうせ死ぬなら**なにも**あんな苦労し**なく**ても。

9. いままででいちばん

・あいつ、**今までで一番**きれいでした。

10. ~もの

・こういう熱い風呂もいい**もん**ですの。

11. わりには

・その**割には**面接とかいい加減でしたよね。

12. ~ことに

・うまいんだよなあ。困った**ことに**。

13. ~っきり(⇒ ~きり)

· あの小さな喫茶店をやってたんですけど、そこのウエイトレスと失踪してそれっきり。ホント最悪なおやじです。

14. ~にきまっている

· 会いたいに決まっているけど、会えない。

일본의 묘지

집 근처의 묘지

묘비 청소도구

일본의 장의사

전통적인 일본 사회에서 장례와 제사는 가족구성원에 의해 행해지는 경우가 일반적이었다. 그러나 오늘날 현대 일본사회에서는 이러한 장제행사(葬祭行事)가 거의 대부분 전문적인 지식과 기능을 보유한 전문 업자들에 의해 행해진다. 일본에서 장제업(葬祭業)을 행하기 위해서는 특별히 국가 또는 지방자치단체의 허가나 인가는 필요치 않다. 즉 원칙적으로는 누구나 장의사가 될 수 있다. 다만 지식과 경험이 부족한 장의업자가 까다롭고 복잡한 장례 및 제사를 관장하는 경우 의뢰인과의 사이에서 문제가 발생할 소지가 높기 때문에 일본에는 「장제 디렉터(葬祭ディレクター : Funeral Director)」라는 민간자격이 존재한다. 이는 후생노동성(厚生労働省)의 인가를 받아 장제 디렉터 기능심사협회(葬祭ディレクター機能審査協会)가 시행하는 기능심사로 실무경험 2년 이상인 자를 대상으로 하는 2급 심사와 5년 이상 또는 2급 합격 후 2년 이상 실무경험을 가진 자를 대상으로 하는 1급 심사가 있다. 1996년부터 시작된 이 심사를 통해 2012년 현재 1・2급을 합쳐 25,503명이 장제 디렉터 자격을 취득하였으며, 이는 일본 내 전체 장의업 종사자수 약 85,000명의 30% 정도를 자치하고 있다. 오늘날 일본사회에서 핵가족화와 고령화 사회의 산물인 독거노인의 고독사문제가 대두되기 시작하면서 전문적인 지식과 경험을 갖춘 장제 디렉터에 대한 사회적 관심이 증가하고 있다.

3. 고백 告白

작품소개

『고백(원제 『告白』)』은 2010년에 개봉한 영화로 2009년 혼야대상(本屋大賞)을 수상한 미나토 가나에(湊かなえ)의 동명 베스트셀러 소설을 영화화한 작품이다. 딸을 살해당한 한 여교사의 복수과정을 통해 일본사회가 직면한 소년범죄, 가정폭력, 이지메 등의 문제를 여과 없이 대담하게 그려내고 있다. 2010년의 개봉성적 7위로 흥행 면에서도 성공하였고, 제34회 일본아카데미 시상식에서 4관왕의 영예를 차지하여 작품성도 인정받았다.

줄거리

어느 중학교의 1학년 담임을 맡고 있는 여교사 모리구치 유코(森口悠子)는 종업식 날 반 학생들에게 자신의 딸 마나미(愛美)가 담당 학급의 A와B 두 명의 학생에 의해 살해당했다는 충격적인 사실을 고백한다. 모리구치는 청소년 보호법에 의해 보호받을 두 학생에게 지금부터 자신만의 복수를 하겠다고 선언하고, 범인으로 생각되는 두 학생이 마신 우유에 HIV 바이러스에 감염된 환자의 피를 집어넣었다고 말한다. 그 말이 떨어지기 무섭게 크게 동요하는 두 명의 남학생 A와 B. 이후 소년 B 시모무라 나오키(下村直樹)는 집 밖으로 나오지도 못하고 정신 불안 증세가 점점 커지게 된다. 나오키의 엄마는 자신의 아들이 미쳐가는 모습을 보며 이 모든 걸 유코 선생 탓으로 돌린다. 한편 소년 A 와타나베 슈야(渡辺修哉)는 그런 일이 있은 후에도 아무렇지 않게 학교에 계속 등교하고 같은 반 학생들에게 따돌림을 당한다. 새로 담임을 맡은 데라다(寺田) 선생은 등교를 하지 않는 나오키를 위해 학급 임원인 기타하라 미즈키(北原美月)를 데리고 나오키의 집을 여러 차례에 걸쳐 방문한다. 더욱 심해지는 나오키의 광기를 감당할 길이 없는 나오키의 엄마는 결국 아들을 죽이기로 결심하지만, 오히려 자신이 아들에 의해 살해당하고 만다. 한편 슈야는 미즈키와 가까워져 서로 마음을 터놓고 지내는 사이가 되나, 자신을 버리고 떠난 어머니를 향한 집착을 조롱하는 미즈키를 무참히 살해해 버린다. 오직 자신을 버린 어머니에게 관심을 받기 위해서 살아온 슈야는 학교에 폭탄을 설치해 모두를 죽음으로 몰아넣으려 하지만, 유코 선생의 방해로 실패한다. 오히려 뒤늦게 자신이 만든 폭탄으로 인해 자신의 어머니가 죽게 된 사실을 유코 선생으로부터 전해들은 슈야는 끝내 오열하며 쓰러진다.

출연진

마쓰 다카코(松たか子) : 사랑하는 딸 마나미를 두 명의 학생에 의해 잃은 교사 모리구치 유코(森口悠子) 역

기무라 요시노(木村佳乃) : 유코 선생을 원망하며 자신의 아들만을 지키려 하는 나오키의 어머니 시모무라 유코(下村優子) 역

아시다 마나(芦田愛菜) : 학교 수영장에서 죽은 유코 선생의 딸 모리구치 마나미(森口愛美) 역

오카다 마사키(岡田将生) : 유코 선생의 후임으로 새로 부임한 데라다 요시테루(寺田良輝) 역

니시이 유키토(西井幸人) : 마나미의 살인을 계획한 인물로 자신을 버리고 떠난 어머니에 대한 그리움으로 삐뚤어져 버린 소년 A, 와타나베 슈야(渡辺修哉) 역

후지와라 가오루(藤原薫) : 의식을 되찾은 마나미를 수영장에 던져 결국 익사시킨 소년 B, 시모무라 나오키(下村直樹) 역

하시모토 아이(橋本愛) : 슈야에 의해 살해당하는 같은 반 친구 기타하라 미즈키(北原美月) 역

중요어휘

促進 : 촉진
性徴期 : 성징기, 성별에 따라 성적인 특징이 신체에 나타나는 시기
没収 : 몰수
思春期 : 사춘기
呼び捨て : 반말로 부름
目前 : 목전, 눈앞
自暴自棄 : 자포자기
切り上げる : 일을 끝맺다
転落 : 굴러 떨어짐
立ち寄る : 들르다, 다가서다
保護者 : 보호자
頼もしい : 믿음직하다
煽り立てる : 부추기다, 선동하다
気に留める : 마음에 두다
一笑 : 일소
意気揚々 : 의기양양
更衣室 : 탈의실
付き添い : 시중을 듬, 곁에 따름
押し付ける : 떠넘기다, 억누르다
こらしめる : 응징하다, 혼내주다
びびる : (속어) 주눅 들다
真相 : 진상
蒸し返す : 다시 문제 삼다
粗末 : 변변치 않음, 허술함
放り投げる : 냅다 던지다
紛れもない : 틀림없다
有意義 : 의미 있는, 가치 있는
追い詰める : 궁지에 몰아넣다
正念場 : 가장 중요한 때
嫌がらせ : 짓궂은 희롱, 학대
哀れむ : 불쌍히 여기다
木っ端微塵 : 산산조각
吹っ飛ぶ : (속어) 휙 날아가다
ありきたり : 흔한, 평범한
大騒ぎ : 큰 소동
まっぴらだ : (속어) 딱 질색이다
遺書 : 유서
発揮 : 발휘
ひれ伏す : 굴복하다, 넙죽 엎드리다
むしゃくしゃ : 기분이 좋지 않다
でたらめ : 엉터리, 함부로 하다
狂喜 : 몹시 기뻐함
共犯 : 공범
出来損ない : 못난이, 팔푼이
ざまあみろ : 그것 봐라, 꼴좋다
暇つぶし : 심심풀이
悲惨 : 비참
凶行 : 끔찍한 행위
うんざり : 진절머리 나다, 지긋지긋 함
マザコン : 머더 콤플렉스, 마마보이
閉め出す : 내쫓다, 따돌리다
助長 : 조장
残酷 : 잔혹
更生 : 갱생
発症 : 발병
併発 : 함께 발병하다
マヌケ面 : 얼간이 같은 얼굴
躊躇 : 주저
偉業 : 위업
秩序 : 질서
無様 : 꼴사나움, 추태
傲慢 : 오만, 거만
おいとま : 작별, 이별

중요문형

1. ~いっぱい

· 私は今月いっぱいで教師の仕事を辞めます。

2. ~からこそ

· 子供のことを一番に考えたからこそ、そうしたのです。

3. ~どころか

· それは笑えないどころか最悪の冗談で。

4. ~からって(⇒~からといって)

· 修哉が勉強できるからって自分が修哉より劣ってるなんて思うなよ。

5. まるで~ない

· 僕が何を考えているかまるで気づかず僕の言うことを何でも聞き、僕の殺人を大声で世間に言いふらしてくれるそんなバカ中のバカがいた。

6. ~にちがいない

· そんな病気になればさすがに母にその事実を伝えるだろう。僕と会うことも許すに違いない。

7. ~てまで

· あなたが殺人を犯してまで振り向いてほしかったその人が今どこにいて誰と暮らしているか。

8. ~(た)ところで

· まあ、未成年が一人殺したところで少年法が守ってくれるから死刑にもならない。

9. ~としても

· 法律があなたを守るとしても私はあなたを許しません。

10. ~てたまらない

· あなたが会いたくてたまらなかったその人に私は簡単に会うことができました。

일본의 청소년 범죄

일본의 법무성이 발표한 통계자료에 따르면 일본의 청소년 범죄는 1945년 이후 세 번의 증가기를 보인다. 첫 번째는 전후의 혼란기에 해당하는 1945년에서 1950년대 초반에 이르는 시기, 두 번째는 경제성장이 시작되던 무렵인 1950년대 중반에서 1960년대 중반에 이르는 시기, 그리고 마지막은 고도경제성장이 안정기에 들어선 1970년대 후반에서 1980년대 중반에 이르는 시기이다. 각 시기별 청소년 범죄인 검거인수를 살펴보면 제1증가기의 피크인 1951년에는 약 16만 명, 제2증가기의 피크인 1964년에는 약 24만 명, 그리고 제3증가기의 피크인 1983년에는 약 32만 명으로 나타난다. 아래의 표에서 보듯 전후 일본사회에서 청소년 범죄는 증가와 감소를 반복하며 진행되어 왔으며, 전체적인 통계수치상으로 볼 때 2000년대 이후부터는 완만한 감소추세에 있다. 특히 청소년에 의한 살인사건은 전후의 혼란기가 수습된 이후부터는 그 숫자가 크게 감소하고 있다. 이와 같은 추세임에도 불구하고 최근 일본의 청소년 범죄는 그 수가 증가하는 듯한 인상을 받게 되는데, 이는 이지메와 등교거부 등 일본사회에서 청소년과 관련되어 지속적으로 이슈화된 사회문제를 최근 일어나는 일부 청소년에 의한 흉악범죄와 무리하게 연결지어 보도하는 언론의 행태에 기인한 면도 없지 않다.

<2012년도 범죄백서(일본 법무성) 참고>

4. 세상의 중심에서 사랑을 외치다 世界の中心で、愛をさけぶ

작품소개

『세상의 중심에서 사랑을 외치다(원제 『世界の中心で、愛をさけぶ』)』는 일본의 소설가 가타야마 교이치(片山恭一)가 쓴 동명 타이틀의 청춘 연애소설을 기반으로 2004년 5월에 개봉한 영화이다. 관객 동원 수 약 620만 명을 기록하며 애니메이션을 제외한 그 해 개봉 영화 중 관객 동원 1위를 차지하였다. 우리나라에서는 2005년에 차태현, 송혜교 주연의 『파랑주의보』라는 제목으로 리메이크되기도 하였다.

줄거리

결혼을 앞둔 후지무라 리쓰코(藤村律子)는 어느 날 이삿짐 속에서 오래된 카세트 테이프 하나를 발견하고 약혼자인 마쓰모토 사쿠타로(松本朔太郎)에게 짧은 편지 한 장만을 남겨두고 사라진다. 사쿠타로는 리쓰코의 행선지가 시코쿠(四国)에 있는 자신의 고향이라는 것을 알고 뒤쫓아 가게 되고, 그곳에서 첫사랑 히로세 아키(広瀬亜紀)와의 추억과 다시금 마주하게 된다. 고등학교 2학년 여름, 사쿠타로는 얼굴도 예쁘고 스포츠도 만능인 아키와 하교 길에 우연히 마주친다. 이후 두 사람은 심야 라디오 방송에 응모엽서를 보내고, 워크맨으로 교환일기를 주고받으며 둘만의 사랑을 키워나간다. 처음으로 떠난 둘만의 여행에서 돌아오는 길에 아키가 갑작스레 쓰러진다. 이후 아키는 백혈병으로 병원에 입원하게 되고, 두 사람은 서로의 마음을 담은 카세트 테이프를 교환하며 사랑을 키워간다. 병 때문에 점점 쇠약해져 가는 그녀를 보며 아무것도 할 수 없던 사쿠타로는 아키가 늘 꿈꾸어 오던 세상의 중심이라 불리는 호주의 울룰루(에어즈 락)에 그녀를 데려가기로 마음먹는다. 그리고 두 사람은 병원을 몰래 빠져 나와 공항에 다다르나, 태풍에 발이 묶여 비행기를 타지도 못한 채 아키는 죽어간다. 입원 중인 아키를 대신해 사쿠타로에게 항상 음성편지가 담긴 카세트테이프를 전해줬던 사람은 다름 아닌 어린 시절의 리쓰코였다. 그녀가 갑자기 사라져 시코쿠로 향한 것은 아키를 대신해 자신이 테이프를 전해 주던 상대가 사쿠타로라는 것을 직접 확인하고 싶었기 때문이었다. 리쓰코는 사고 때문에 미쳐 전해주지 못한 마지막 테이프를 마침내 사쿠타로에게 전해주게 된다. 그 후 사쿠타로와 리쓰코는 아키와 약속했던 그곳 울룰루에서 마지막 테이프에 남겨진 아키의 유언처럼 유골을 바람에 날려 보낸다.

출연진

오사와 다카오(大沢たかお) : 성인이 된 마쓰모토 사쿠타로(松本朔太郎) 역

시바사키 고(柴咲コウ) : 사쿠타로의 약혼녀 후지무라 리쓰코(藤村律子) 역

나가사와 마사미(長澤まさみ) : 사쿠타로의 첫사랑 히로세 아키(広瀬亜紀) 역

모리야마 미라이(森山未來) : 고등학교 시절의 사쿠타로 역

야마자키 쓰토무(山崎努) : 사진관 할아버지 시게조(重蔵) 역

중요어휘

徹夜 : 철야
雨雲 : 비구름
ちょくちょく : (속어) 가끔
ウォークマン : 일본 소니가 개발한 미니 카세트의 브랜드
置手紙 : 외출이나 가출 시에 써두는 편지
駆け落ち : 사랑의 도피
心中 : 동반자살
欠航 : 결항
弔辞 : 조사
逝去 : 서거
訃報 : 부고
遺影 : 고인의 사진
大人びる : 어른스러워지다
死に顔 : 죽은 사람의 얼굴
裸一貫 : 맨 몸
すってんてん : (속어) 빈털터리
無一文 : 무일푼
無茶苦茶 : 엉망진창
人殺し : 살인
チクる : (속어) 고자질하다
ひっつく : 착 들러붙다
バリバリ : 일을 척척 해 나가는 모양
グサッと : 힘 있게 찌르는 모양, 푹
白血病 : 백혈병
ひっぱたく : (속어) 세게 때리다
吹き込む : 녹음하다, 불어넣다
軽はずみ : 경솔함
さそり座 : 전갈자리
湯豆腐 : 살짝 데친 두부에 양념을 찍어 먹는 요리
クワガタムシ : 하늘가재 벌래
罪悪感 : 죄책감
白亜紀 : 백악기, 지질시대 구분의 하나, 중생대의 마지막 시대
恐竜 : 공룡
シダ植物 : 양치식물
計らい : 조치, 알선
ハンガー : 옷걸이
ひっそり : 쓸쓸히, 조용히
突き当たり : 막다른 곳
ビーカー : 비커
フラスコ : 프라스코(화학실험 기구의 하나)
顕微鏡 : 현미경
アルコールランプ : 알콜 램프
窓際 : 창가
ワックス : 왁스
板張り : 판자를 댐
めぐりあい : 우연한 만남
恩人 : 은인
夕映え : 저녁노을
おちおち : 안심하고, 마음 놓고
夜更け : 심야
文化祭 : 문화제, 학교 축제
取り残される : 뒤떨어지다, 처지다
取り戻す : 회복하다, 되찾다

現像 : 현상
手品 : 마술
ケチ : 인색함
妬く : 질투하다
浸水 : 침수
崖崩れ : 산사태
天候不良 : 날씨가 나쁨
就航 : 취항
面影 : 기억속의 모습
未練 : 미련
後片付け : 뒤처리
縦断 : 종단
忍び込む : 잠입하다
クシャクシャ : 쭈글쭈글, 뒤죽박죽
寝顔 : 잠든 얼굴

중요문형

1. ~てならない

・お別れの言葉を言わなければならないことが、悲しくそして悔しくてなりません。

2. ~びる

・大人びてるっつうか、何つうか。

3. ~(さ)せてもらう

・あっちょっとね、イメージなんで、写真だけでも撮らせてもらえますかね。

4. にしても

・にしても無茶苦茶だよ。これホントに。

5. ~は~で

・こういうのはこういうので、永遠の恋が実ったっていうことかも。

6. ~からこそ

・重じいの恋は実らなかったからこそ、今日まで長続きしたんだと思うの。

7. ~(の)ところ

・本日はどの便も今のところ就航の予定は立っておりません。

8. ~ってば

・ないんだってば、この次なんてないんだってば。

9. ~につきまして(⇒~につき)

・申し訳ありません、東京行きにつきましては、まだ運航のめどが立っておりません。

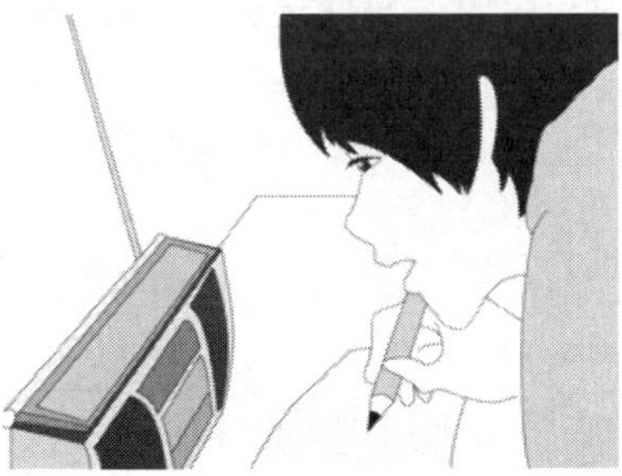

일본 사회 속 「세카츄」 붐

가타야마 교이치(片山恭一) 작 『세상의 중심에서 사랑을 외치다』는 「세카츄(セカチュー)」라는 일본어 원제를 줄인 애칭으로 불리며 영화, 드라마, 만화 등 다양한 장르로 리메이크 되면서 2000년대 중반 일본사회에 일대 붐을 불러일으킨 연애소설이다. 남녀 고등학생의 안타까운 순애보를 그린 이 작품은 2001년 4월 출판 이후 그다지 큰 반향을 불러일으키지 못했으나, 1년 후인 2002년 초에 여배우 시바사키 고(柴咲コウ)가 잡지 인터뷰에서 이 작품을 감명 깊게 읽었다고 말하면서 일반 사람들의 관심이 높아졌다. 이후 2003년 11월에 발행부수 100만부를 돌파하였고, 때마침 개봉된 동명 타이틀 영화의 흥행에 힘입어 2004년 5월에는 일본 국내 소설 중 최대 발행부수를 기록하던 무라카미 하루키(村上春樹)의 『노르웨이의 숲』(상권) 을 뛰어넘어 250만부 이상을 발행하며, 명실공히 베스트셀러 반열에 오르게 되었다. 또한 2004년 5월에는 순정만화 풍으로 각색된 만화가 출간되었고, 마쓰다 류헤이(松田龍平)와 미야자키 아오이(宮崎あおい) 주연의 라디오 드라마로도 제작되어 방송되었다. 영화판 「세카츄」는 개봉 20여일 만에 관객수 300만 명을 넘겼고, 결과적으로 총 동원 관객 수 620만 명이란 기록을 세우며 그해 일본영화 흥행수입 1위를 기록하였다. 또한 영화의 주제가로 사용된 히라이 겐(平井堅)의 『눈을 감으며(瞳をとじて)』는 2004년도 오리콘 차트 연간 1위를 차지하고, 제19회 일본 골든 디스크 대상 시상식에서 올해의 노래로 선정되는 등 크게 히트 하였다. 2004년 7월부터 TBS에서 방영된 드라마판 「세카츄」는 일본의 대표적은 텔레비전 정보지가 주최하는 제42회 드라마 아카데미상에서 최우수 작품상을 포함한 9관왕을 차지하며 「세카츄」 열기를 실감시켰다.

5. 쉘 위 댄스? Shall we ダンス?

작품소개

『쉘 위 댄스?(원제 『Shall we ダンス?』)』는 1996년에 당시 다이에(大映) 영화사에서 제작 및 개봉한 일본영화이다. 감독은 스오 마사유키(周防正行)로 이 작품을 통해 가까워진 전직 발레리나이자 주연 여배우인 구사카리 다미요(草刈民代)와 결혼하였다. 중년 남성의 사교댄스에 대한 흥미와 열정을 소재로 다룬 이 영화는 2004년에 헐리우드에서 리차드 기어 주연으로 『쉘 위 댄스』라는 타이틀로 리메이크 되어 개봉되기도 하였다.

줄거리

회사에서 경리과장으로 근무하며 평범한 가정을 꾸리고 살아가는 중년 가장인 스기야마 쇼헤이(杉山正平)는 어느 날 문뜩 전철 밖을 쳐다보다 한 여인을 발견한다. 그녀는 쇼헤이가 출퇴근하는 전철역 근처에 위치한 사교댄스 교습소에서, 우두커니 서서 어두운 표정으로 창문 밖을 바라보고 있었다. 그녀가 풍기는 형용할 수 없는 분위기에 매료된 쇼헤이는 사교댄스에 관심을 갖게 되고 오로지 그녀, 기시가와 마이(岸川舞)를 만날 일념만으로 사교댄스 학원을 찾게 된다. 댄스학원에 교습 등록을 마친 쇼헤이는 열심히 학원을 다니지만, 기대와는 달리 마이와 춤을 출 기회는 찾아오지 않는다. 더욱이 어느 날 쇼헤이는 마이에게 자신에 대한 태도가 부담스러우며 사교댄스를 그런 불순한 의도를 갖고 배우지 말라는 충고를 듣게 된다. 이 말을 듣고 눈이 뜨인 쇼헤이는 진심으로 자신이 즐기는 댄스를 위해 노력하게 되고 갈수록 실력도 늘게 된다. 같은 회사의 동료이자 댄스학원에서도 만나게 된 아오키 도미오(青木富夫)나 밝은 성격의 아줌마 댄서인 다카하시 도요코(高橋豊子) 등과 교류하며 진정한 댄스의 즐거움을 하나 둘씩 깨달아 간다. 한편, 쇼헤이의 태도에 뭔가 심상치 않은 변화를 느낀 부인 마사코(昌子)는 탐정을 고용하여 뒤를 밟게 하고, 결국 남편이 자기 몰래 사교댄스를 배우고 있다는 사실을 알게 된다. 아마추어 스포츠 댄스 지역대회가 열리던 날 쇼헤이는 도요코와 함께 짝을 이루어 출전하게 되는데 이때 관람 하러온 부인과 딸을 보고 당황하여 실수를 저지르고 만다. 이후 쇼헤이는 댄스를 그만두고 다시 평범한 일상으로 돌아가려 하지만 쉽지 않다. 그러던 중 마이로부터 편지가 전해진다. 중요한 댄스대회에서 실수한 이후 춤에서 즐거움을 찾지 못했던 자신이 쇼헤이의 순수한 열정으로 인해 다시 댄스에 뜻을 품을 수 있게 되었다는 감사의 인사였다. 남편의 고민이 안쓰러운 쇼헤이의 부인은 댄스파티에 갈 것을 권하고, 결국 쇼헤이도 고심 끝에 댄스장으로 향해 마이와 춤을 춘다.

출연진

야쿠쇼 고지(役所広司) : 사교댄스에 빠진 중년 남성인 스기야마 쇼헤이(杉山正平) 역

구사카리 다미요(草刈民代) : 쇼헤가 다니는 사교댄스학원의 프로 댄서 기시가와 마이(岸川舞) 역

다케나카 나오토(竹中直人) : 쇼헤이의 회사 동료이자 댄스학원 친구인 아오키 도미오(青木富夫) 역

와타나베 에리코(渡辺えり子) : 댄스학원의 아줌마 학생 다카하시 도요코(高橋豊子) 역

하라 히데코(原日出子) : 쇼헤이의 부인 스기야마 마사코(杉山昌子) 역

에모토 아키라(柄本明) : 쇼헤이의 부인이 남편의 뒷조사를 의뢰한 탐정 미와 도루(三輪徹) 역

구사무라 레이코(草村礼子) : 댄스학원의 교사 다무라 다마코(田村たま子) 역

중요어휘

教養 : 교양
娯楽 : 오락
快楽 : 쾌락
経理 : 경리
気が引ける : 주눅이 들다
きちんきちん : 정확히, 또박또박
のろける : 애인 또는 부부간의 일을 자랑삼아 떠벌리다
一戸建て : 단독주택
とぼける : 얼빠지다, 시치미 떼다
人のふり見て我がふりなおせ : 남의 언행을 보고 제 버릇을 고쳐라
差し支え : 지장
うきうき : 싱숭생숭, 들썩들썩
デブ : (속어) 뚱보
見っとも無い : 꼴사납다
素行 : 소행
庇う : 감싸다, 비호하다
味気ない : 지루하다, 건조하다
不純 : 불순
私見 : 사견
調子に乗る : 우쭐해지다, 신명이 나다
特訓 : 특별 훈련
憎まれ口 : 독설, 미움을 살 말
プレッシャー : 정신적 중압
欲張る : 지나치게 욕심 부리다
活気 : 활기
一張羅 : 한 벌뿐인 나들이 옷
所詮 : 결국, 어차피
過剰 : 과잉
詰る : 힐책하다, 따지다

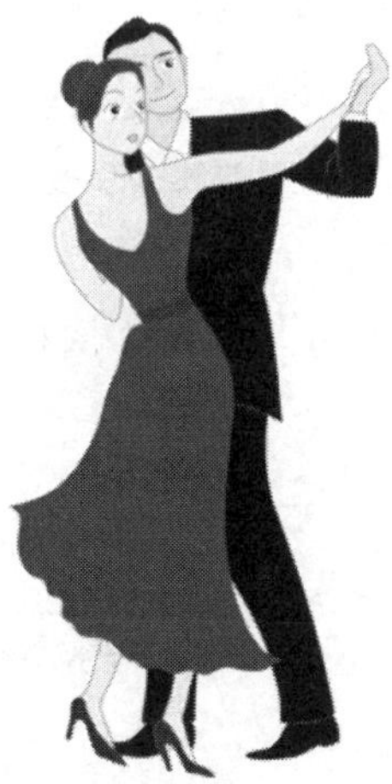

중요문형

1. ~あってのこと

・踊る相手が夫以外の男だと今度は下心が**あってのこと**だと思われてしまうからやっぱり恥ずかしいことだ。

2. ~わけではない

・別にお母さんだって遊んでる**わけじゃない**んだから、いいんじゃないの。

3. だって

・**だって**、お父さんが無理しなくてもいいって言うんだもん。

4. ~っこない

・どうせ相手にされ**っこない**んだから、グループレッスンにして良かったわよ。

5. ~というわけだ

・ひそかにならって、嫁はんと靴屋の親父の鼻をあかそう**っていうわけ**なんですよ。

6. ~よばわり

・どうしてあんたにババア**呼ばわり**されなきゃならないの。

7. ~くせして

・なに、好きな**くせして**知らないの。ブラックプールでいい成績取って、これからだっていう時に別れちゃったのよ。

8. ~かかる

・ビニールテープの剥がれ**かかった**窓に舞のうっすら汗をかいた美しい顔が映った。

9. ~(た)とたん

・ところが、家を買った**とたん**に、何かが変わってしまった。

10. ~てたまるか

・お前に俺の気持ちが分かっ**てたまるか**よ!

11. ~からって(⇒~からといって)

・私達がここにいた**からって**、杉山さんが来るわけじゃないんだから。

일본인의 취미생활 - 테니스, 스키 그리고 골프

일본인들의 다양한 취미생활 중에서도 한 시대를 풍미할 정도로 붐을 일으킨 것들이 존재하는데 테니스와 스키 그리고 골프를 꼽을 수 있다. 먼저 테니스가 일본에 처음 소개된 것은 메이지(明治)시대 초기로 당시 일본에 거주하던 외국인들에 의해서였다. 이후 다이쇼(大正)와 쇼와(昭和)시대를 거치면서 유명 선수들을 육성하며 스포츠로서 발전해온 일본의 테니스는 1950년대 후반에 현재의 천황 내외의 결혼과 함께 일반 대중에게도 관심의 대상이 되었다. 당시 두 사람이 테니스를 치면서 가까워졌다는 사실이 알려지면서 일반 대중들도 테니스를 배우기 시작하였다. 본격적인 테니스 붐은, 1970년대에 들어서 일본의 테니스 선수들이 각종 해외 대회에서 좋은 성적을 거두면서 일어났다. 고도경제성장기에 접어든 일본에서는 각지에 테니스코트가 생겨났고, 강습소에는 아침부터 저녁까지 테니스를 배우려는 사람들로 가득했다. 한편 1980년대부터 90년대까지 일본에서는 스키 붐이 일었다. 버블경제 전성기인 이시기에 일반 대중들은 경제 호황으로 여가활동에 대한 관심이 급증했고, 대형 스키리조트 건설과 교통 편의성이 증대되었으며, 스키용품의 저가격화가 실현되어 스키 붐에 불을 붙였다. 1993년에 일본의 스키인구는 1860만 명에까지 달했으나 이후 젊은 층을 중심으로 스노보드가 유행하면서 상대적으로 스키를 즐기는 인구는 감소를 거듭하여 결국 2000년대 후반에 들어서자 800만 명 이하로 급격히 줄어들었다. 일본의 골프 역사의 시작은 1900년대 초반까지 거슬러 올라간다. 당시 일본에 거주하던 서양인들의 취미활동으로 시작된 골프는 이후 일본인들에 의한 골프클럽이 탄생하고 이를 바탕으로 1924년에는 일본 골프 협회(JGA)가 발족하여 프로선수권 대회가 개최되기에 이른다. 전후 일본 골프계는 경제부흥 시기에 발맞추어 지역별 협회 개설과 선수권 대회를 운영하며 저변확대에 노력한다. 1957년에 개최된 제5회 캐나다 컵 대회가 전국에 텔레비전 중계되는 가운데 일본선수단이 단체전과 개인전을 석권하면서 골프 붐이 일어난다. 이후 1960-70년대를 거치며 상류층을 중심으로 골프인구가 점차 증가하게 되고 1990년대 중반에 약 1500만 명에

달하던 골프 인구는 이후 경제 불황 등의 여파에 따라 감소추세를 보이며 2010년대에 들어서는 약 900만 명을 전후하여 유지되고 있다.

일본의 스키장

일본의 골프 연습장

IV. 애니메이션

1. **초속 5센티미터** 秒速5センチメートル
2. **시간을 달리는 소녀** 時をかける少女
3. **귀를 기울이면** 耳をすませば
4. **센과 치히로의 행방불명** 千と千尋の神隠し

지브리 미술관-1

지브리 미술관-2

1. 초속 5센티미터 秒速5センチメートル

작품소개

『초속 5센티미터(원제 『秒速5センチメートル』)』는 2007년 3월에 공개된 신카이 마코토(新海誠) 감독의 애니메이션 영화이다. 2007년 아시아 태평양 영화제에서 베스트 애니메이티드 피처 필름(Best Animated Feature Film)상을 수상했다. 우리나라에서는 2007년 서울 국제 만화 애니메이션 페스티벌에서 개막작으로 처음 공개되었으며, 그 후 2007년 6월에 정식으로 일반 극장에서 상영되었다.

줄거리

전학이 잦았던 초등학생 도노 다카키(遠野貴樹)와 시노하라 아카리(篠原明里)는 서로를 이해하며 다른 사람은 알 수 없는 둘만의 특별한 감정을 가지고 있었다. 그러나 초등학교 졸업과 동시에 아카리는 도치기(栃木)로 전학을 가게 되고, 그 후로 둘은 만날 수 없게 된다. 다카키가 중학생이 된 여름, 도치기에 있는 아카리로부터 편지가 도착한다. 이를 계기로 둘은 편지를 주고받게 되나 그 해 겨울, 이번에는 다카키가 멀리 가고시마(鹿児島)로 전학을 가게 된다. 자신이 가고시마로 전학을 가게 되면 다시는 아카리와 만나지 못할 것이라고 생각한 다카키는 홀로 도치기에 있는 아카리를 만나러 갈 결심을 한다. 그러나 약속했던 그 날은 폭설이 심해 전차 운행이 거듭 중단되고, 결국 약속 시간이 훌쩍 넘어 역에 도착한 다카키는 대합실에서 자신을 기다리는 아카리와 재회한다. 그리고 두 사람은 함께 이야기로 밤을 지새운다.

중학교 2학년 봄, 도쿄에서 전학 온 다카키에게 첫눈에 반한 스미다 가나에(澄田花苗)는 항상 그의 주변을 맴돌지만 고백할 용기를 내지 못한다. 졸업 후의 진로조차 정하지 못하고 좋아하던 서핑(Surfing) 또한 슬럼프에 빠진 가나에는 어느 날 다카키가 졸업 후 도쿄에 있는 대학에 진학할 것이란 사실을 알게 된다. 드디어 자신의 마음을 고백할 결심을 한 가나에지만, 다카키의 마음속에 언제나 다른 누군가가 자리하고 있다는 사실을 깨닫고는 끝내 자신의 마음을 전하지 못한다.

다음 달 결혼을 앞둔 아카리는 예전 자신의 물건 속에서 다카키와 주고받았던 편지를 발견하고 그 겨울 대합실에서 지냈던 추억을 떠올린다. 한편 다카키는 자신이 지금까지 무엇을 위해 살아왔는지 회의를 느껴 다니던 직장도 그만두고 3년 동안 사귀던 애인과도 헤어진다. 그러던 어느 날 두 사람은 우연히 건널목에서 서로 스쳐 지나가게 되지만 그저 서로의 갈 길을 묵묵히 걸어갈 뿐이다.

〈등장인물〉

도노 다카키(遠野貴樹) : 과거에 얽매여 현재와 미래에 대한 의미를 상실한 주인공

시노하라 아카리(篠原明里) : 다카키의 첫사랑 소녀

스미다 가나에(澄田花苗) : 고등학교 3학년, 다카키를 짝사랑한 서핑을 좋아하는 소녀

미즈노 리사(水野理紗) : 다카키와 3년 동안 교제한 여성

설경

중요어휘

第1話 桜花抄

秒速 : 초속

陽炎 : 아지랑이

転校 : 전학

都合 : 형편, 사정

重装備 : 중무장

新幹線 : 신칸센

緊張 : 긴장

花びら : 꽃잎

待合室 : 대기실, 대합실

病気がち : 잔병이 많은

グラウンド : 운동장

不思議 : 이상함, 신기함

いずれ : 결국, 어쨌든

終点 : 종점

乗換え : 환승

路線 : 선로

快速 : 쾌속(열차)

待ち合わせ : 약속하여 만나기로 함

押し当てる : 꽉 갖다 대다

受話器 : 수화기

手に取るよう : 손바닥 보듯이 뻔한

帰宅 : 귀가

混み合う : 붐비다, 북적이다

ぐっしょり : 함빡, 몹시 젖은 모양

独特 : 독특

満ちる : 가득 차다

迷惑 : 폐, 성가심

ことわる : 이유를 밝히다, 미리 양해를 얻다

広野 : 황야

じわじわ : 자근자근, 서서히

空腹 : 공복

心細い : 불안하다, 허전하다

降雪 : 강설

ダイヤ : 다이어그램(ダイヤグラム)의 약자, 열차시간표, 운행스케줄

めど : 전망, 예측

悪意 : 악의

歯を食いしばる : 이를 악물다, 입술을 깨물다

耐える : 견디다, 참다

ほうじ茶 : 볶아서 달인 엽차

保証 : 보증

大袈裟 : 과장, 허풍

分かち合う : 서로 나누어 갖다

温もり : 온기, 따스함

茫漠 : 망막, 막연함

納屋 : 헛간

なにもかも : 모두, 일체

第2話 コスモナウト

放課後 : 방과 후

気楽 : 태평함, 마음이 편함

焦る : 안달하다, 초조하게 굴다

尻尾 : 꼬리

ぶんぶん : 붕붕, 윙윙

我ながら : 나 스스로도, 나로서도

呆れる : 어이없다, 기가 막히다

真剣 : 진심, 진지

ねだる : 조르다, 보채다

単車 : (오토바이, 스쿠터 등) 모터가 달린 2륜 차

打ち上げ : 쏘아 올림, 발사

太陽系 : 태양계

相談に乗る : 상담에 응하다

暗闇 : 어둠

ひたむき : 한결같이

深淵 : 심연

信念 : 신념

砂糖きび : 사탕수수

輪郭 : 윤곽

羽織る : 옷 위에 다른 겉옷을 걸치다

寿命 : 수명

お下がり : 물려받음

闇雲に : 함부로, 마구, 무작정

第3話 秒速5センチメートル

振り返る : 돌아보다

洗面所 : 세면장, 화장실

歯ブラシ : 칫솔

履歴 : 이력

脅迫的 : 협박적, 위협적

沸く : 끓다

弾力 : 탄력

ひたすら : 오로지, 일념으로

かつて : 일찍이, 예전부터

田園 : 전원

人家 : 인가

まばら : 드문드문, 뜸함

足跡 : 족적

路地 : 골목

紛らす : 얼버무리다, 숨기다

偽る : 속이다

うつろう : 퇴색하다, 옮기다

ふざけあう : 장난치다, 시시덕거리다

交差点 : 네거리

奇跡 : 기적

ふいに : 문뜩, 갑자기

鼓動 : 고동

明け方 : 새벽녘

かけら : 조각, 단편

踏切 : 건널목

중요문형

第1話

1. いまにして
- でも**今にして**思えば、私は東京のあの蒸し暑い夏も好きでした。

2. ~いっぱい
- 転校しちゃうって本当？はい、三学期**いっぱい**です。

3. 의문사+か
- こちらはもう**何度か**雪が降りました。
- あの日から**幾つか**の台風が通りすぎ、その度に島は少しずつ涼しくなっていた。

4. ~くせで
- 引っ越して来てからもつい**癖で**東京の分の天気予報まで見てしまいます。

5. ~にしても
- それ**にしても**鹿児島だなんて、今度はちょっと遠いよね。

6. ~がち
- まだ体が小さく病気**がち**だった僕らは、グラウンドよりは図書館が好きで。

7. ~ごし
- 耳が痛くなるぐらい押し当てた受話器**越し**に明里が傷つくのが手に取るように分かった。

8. ~(の)ところ
- お急ぎのところ大変恐縮ですが、現在の**ところ**復旧のめどは立っておりません。

9. ~きがする
- 永遠とか心とか魂とかいう物がどこにあるのか、分かった**気がした**。

10. ~なにもかも
- あのキスの前と後とでは、世界の**何もかも**が変わってしまったような気がしたからだ。

11. ~だけ

・彼女を守れるだけの力が欲しいと強く思った。それだけを考えながら僕はいつまでも窓の外の景色を見続けていた。

第2話

12. ~きれない

・もし私に犬みたいなしっぽがあったら、きっと嬉しさを隠しきれずにブンブンと振ってしまったと思う。

13. ~ながら

・私は犬じゃなくてよかったななんてほっとしながら思って。そういうことに、我ながらバカだなと呆れて。それでも遠野くんとの帰り道は、幸せだった。

14. こういっちゃなんだが

・こう言っちゃなんだが、そんなに悩むようなことじゃないんだよ。

15. どうしても~ない

・どうしても決められないんなら、県内の短大とかはどうなんだ。

16. ~てもらう

・今日はここに置かせてもらって、後で家の人に取りに来てもらいなよ。

일본의 애니메이션 1 - 대표 감독과 작품

일본의 애니메이션 역사는 다이쇼(大正)시대로 거슬러 올라간다. 당시 외국에서 수입된 애니메이션에 자극을 받아 일본의 몇몇 만화가들이 애니메이션 제작에 착수하였으나, 단편 작품들이 대부분이었고 제작에 참여하는 인원도 소규모에 지나지 않았다. 이후 투명한 셀룰로이드 소재로 만들어진 시트에 그림을 제작하는 기법이 도입되었고, 태평양 전쟁 시기에는 군국주의 선전을 위한 장편 애니메이션도 제작되었다. 전후의 일본 애니메이션을 주도한 것은 1956년도에 설립된 「도에이 동화(東映動画)」 애니메이션 스튜디오와 1961년에 데즈카 오사무(手塚治虫)가 설립한 「무시 프로덕션(虫プロダクション)」이었다. 전자는 1958년에 일본 최초의 장편 컬러 애니메이션인 『백사전(白蛇伝)』을, 후자는 1963년에 일본 최초의 텔레비전 애니메이션 시리즈인 『철완 아톰(鉄腕アトム)』을 각각 제작하였다. 이후 일본의 애니메이션 산업은 1970년대와 80년대를 거치며 텔레비전 애니메이션을 중심으로 주로 초등학생이나 중학생을 대상으로 발전하였다. 이 시기에 활약한 대표적인 애니메이션 감독으로는 『은하철도 999(銀河鉄道999)』의 원작자이자 『우주전함 야마토(宇宙戦艦ヤマト)』를 감독한 마쓰모토 레이지(松本零士)가 있다. 또한 1980년대 중반에는 기존의 텔레비전 애니메이션에서 벗어나 극장판 장편 애니메이션을 전문적으로 제작하는 「스튜디오 지브리(スタジオジブリ)」가 미야자키 하야오(宮崎駿)에 의해서 설립되었으며, 이후 『이웃의 토토로(となりのトトロ)』와『천공의 성 라퓨타(天空の城ラピュタ)』 등을 제작하여 성공을 거두었다. 2000년대에 들어와서는 오시이 마모루(押井守)가 제작한 『이노센스(イノセンス)』가 제57회 칸느 국제영화제의 경쟁부문 후보작으로 선정되었고, 미야자키 하야오의 『센과 치히로의 행방불명(千と千尋の神隠し)』이 제75회 아카데미시상식에서 장편 애니메이션상을 수상하는 등 일본 애니메이션의 세계로의 저변 확대가 이루어지고 있다.

1960~70년대 일본의 대표적인 TV애니메이션			
연도	제목	제작회사	방송국
1963.01-1966.12	철완 아톰 (鉄腕アトム)	무시프로덕션	후지테레비
1963.10-1966.05	철인 28호 (鉄人28号)	TCJ	후지테레비
1965.10-1966.09	밀림의 왕자 레오 (ジャングル大帝)	무시프로덕션	후지테레비
1968.01-1969.03	게게게의 기타로 (ゲゲゲの鬼太郎)	도에이동화	후지테레비
1968.03-1971.09	거인의 별 (巨人の星)	도쿄무비	니혼테레비
1969.10-	사자에상 (サザエさん)	TCJ동화센터	후지테레비
1970.04-1971.04	내일의 조 (あしたのジョー)	무시프로덕션	후지테레비
1971.09-1972.06	천재 바카봉 (天才バカボン)	도쿄무비	니혼테레비
1971.10-1972.03	루팡3세 (ルパン三世)	도쿄무비	니혼테레비
1972.12-1974.09	마징가Z (マジンガーZ)	도에이동화	후지테레비
1974.01-1974.12	알프스소녀 하이디 (アルプスの少女ハイジ)	니혼애니메이션	후지테레비
1974.10-1976.03	우주전함 야마토 (宇宙戦艦ヤマト)	오피스아카데미	니혼테레비
1975.01-1975.12	플란다스의 개 (フランダースの犬)	니혼애니메이션	후지테레비
1976.10-1977.02	들장미소녀 캔디 (キャンディ・キャンディ)	도에이동화	테레비아사히
1978.04-1978.10	미래소년 코난 (未来少年コナン)	니혼애니메이션	NHK
1978.09-1981.04	은하철도999 (銀河鉄道999)	도에이동화	후지테레비
1979.04-1980.01	기동전사 건담 (機動戦士ガンダム)	니혼선라이즈	테레비아사히
1979.04-	도라에몽 (ドラえもん)	신에이동화	테레비아사히

2. 시간을 달리는 소녀 時をかける少女

작품소개

『시간을 달리는 소녀(원제 『時をかける少女』)』는 2006년에 개봉된 일본의 극장판 애니메이션이다. 일본을 대표하는 SF소설가인 쓰쓰이 야스타카(筒井康隆)가 쓴 동명 타이틀의 원작소설로부터 소재를 빌려 호소다 마모루(細田守)가 감독하였다.

줄거리

평범한 여고생인 곤노 마코토(紺野真琴)는 어느 날 학교 과학 실습실에서 바닥에 떨어진 작은 나무열매와 같은 물체를 발견한다. 다른 사람의 인기척에 놀란 마코토는 바닥에 넘어지고 이때 그 물체가 팔뚝으로 흡수된다. 그 순간 시공간이 뒤바뀌면서 마코토는 전혀 모르는 세상의 모습을 보게 된다. 정신을 차리자 다시 과학 실습실에 홀로 남겨진 마코토는 친구인 마미야 치아키(間宮千昭)와 쓰다 고스케(津田功介)에게 자신이 겪은 이야기를 들려주지만 아무도 믿지 않는다. 그날 저녁 평소와 같이 자전거를 타고 언덕길을 내려가던 마코토는 브레이크 고장으로 열차에 치인다. 그 자리에서 죽게 될 운명이었던 마코토는 시간을 과거로 되돌려 무사히 살아남는다. 이 일을 계기로 자신에게 시간여행 능력이 생긴 것을 알게 된 마코토는 일상의 작은 실패들을 만회하기 위해 자신의 능력을 사용한다. 더불어 자신을 좋아한다고 말하는 치아키의 고백도 시간을 되돌려 못들은 것으로 해 버린다. 한편 마코토는 자신이 시간여행 능력을 무턱대고 사용하는 바람에 운명이 뒤엉켜 다른 사람들이 피해를 보고 있다는 사실을 깨닫는다. 자신의 잘못으로 고스케를 짝사랑하는 후지타니 가호(藤谷果穂)가 고백할 기회를 놓쳐버린 것을 알게 된 마코토는 과거로 돌아가 두 사람을 맺어준다. 이즈음 마코토는 자신이 가진 능력에 횟수가 정해져 있고 이제 한번 밖에 더 사용할 수 없다는 것을 발견한다. 고스케와 가호는 마코토의 자전거를 빌려 하교하게 되는데 그날은 다름 아닌 마코토가 브레이크가 고장나 열차에 치어죽는 날이었다. 불안해하며 고스케와 가호를 좇아가던 마코토는 치아키로부터 전화를 받고 혹시 시간여행을 하고 있지 않느냐는 질문에 마지막 남은 능력을 사용해 버린다. 그리고 때마침 마코토의 옆을 고스케와 가호가 탄 자전거가 스쳐지나가고 두 사람은 브레이크 고장으로 다가오는 열차를 향해 돌진한다. 시간이 멈추길 바라며 울부짖는 마코토 앞에 치아키가 나타나고 두 사람 이외의 모든 사물이 멈춰 버린다. 치아키는 자신이 시간여행자이며 미래로부터 마코토의 이모가 복원작업을 하던 그림을 보기 위해 왔다고 고백한다. 치아키는 자신이 온 원래 세계로 돌아가기 위해 사용해야 할 마지막 능력을 고스케와 가호를 살리기 위해 사용해버려 더 이상 어디에도 갈 수 없게 된다. 또한 마코토에게 시간여행자임을 들켜버린 이상 자신을 아는 사람들 앞에서 사라져야 한다고 이야기 하고 작별을 고한다. 현실로 돌아온 마코토는 치아키가 진짜로 사라져 버린 것을 알고 실의에 빠진다. 자신에게 용기 내어 고백했던 치아키의 마음을 받아주지 못한 것을 후회하던 마코토는 우연히 자신의 시간여행 능력이 한번 더 남아있음을 알게 되고 결국 과학 실습실에서 모든 것이 시작되었던 그 날로 돌아간다. 마코토는 자신이 얻었던 시간여행 능력을 치아키에게 다시 돌려주고 지금까지 일어났던 모든 일을 들려준다. 그리고 두 사람은 다시 만날 것을 기약하며 이별한다.

등장인물

곤노 마코토(紺野真琴) : 우연한 기회에 시간여행 능력을 갖게 된 여고생

마미야 치아키(間宮千昭) : 마코토의 친구로 미래에서 온 시간여행자

쓰다 고스케(津田功介) : 마코토와 치아키의 친구로 우등생

요시야마 가즈코(芳山和子) : 박물관에서 그림 복원 작업을 하는 마코토의 이모

후지타니 가호(藤谷果穂) : 고스케를 짝사랑하는 후배 여고생

중요어휘

二度寝 : 일단 잠에서 깨어났다 다시 잠드는 것
すがすがしい : 상쾌하다, 시원하다
ついている : 재수있다, 운 좋다
ひとごと : 남의 일, 관계없는 일
不器用 : 손재주가 없음, 서투름
慎重 : 신중
ややこしい : 복잡하다, 까다롭다
血液型占い : 혈액형을 근거로 하는 점
日直 : 일직
面倒臭い : 몹시 귀찮다, 성가시다
密室 : 밀실
小人 : 소인, 난쟁이
最悪 : 최악
寝坊 : 늦잠을 잠
不可逆 : 돌이킬 수 없음
コツがわかる : 요령을 터득하다
過密 : 과밀
奮発 : 분발
手付かず : 한 번도 사용되지 않음, 아직 손을 안 댐
当たって砕ける : 승산은 없으나 좌우간 시도해 보다
告る : 고백하다
ナメられる : 얕보이다
はらいせ : 화풀이, 분풀이
目をそらす : 눈길을 피하다
企む : 흉계를 꾸미다, 고안하다
呼ばわり : 마치 그렇다는 듯이 비방하여 부름
保健室 : 양호실
平気 : 개의치 않음, 태연함
見もの : 구경거리, 볼 만한 것
振られる : 이성에게 채이다
修復 : 복원, 회복
模試 : 모의시험
折り入って : 특별히, 긴히
引っ込み思案 : 소극적인 태도나 성격
こぎ着ける : 간신히 해내다
うかうか : 헛되이, 멍하니
ひがむ : 삐치다, 곡해하다
根本的 : 근본적
中庭 : 안뜰, 안마당
挫く : 삐다, 접질리다
ひょっとしたら : 어쩌면, 자칫하면
行き来 : 왕래
装置 : 장치
チャージ : 충전
悪用 : 악용
焼失 : 소실
所在 : 소재
泣き喚く : 울부짖다
犯す : 범하다, 어기다
カッとなる : 발끈하다
めった打ち : 마구 때림
待ち合わせ : 약속을 정하고 만남
失恋 : 실연
早まる : 경솔하게 굴다
すれ違う : 스치듯 지나치다
ふざける : 장난치다, 까불다
返球 : 볼을 되던짐

중요문형

1. **~そこねる**
   - プリン食べ**損ねた**。
2. **いつになったら**
   - **いつになったら**結婚するのかも聞いといてね。
3. **どうせ**
   - **どうせ**また二度寝だろう。
4. **だって**
   - **だって**おもしれえもん。
5. **とはいえ**
   - **とはいえ**、どちらかと言えば、ついてるほうだし運もいいけど勘もいい。
6. **~っぱなし**
   - おい、提出用のノート、置き**っぱ**だぞ。
7. **~とも**
   - そう焦らず**とも**すぐ来るよ。
8. **ということは**
   - 時は戻らない。**ということは**戻ったのは真琴あなた自身。
   - プリンがある。**ということは**七月十二日火曜日。
9. **さえ~ば**
   - コツ**さえ**分かれ**ば**またできるようになるんじゃない？
10. **~わけない**
    - 時間を飛び越えるなんて。飛べる**わけない**んだから。絶対。そんなこと、私にできる**わけない**んだから。
11. **~どころじゃない**
    - 私、今それ**どころじゃない**んだよ。
12. **~てすむ**
    - もう行ったり来たりし放題。朝も二度寝、三度寝できるし、忘れ物しても取りに行かなく**て済む**し、食い放題は90分で終わりじゃないし。

13. ~のがす

・ あっ、ドラマとり**逃し**たらいつでも言って。私、録画しとく。

14. ~ぶん

・ 真琴がいい目見てる**分**、悪い目を見てる人がいるんじゃないの？
・ お前の自転車をかっぱらってきた**分**で俺にチャージされてた分はなくなっちまった。

15. ~やがる

・ 俺の先越し**やがっ**て、功介の奴。
・ 普段バカだと思ってる奴が俺よりいい点取り**やがった**。

16. ~わけではない

・ 別に彼女ができたって決まった**わけじゃない**じゃん。

17. ~ともかぎらない(⇒~とはかぎらない)

・ 女できたら絶対女取るぜ。あいつ。　―　そう**とも限らない**よ。

18. ~たら~で

・ まあ、でき**たら**できた**で**いっか?

19. ~ことにする

・ どうしてなかった**ことにしちゃう**のよ。

20. ~すら

・ でも、本人は気づいて**すら**いないのか。

21. ~よばわり

・ 人をバカ**呼ばわり**かよ。

22. ~くせに

・ 私に好きだって言った**くせに**。
・ あいつ、真琴のこと好きだった**くせに**。

23. ~ところだった

・ 死ぬ**とこだった**。

24. ~だらけ

・ 世の中、うそ**だらけ**よ。

25. ~からって(=からといって)

· ちょっと過去に戻れる**からって**やりたい放題、今までさんざんやってきたじゃないの。

· 模試の成績よかった**からって**調子に乗ってんじゃねえ。

26. ~(の)ところ

· 美術的価値があるかどうかも今**のところ**は分からない。

27. ~ものだから

· あんまり何度も話してくれる**ものだから**会ったこともないその人のことが、私、段々好きになってきてしまって。

28. ~きり

· おばあちゃん、寝た**きり**です。

29. ~わりには

· 好きな**わりには**全然うまくなんねえけどな。

30. ~ずみ

· もう使用**済み**だったけどな。

31. ~たらとおもうと

· 悪用され**たらと思うと**、夜も眠れなかったんだ。

32. どうしても~たい

· **どうしても**見**たい**絵があったんだ。

33. なにもかも

· でも、もう意味ないけどな。**何もかも**。

34. ~こと

· 空がこんなに広い**こと**を始めて知った。

35. ~(ている)ところだ

· 今はまだ直してる**ところ**だけど。

36. さいごのさいご

· 何それ、**最後の最後**にそれ？

37. ~ともかく

· 俺は**ともかく**真琴にも一言もなしかよ。

일본의 애니메이션 2 - 로봇 애니메이션

초기 텔레비전 애니메이션 시리즈인 『철완 아톰(鉄腕アトム)』과 더불어 비슷한 시기에 거대로봇이 등장하는 『철인 28호(鉄人28号)』가 방영된 이후로 로봇이 등장하는 SF물은 일본의 애니메이션 장르의 한 부분을 차지하게 되었다. 1970년대 초반 소위 슈퍼로봇 계열이라 일컬어지는 애니메이션 장르가 탄생하면서 주로 거대 로봇이 등장하여 적을 물리치는 권선징악형 스토리가 주를 이루게 된다. 우리나라에서도 방영된 적이 있는 1972년에 제작된 『마징가 제트(マジンガーZ)』를 비롯하여 그 속편에 해당하는 『그레이트 마징가(グレートマジンガー)』, 그리고 1974년에 제작되어 로봇들의 변형과 합체가 처음 시도된 『겟타 로봇(ゲッターロボ)』 또한 이러한 장르에 속하는 애니메이션이다. 이후 1979년에 방영된 『기동전사 건담(機動戦士ガンダム)』의 출현을 계기로 로봇 애니메이션은 새로운 시대를 맞이한다. 기존의 로봇 애니메이션이 주로 무한한 힘을 가진 슈퍼로봇을 주인공으로 내새워 절대악과 싸워 이기는 내용이었다면, 이 작품은 이데올로기나 가치관이 충돌하는 두 진영 사이의 전쟁 수행 과정 속에서 소모되는 무기로서의 로봇에 초점이 맞추어져 있다. 또한 로봇을 조종하는 등장인물들의 내적 갈등도 세밀히 묘사되어 광범위한 연령층의 호응을 얻어 내는데 성공하였다. 비슷한 맥락의 리얼 로봇 계열의 작품에는 1982년에 제작된 지구문명과 외계문명의 충돌과 교류를 다룬 『초시공요새 마크로스(超時空要塞マクロス)』시리즈가 있다. 1990년대 중반에 제작된 『신세기 에반게리온(新世紀エヴァンゲリオン)』은 로봇 애니메이션임에도 불구하고 슈퍼로봇과 리얼 로봇 계열 어느 쪽에도 속하지 않는 독특한 양식의 애니메이션으로 유명하다. 전투 로봇 애니메이션의 틀을 유지하면서도 인류의 진화와 멸망을 주제로 당시대의 사회문제까지 폭 넓게 작품 속에 담아내어 방영 당시 일본사회에서 커다란 이슈가 된 작품이다.

1980~90년대 일본의 대표적인 TV애니메이션			
연도	제목	제작회사	방송국
1981.04-1986.02	닥터 슬럼프 (Dr.スランプアラレちゃん)	도에이동화	후지테레비
1983.04-1986.10	근육맨(キン肉マン)	도에이동화	니혼테레비
1983.10-1986.03	캡틴 쓰바사(キャプテン翼)	쓰치다프로덕션	테레비도쿄
1984.10-1987.03	북두의 권(北斗の拳)	도에이동화	후지테레비
1985.03-1987.03	터치(タッチ)	도호	후지테레비
1986.02-1989.04	드래곤 볼(ドラゴンボール)	도에이동화	후지테레비
1987.04-1988.03	시티헌터(シティーハンター)	선라이즈	니혼테레비
1989.04-1989.09	란마 1/2(らんま1/2)	스튜디오딘	후지테레비
1989.04-1996.01	드래곤볼 Z(ドラゴンボールZ)	도에이동화	후지테레비
1990.01-1992.09	치비마루코짱 제1기 (ちびまる子ちゃん)	니혼애니메이션	후지테레비
1991.03-1991.12	신세기 사이버포뮬러 (新世紀 サイバーフォーミュラ)	선라이즈	니혼테레비
1991.10-1992.09	드래곤퀘스트 다이의 대모험 (DRAGON QUEST-ダイの大冒険-)	도에이동화	TBS
1992.03-1993.02	미소녀전사 세일러문 (美少女戦士セーラームーン)	도에이동화	테레비아사히
1992.04-	짱구는 못말려 (クレヨンしんちゃん)	신에이동화	테레비아사히
1993.10-1996.03	슬램덩크(SLAM DUNK)	도에이동화	테레비아사히
1995.10-1997.03	신세기 에반게리온 (新世紀エヴァンゲリオン)	가이낙스	테레비도쿄
1996.01-	명탐정 코난(名探偵コナン)	도쿄무비	니혼테레비
1997.04-2002.11	포켓몬스터(ポケットモンスター)	OLM	테레비도쿄
1999.10-	원피스(ONE PIECE)	도에이애니메이션	후지테레비

3. 귀를 기울이면 耳をすませば

작품소개

『귀를 기울이면(원제 『耳をすませば』)』은 히이라기 아오이(柊あおい)의 만화를 원작으로 하여 1995년에 스튜디오 지브리에서 공개한 애니메이션이다. 개봉 당시 아직 일본 극장에 보급되지 않은 디지털 압축 음향 시스템인 돌비 디지털 사운드(Dolby Digital Sound)를 도입하여 화제를 모았다.

줄거리

독서를 좋아하는 중학교 3학년인 쓰키시마 시즈쿠(月島雫)는 아버지가 일하는 도서관에 자주 들러 책을 읽는다. 여름방학, 자신이 빌리는 모든 책의 도서카드에서 먼저 책을 빌려간 아마사와 세이지(天沢聖司)란 이름을 발견하고 호기심을 갖게 된다. 어느 날 아버지의 도시락을 전해주러 가는 길에 전철에 혼자 탄 신기한 고양이를 발견, 그 고양이를 따라 가게 된 시즈쿠는 어느 골동품가게에 들어선다. 그곳에서 가게 주인 할아버지인 니시 시로(西司郎)와 남작이라 불리는 고양이 인형, 그리고 할아버지의 손자인 세이지를 만나게 된다. 바이올린 장인을 꿈꾸는 세이지는 할아버지의 지하 공방에서 바이올린을 제작하고 있다. 시즈쿠는 바이올린 제작자라는 꿈을 향해 노력하는 세이지를 보면서 자신의 꿈과 미래를 진지하게 고민하게 된다. 자신의 재능을 알아보기 위해 시즈쿠는 이탈리아로 두 달간의 연수를 떠난 세이지가 돌아 올 때까지 소설을 써 보기로 결심한다. 완성된 소설을 가장 먼저 읽어본 세이지의 할아버지는 시즈쿠를 격려하며 앞으로 소설을 쓰기 위해 시즈쿠가 해야 할 일이 무엇인지 생각할 수 있도록 도와준다. 두 달간의 연수를 마치고 돌아온 세이지와 재회한 시즈쿠, 두 사람은 아직 어리지만 서로의 마음을 확인한다. 그리고, 미래를 향해 함께 나아가기로 결심한다.

등장인물

쓰키시마 시즈쿠(月島 雫) : 소설가를 꿈꾸는 중학교 3학년 소녀

아마사와 세이지(天沢聖司) : 시즈쿠의 동급생, 바이올린 장인을 꿈꾸는 소년

니시 시로(西司郎) : 세이지의 할아버지

문(ムーン) : 시즈쿠가 전철에서 만난 고양이

쓰키시마 세이야(月島靖也) : 도서관 사서인 시즈쿠의 아버지

쓰키시마 아사코(月島朝子) : 대학원을 다니는 시즈쿠의 어머니

쓰키시마 시오(月島汐) : 대학교에 재학 중인 시즈쿠의 언니

하라다 유코(原田夕子) : 스기무라를 좋아하는 시즈쿠의 친한 친구

스기무라(杉村) : 시즈쿠를 좋아하는 같은 반 친구

중요어휘

見覚え : 본 기억
米を研ぐ : 쌀을 씻다
戸締り : 문단속
そこつ : 경솔함, 부주의한 실수
かりにも : 적어도, 만약에
貸出し : 대출
寄贈 : 기증
昇降口 : (중고등학교) 신발장이 있는 학생용 출입구
そばかす : 주근깨
真剣 : 진지, 진심
両思い : 서로 좋아함
白状 : 자백, 고백
万年球拾い : 만년 볼 보이 (후보 선수)
レギュラー : 정규선수
散らかす : 어지르다
男爵 : 남작
ドワーフ : 난쟁이
文字盤 : 문자판
謝恩会 : 사은회
予鈴 : 예비 종
満月 : 보름달
通勤 : 통근
高所恐怖症 : 고소공포증
音痴 : 음치
不意打ち : 기습
見習い : 견습
親方 : 장인
てんで : 전혀, 대단히
がぶ飲み : 벌떡벌떡 마심
生き別れ : 생이별
赤い糸 : (인연을 연결하는) 붉은 실
雲母片岩 : 운모편암
緑柱石 : 녹주석
原石 : 원석
説教臭い : 설교조
鉱脈 : 광맥
上昇気流 : 상승기류
小惑星 : 소혹성
牢屋 : 감옥
いいなずけ : (부모들이 정한) 약혼자
ものいり : 지출, 비용
修士 : 석사
逃避 : 도피
席をはずす : 자리를 비우다
荒々しい : 매우 거칠다
好く : 좋아하다
引き取る : 인수하다, 물러가다
追憶 : 추억
受験生 : 수험생
休息 : 휴식
朝霧 : 아침 안개

중요문형

1. かりにも

· 月島は**かりにも**受験生なんだよ。

2. ~くせに

· 11時に昇降口って言った**くせに**、11分も太陽の下にいさせて。またソバカスが増えちゃうじゃない。

· この前はやめろっていった**くせに**。

3. ~まま

· いちおうやってみたけど、うまくいかないよ。やっぱり英語の**まま**でやったら？

4. ~てもらう

· ちょうどこっちへ車で帰る人がいたんで乗せ**てもらっちゃった**。

· ちゃあんと説明し**てもらいます**からね。

5. ~っぱなし

· なにこれ。しずく、ちらかし**っぱなし**じゃない。

· しずく、スタンド、ちゃんと消しな。昨日つけ**っぱなし**だったよ。

6. ~てやってください

· そのまま、そのまま、自由に見**てやってください**。男爵も退屈してるから。

7. ~ごとに

· 十二時の鐘を打つ間だけ彼女は羊から元の世界へ戻れるんだよ。それでも彼は時を刻む**ごとに**ああして現われて王女を待ち続けるんだ。

9. ~っぽい

· 忘れ**っぽい**んだな。

10. ~ようがない

· ちょっと説明し**ようがない**の。

11. ~ばかり

· 新学期なのに雨**ばっかり**ね。

· やあね。テスト**ばっかり**で。

12. ~こと

・まあ、ロマンチックですこと！

13. ~きがする

・この道、ずっとゆけばあの街につづいてる気がする。

14. ~だけ

・後輩にあげるだけじゃつまらない。わたし達も謝恩会で歌おうよ。
・好きなだけ見てていいよ。俺、下にいるから。

15. ~わけではない

・杉村だって夕子の気持ち知ってるわけじゃないし。

16. ~きれない

・いいのよ、家じゃ食べきれないから。

17. ~っこない

・うまくいきっこないって心の中ですぐ誰かがいうんだよね。

18. ~がかり

・三年がかりでさ、月島が弁当忘れた日にできたんだよ。

19. ~てたまらない

・あなたのことずっと先から知っていたような気がするの。時々、会いたくてたまらなくなるわ。

20. ~とは

・聖司君にこんなかわいい友達がいたとはね。

21. ~ってば

・お母さんってば自分が休講だからって起きないんだから。

22. だって

・だって、あんなにたくさん人がいるところで呼び出すんだもん。

23. ~つき

・おやじがやっと折れたんだよ。ただし、条件つきだけどね。

24. ~しだい

・いつ、いつ行くの？　—　パスポートがとれしだい。

25. ~ものだから

・聖司君からこのお人形がおじいさんの宝物だとうかがった**ものですから**。

26. ~とも

・それでわざわざか。いいです**とも**。ただし、条件がひとつある。

27. ~くさい

・歳をとると説教**くさく**ていかんな。

28. ~こむ

・考え**こん**でただけよ。書きたいことがありすぎてまとまらないんだ。

29. ~ったら(⇒~たら)

・だって、お父さん、しずく**ったら**ひどいのよ。

30. ~(た)ところ

・母さんもここへ来てくれないか。しずくのこと汐から聞いた**とこ**なんだ。

31. ~てもらうたい

・お父さん、ああ言ってるけど、本当は勉強し**てもらいたい**と思ってるんだからね。

32. ~(た)ばかり

・しずくさんのきり出した**ばかり**の原石をしっかり見せてもらいました。

33. ~あげる

・その石はあなたにふさわしい。さしあげます。しっかり自分の物語を書き**あげ**て下さい。

34. ~てくる

・わあ、明るくなって**き**たな。

35. ~わけにはいかない

・俺、いますぐって**わけにはいかない**けど、俺と結婚してくれないか。

일본의 애니메이션 3 - 우정, 노력 그리고 승리

오늘날 일본의 텔레비전 애니메이션 작품들 중에서 성공작으로 손꼽히는 것들은 거의 대부분 만화영화를 원작으로 하고 있다. 특히 1968년에 창간되어 주로 소년만화를 다루어온 『주간 소년점프(週刊少年ジャンプ)』에 연재된 만화들 중 텔레비전 애니메이션으로 제작 방영되어 크게 성공을 거둔 사례가 다수 존재한다. 이들 작품들에서 찾아볼 수 있는 공통점은 원작이 게재된 『주간 소년점프』의 3대원칙으로 일컬어지는 「우정」, 「노력」, 그리고 「승리」라는 키워드이다. 1979년부터 연재되기 시작하여 1983년에 애니메이션으로 제작 방영된 프로 레슬링을 소재로 한 『근육맨(キン肉マン)』은 주인공이 각국을 대표하는 프로 레슬링 선수들과 시합을 통해 우정을 키워나가며 악의 무리들과 싸워나가는 이야기이다. 1983년부터 연재되기 시작하여 다음해부터 애니메이션으로 제작 방영된 『북두의 권(北斗の拳)』은 핵전쟁이후 도래한 약육강식 시대의 지구를 배경으로 북두신권의 계승자인 주인공이 친구들과 함께 라이벌을 물리치는 이야기이다. 또한 1984년부터 연재되어 1986년부터 애니메이션으로 방영되기 시작한 『드래곤 볼(ドラゴンボール)』같은 작품은 앞서 언급한 3원칙을 그야말로 충실히 반영한 작품이라 할 수 있다. 원하는 소원은 무엇이든 들어주는 전설의 드래곤 볼을 찾아 주인공이 친구들과 여행을 떠나는 것으로 시작하는 이 작품은, 이후 전 세계의 강적들과 경합하며 치열한 전투를 펼치게 되고, 수차례의 위기를 극복하며 한때는 라이벌이었던 등장인물들과 우정을 쌓아, 새로이 나타나는 더욱 강한 적을 상대로 함께 싸워나가는 이야기가 그려진다. 약 10년이란 긴 세월동안 연재되면서 4번에 걸쳐 애니메이션화 된 『드래곤 볼』시리즈는 이후 등장하는 비슷한 컨셉의 작품들, 예를 들면 친구들과 함께 강적들을 물리치며 해적왕을 꿈꾸는 주인공의 활약상을 그린 『원피스(ONE PIECE)』나, 최고의 닌자(忍者)가 되기 위해 노력하는 주인공과 친구들의 우정과 배신, 그리고 적들과의 화려한 전투 장면이 펼쳐지는 『나루토(NARUTO-ナルト-)』 등에 많은 영향을 주었다.

일본 TV애니메이션 역대 시청률 순위			
시청률	제목	방송일시	방송국
40.3%	철완 아톰(鉄腕アトム)	1964.01.25	후지테레비
39.9%	치비마루코짱(ちびまる子ちゃん)	1990.10.28	후지테레비
39.4%	사자에상(サザエさん)	1979.09.16	후지테레비
36.9%	닥터 슬럼프(Dr.スランプ アラレちゃん)	1981.12.16	후지테레비
36.7%	귀신 큐타로(オバケのQ太郎)	1966.04.24	TBS
36.7%	거인의 별(巨人の星)	1970.01.10	니혼테레비
35.6%	파맨(パーマン)	1967.04.09	TBS
34.5%	근성 개구리(ど根性ガエル)	1979.02.23	니혼테레비
33.6%	만화 일본 옛날이야기(まんが日本昔ばなし)	1981.01.10	TBS
32.5%	루팡3세(ルパン三世)	1978.12.08	니혼테레비
31.9%	타이거 마스크(タイガーマスク)	1970.03.19	니혼테레비
31.9%	터치(タッチ)	1985.12.22	후지테레비
31.8%	헤리스의 회오리바람(ハリスの旋風)	1967.04.20	후지테레비
31.6%	내일의 조(あしたのジョー)	1980.03.13	니혼테레비
31.2%	도라에몽(ドラえもん)	1983.02.11	테레비아사히
30.4%	마징가 Z(マジンガーZ)	1974.03.17	후지테레비
30.1%	플란다스의 개(フランダースの犬)	1975.12.28	후지테레비
29.6%	게게게의 기타로(ゲゲゲの鬼太郎)	1986.03.22	후지테레비
29.5%	드래곤 볼(ドラゴンボール)	1987.01.21	후지테레비
28.4%	얏타맨(タイムボカンシリーズ• ヤッターマン)	1980.02.19	후지테레비

4. 센과 치히로의 행방불명 千と千尋の神隠し

작품소개

『센과 치히로의 행방불명(원제 『千と千尋の神隠し』)』는 스튜디오 지브리의 장편 애니메이션이자, 미야자키 하야오(宮崎駿) 감독 작품으로 2001년 7월에 일본에서 개봉하였다. 또한 우리나라에서도 2002년 6월에 개봉되었다. 2002년 베를린 국제 영화제 금곰상, 2002년 전미 비평가협회상 장편 애니메이션 작품상, 2003년 아카데미상 장편 애니메이션 작품상 등 화려한 수상경력을 자랑한다.

줄거리

평범한 11살 소녀 오기노 치히로(荻野千尋)는 부모님과 함께 이사를 가던 도중 길을 잃게 되고 이상한 터널을 발견하게 된다. 부모님을 따라 터널로 들어간 치히로는 넓은 초원과 오래된 건물들이 늘어선 곳에 다다르게 된다. 치히로가 여기저기를 돌아보는 사이 주인 없는 음식을 훔쳐 먹고 돼지로 변한 어머니와 아버지, 겁에 질려 당황하는 치히로 앞에 하쿠(ハク)라는 이름의 소년이 나타난다. 치히로는 부모님을 구해 함께 원래 세상으로 돌아갈 결심을 하고 하쿠의 도움을 받아 그 곳 마을에 머물게 된다. 온갖 신들이 쉬어가는 온천장의 주인 마녀 유바바(湯婆婆)는 일을 시켜주는 대신 치히로의 인간 이름을 빼앗고 센(千)이라는 새 이름을 붙여준다. 센이 된 치히로는 보일러실을 총괄하는 가마지이(釜爺)와 린(リン) 그리고 유바바의 오른팔인 하쿠의 보살핌을 받으며 그 곳 생활에 적응하기 시작한다. 어느 날 하쿠는 제니바(銭婆)의 도장을 훔쳐오라는 유바바의 명령을 따르다 깊은 상처를 입고 목숨을 잃을 위기에 처한다. 치히로는 가마지이의 도움으로 생과 사의 갈림길을 운행하는 죽음의 열차에 올라타, 지금껏 자신을 돌봐준 하쿠를 구하기 위해 제니바에게 향한다. 정신을 차린 하쿠는 자신을 위해 위험한 길을 떠난 치히로

를 데리러가게 되고, 치히로와 돼지가 된 치히로의 부모님을 인간 세계로 돌려보낸다는 약속을 유바바에게 받아낸다. 제니바에게 하쿠를 대신해 용서를 구한 치히로는 하쿠와 함께 부모님이 있는 곳으로 돌아온다. 원래 세상으로 무사히 돌아온 치히로는 다시 사람 모습으로 돌아온 부모님과 재회한다.

등장인물

오기노 치히로(荻野千尋) / 센(千) : 초등학교 4학년의 평범한 소녀

하쿠(ハク) : 유바바의 오른팔, 치히로를 원래의 세상으로 돌아갈 수 있도록 도와주는 소년

유바바(湯婆婆) : 치히로의 이름을 빼앗은 온천장의 마녀 주인

제니바(銭婆) : 유바바의 언니

가마지이(釜爺) : 온천장의 보일러를 담당하는 할아버지

린(リン) : 치히로가 온천장에서 일할 때 도와주는 선배

가오나시(カオナシ) : 치히로가 온천장에 잘못 들인 손님

중요어휘

案外 : 의외
残骸 : 잔해
バブル(経済) : 거품경제
風鳴り : 바람소리
所用 : 용건, 볼일
誤魔化す : 속이다, 거짓으로 꾸미다
くぐり戸 : 쪽문
粘る : 끈덕지게 버티다, 달라붙다
手が足りる : 일손이 충분하다
すす : 그을음, 검댕
イモリ : 도롱뇽
きょろきょろ : 두리번두리번
ひょろひょろ : 비슬비슬
食い散らす : 주변을 어지럽히며 먹다
報い : 응보, 보답
甘ったれ : 응석꾸러기
ぐずぐず : 우물쭈물
贅沢 : 사치, 호강
無駄口 : 쓸데없는 말
焼こうが煮ようが : 굽던 삶던
とろい : (속어) 멍청하다
手先 : 앞잡이, 부하
骨身を惜しまず : 몸을 아끼지 않고
見くびる : 깔보다, 업신여기다
硫黄 : 유황
四の五の言う : 이러쿵저러쿵 둘러대다
かっぱらう : 날치기하다
前金 : 선금
気前が良い : 째째하지 않고 후하다, 씀씀이가 좋다
めっそうもない : 당치도 않다, 터무니없다
油断 : 방심, 부주의
性悪 : 성질이 고약한
八つ裂き : 갈가리 찢음
紡ぐ : 실을 뽑다
掟 : 규칙, 관례

중요문형

1. **~もの**
   - おかあさん、お花しおれてっちゃった。　―　あなた、ずっと握りしめてるんだ**もの**。

2. **まだ**
   - ええっ、**まだ**行くの。お父さん、もう帰ろうよう。

3. **みるからに**
   - **見るからに**グズで、甘ったれで、泣き虫で、頭の悪い小娘に、仕事なんかあるもんかね。

4. **~ようが**
   - それで使い物にならなければ、焼**こうが**煮**ようが**好きにするがいい。

5. **~かける**
   - 私、もう取られ**かけてた**。千になり**かけてた**もん。

6. **~っぱなし**
   - 昔はもどりの電車があったんだが、近頃は行き**っぱなし**だ。

7. **なにも~ない**
   - **なにも**そんなに暴れ**なく**ても、千は来ますよ。

8. **~つもり**
   - 性悪女め、それであたしに勝った**つもり**かい。

9. **~かなにか**
   - でも、あの、ヒント**か何か**もらえませんか？

지브리 미술관

V. 중요 표현 문형 정리

도리이-1

도리이-2

V 중요 표현 문형 정리

각 작품의 예는 아래와 같은 약자로 표시했으며 약자 옆의 숫자는 횟수를 나타낸다.

D : 도어 투 도어
日 : 일본인이 모르는 일본어
C : 체인지
ド : 드래곤 사쿠라
ハ : 파견의 품격
喰 : 식탐정
四 : 4월 이야기
お : 오쿠리비토
告 : 고백
世 : 세상의 중심에서 사랑을 외치다
S : 쉘 위 댄스?
秒 : 초속 5센티미터
時 : 시간을 달리는 소녀
耳 : 귀를 기울이면
千 : 센과 치히로의 행방불명

あ

あえて

남의 반감을 사거나 위험한 일일 수도 있지만 자신은 그렇게 하고 싶다, 그렇게 해야 한다는 의미를 나타낸다. 자신의 의견을 강하게 제시하거나 자신의 생각을 명확히 내세우는 경우에 사용한다.

ただ問題を解くだけじゃなく、**あえて**違う立場に立つことで人は客観的になることが出来る。（ド3）

- 世界観の説明はあえてしません。
- 実家が通学圏内にあってもあえて一人暮らしをさせる。
- あえて常識外の戦略をとることで、ライバルとの差別化を果たしている中小企業がある。

~あげく

「명사+のあげく」「동사タ形+あげく」의 형태로, 앞에서 서술한 상태가 계속된 후에 생긴 결말을 표현할 때 쓰인다. 그 계속되는 상태가 정신적으로 꽤 부담이었음을 나타내는 경우가 많다.

パクられた**挙げ句**ブタ箱に1泊か。（日12）

・あの日、社長とけんかしたあげくに、会社をやめた。
・事情を二時間かけて説明したあげく、納得してもらえなかった。
・さんざん迷ったあげく、何も買わないの？

あげくのはてに(は)

어떤 상태(안 좋은 상태일 경우가 많다)가 지속되다가 그것에 한계가 왔을 때 그 결과로서 일어난 것에 대해 표현할 때 쓰인다.

しかも納豆の温度がどうとか魯山人がどうとか**挙句の果てに**納豆は糸を食べるって。（日7）

・二つ聞く人は三つも四つも聞いて、あげくのはてに、ほかの人にも聞きに行きます。
・最近、通話も途切れ途切れであげくのはてに繋がらなくなり、すぐに留守番電話サービスに転送されてしまう。
・禁煙のはずなのに煙草吸い、あげくのはてには、ポイ捨て。

~あげる

① 동사의 연용형에 붙어서 그 행위를 완전히 마지막까지 달성했음을 나타낸다.

磨き**上げられた**白木。（喰1）

・あの本は面白くて一日で読み上げた。
・この環境があの意志の固い人格を作り上げたのだ。
・とにかく一度全体を書き上げてから、それを修正していく。

② 대상을 위쪽으로 이동시키는 동작임을 나타낸다.

・彼は重い荷物を軽々と持ち上げた。
・沈没船を引き上げた。
・麺をゆでた鍋から直接ひっぱり上げて食べることから「ひっぱりうどん」と呼ばれている。

~あたり

앞에 수량을 나타내는 말이 붙어 그 수를 단위로 함을 나타낸다.

一個**当たり**千円です。（ハ8）

・市民1人当たりの支援額が決まりました。
・たばこ1箱あたり、いくら税金がかかっているのですか。

・日本より1時間当たりの駐車料金がダントツに高い地域がある。その地域とはオーストラレーシア（オーストラリアやニュージーランド、近くの島々の全体を指す）だ。

~あってのこと

「AはBあってのこと」의 형태로 A가 B라는 조건에 의해 정해짐을 나타낸다. 필요한 조건을 강조하는 표현이다.

踊る相手が夫以外の男だと今度は下心が**あってのこと**だと思われてしまうからやっぱり恥ずかしいことだ。 (S)

総理にだってね、何か事情が**あってのこと**だと思うんです。 (C9)

・何事も、命あってのことだから、命の危険にかかわることは避けるべきだ。
・今日の私があるのも、二十数年前に私を産んでくれた両親あっての事です。
・これもひとえに皆々様のご支援、ご協力あってのことと心より感謝しております。

~あてのない

어떤 일이 행해질 가망이 없음을 나타낸다.

ずっとここに籠もって、来る**あてのない**依頼の電話を待ってるか、私たちの食事を作るかですからね。 (喰7)

・使うあてのないものを作ってどうするの。
・売れるあてのない米を育てている。
・借金の注意点というのは、まず、返済のあてがない場合には借りないようにするというのが挙げられます。

cf) 大学生の頃、行くあてのないドライブが好きでした。

あと+수량사

수량표현과 함께 쓰여 지금 상태에 일정의 수량이 더해짐을 나타내는데, 그 수량이 더해짐으로 인해 어떤 일이 성립되기 위한 조건이 갖추어 짐을 나타내는 경우에 쓰인다.

判りました。コロッケ**あと**三つ下さい。 (喰6)

・試験まであと二か月になりました。
・あなたが成功するのにあと一つ足りないものを診断します。
・気がつけば、あと一年で十周年だ。

~あまり

정도가 과하게 일어난 일을 표현할 때 쓰인다. 뒤에는 그 결과 안 좋은 일이 일어났음을 나타내는 표현이 이어진다.

ただお客さんを思いやる**あまり**そうなっちゃったんだと思う。（日2）

- その会社では働きすぎたあまり、病気で倒れる社員が増えている。
- 彼女は悲しみのあまり湖に身を投げた。
- 恥をかかないようにと心配するあまり、かえって社会生活に支障をきたすようになることがある。
- 美味しいあまり、早く食べると頭キーンってなるので、気をつけて下さい。

~ありだ

현존하는 것, 있을 수 있는 것임을 나타낸다.

一応様子を見るっていうのも、**ありです**かね。（ド1）

- 朝食にカレーライスはありですか？ — ありです。毎日でもありです。
- 職場で下駄ってありですか？
- チャーミングなホテルですが、改善の余地ありです。
- 英会話を始めるなら、0歳からもありです。
- 晩婚ってありだと思いますか、なしだと思いますか？

~あるのみだ

명사에 접속하여, 해야 할 것은 그것뿐이라는 의미를 나타낸다.

なら、チャレンジ**あるのみです**。（ド1）

- ここまで来たからには前進あるのみだ。
- こうした戦略が出来ているので、あとは実践あるのみだ。
- 直前になって後悔しないよう、とにかく努力あるのみだと思います。

いかにも

문장 앞에 놓아 화자가 느끼는 어떤 사실을 강조하는 표현이다.「本当に」「まるで」와 유사하다.

いかにも、生徒のこと考えてます、みたいな面しちゃってさ。（ド4）

- なんかいかにも日本人がやりそうなことだなあって思った。

・いかにも彼らしい言い方であった。
・いかにもオタクという風貌だった。

いくらなんでも

어떠한 사정과 이유가 있을지라도 일단 정도가 심함을 비난하는 어조로 나타내는 표현이다. 「~すぎる」라는 표현과 자주 쓰인다.

いくら何でも言い過ぎだろう？　（ド6）

・いくらなんでも母親を殴るなんて常識はずれにも程があるだろう。
・いくらなんでもそれはない。
・投票率43%は、いくらなんでも恥ずかしい。

いくらも~ない

정도가 많음을 나타내는 「いくらも」에 부정표현이 이어져 어떤 것이 거의 없음을 나타낸다.

昼食代と交通費引いたら、**いくらも残らない**だろうから。（ハ1）

・あなたが親と過ごせる時間は、もういくらもない。
・三つのバス停はお互いにいくらも離れていないので、あまり気にすることはない。
・新しいモデルの発売からいくらも経たないうちに半値以下になった。
・本当に好きな人って人生の中で何人もいないですよね。

いっこうに~ない

부정의 의미를 강조하는 표현이다. 어떤 일이 일어나기를 기대하지만 전혀 일어날 징조가 보이지 않음에 대한 불만 등을 나타낸다.

借金の金利を返すだけで精一杯。元金は**一向に**減りゃし**ない**。（ド2）

・ニキビが一向に治らない。
・猫は一向に部屋から出ようとしない。
・話が一向に進まない。

いちがいに~ない

다른 조건이나 상황을 고려할 필요가 있음을 암시하는 경우에 쓰인다. 뒤에는 가능성을 부정하는 표현이 이어진다.

一概にそういうことでは**なく**。 (日9)

- これだけで一概に判断出来ない。
- おしゃれは一概に定義をすることはできません。
- 他にも様々な異説があり、現在どれが正解かは一概に言えない状況にある。

いちりある

상대의 말이나 생각이 어느 정도 이치에 맞음을 인정하는 경우에 쓰인다.

確かに大前さんの言うことも**一理ある**かも。 (ハ5)

- 確かにそれは一理あるよね。
- 送電塔工事反対には一理あると考えている。
- 総裁の主張にも一理ある。
- 多くの努力が大事ってのも一理あるんですけど。

いつになったら

앞으로 일어나기를 원하는 일이 언제 일어날지 전망이 불투명할 때 쓰인다.

いつになったら結婚するのかも聞いといてね。 (時)

- いつになったら勝ち組になれるの。
- いつになったら立ち直れるのでしょう。
- 大気汚染はいつになったら解決するのだろうか。

~いっぱい

계속되어 온 어떤 일의 만료일을 나타낸다. 이에 비해 「~まつ(末)」는 단순히 마지막 날만을 가리킨다.

今月**いっぱい**でここ辞める。 (D)

- 三月いっぱいで閉店します。
- この政策は今年いっぱいで終了です。
- 来年いっぱいで完全禁止される。

cf) 平成十七年十月から世帯数は三月末現在のみの公表となります。

いまにして

「今になって」라는 의미로 「思えば」「みれば」등의 표현과 같이 쓰인다.

でも**今にして**思えば、私は東京のあの蒸し暑い夏も好きでした。（秒）

- 今にしてみれば、なんて事ないけど。
- 今にして分かる彼らのすごさ！
- 今にして思えば奇跡のような出来事だった。

いままででいちばん

과거부터 현재까지 중에서 어떤 일이 최고임을 말할 때 쓰인다.

あいつ、**今までで一番**きれいでした。（お）

- 今までで一番大きな買い物は？
- イギリスで今までで一番売れてるおもちゃトップ10です。
- 今までで一番多く食べたお菓子は何ですか？
- 今月は今までで一番売上がいいです。

~(た)うえで

뒤에 행해지는 행동이 먼저 행해진 행위에 근거하고 있음을 나타낼 때 쓰인다.

国会議員とは、国民、みなさんの為に奉仕することを約束した**上で**、選挙で国民のみなさんに選んでもらった人たちです。（C3）

- よく考えた上で決めたほうがいい。
- 会員規約をよくお読みいただいたうえで、ご利用ください。
- 検討が十分になされた上で、導入されることとなった。

~(る)うえで

어떤 일을 하는 경우에 일어날 문제점이나 주의할 점 등을 표현할 때 쓰인다.

客観性とは勉強する**上で**最も大切なことだ。（ド3）

- 仕事をする上での心構えには何があるでしょうか。
- 東京で生活する上での心得が沢山あります。
- 医薬品を使う上での新たな注意事項です。

~うえに

어떤 상황에 그 이상의 상황이 겹치는 것을 의미한다.

そして湾岸戦争で一人敵陣地に乗り込み、味方の捕虜二十人を救出した**上に**、軍事施設を全て破壊して帰って来たそうだ。 (C5)

- 道に迷ったうえに雨に降られた。
- この製品は改良された上に安くなった。
- オシャレなうえに、片づけ上手に見せてくれるキッチングッズです。

~うけがいい

앞에 어떤 대상이 와서 그 대상에게 인기가 있다, 반응이 좋다는 의미를 나타낸다.

やっぱり女性**受けがいい**んですよ。狙い通りです。 (C1)

- 外国でも日本でも、こちらの方が男性受けが良いですよ。
- 恋人受けがいいインテリアですね。
- 新入社員受けがいい作品です。

うりにする

사람이나 물건 등을 판매하는 데 있어서 포인트가 되는 것을 나타낼 때 쓰인다.

たとえば愛想が良くて、なんでも気軽に頼めちゃうみたいな、そういった癒し系のキャラを自分の**売りにする**んです。 (ハ2)

- 低価格の結婚式を売りにしている結婚式場もあり、注目されています。
- 失敗談を売りにする作文の書き方をご紹介します。「あなたの人間らしさと成長した姿」を伝えることができる作文の書き方です。
- 取扱物件の歴史を深く掘り下げて、付帯情報を売りにしようと試みる不動産業者が米国で増えている。

~おもいをする

감정이나 감각을 나타내는 イ형용사나 ナ형용사에 붙어 「~く思う」라는 의미로 쓰인다.

目の前に美味しそうな寿司があるのに食べられないんですよ。あんな辛い**思いをした**のは生まれて初めてです。 (喰8)

- 成功者は痛い思いをするのが好きだ。

・ 怖い思いをさせてすみません。
・ 辛い思いをして会社にしがみつくくらいなら、会社を辞めればいいのに。

か

의문사+か

의문사에 붙어 구체적으로 확실히 모른다, 정해져 있지 않다는 의미를 나타낸다.
ですから一番近い肌色を何色**か**のファンデーションで作っていきます。 (D)

・ どこか行きたいところはありますか。
・ 何かご意見がございましたらお話ください。
・ いつか大人になると分かるでしょう。

~かえり

「買い物帰り」「散歩帰り」「プール帰り」등과 같이 명사 뒤에 붙거나, 동사 タ형에 붙어 어떤 일을 마치고 돌아오는 길이라는 의미를 나타낸다. 명사 뒤에서는「~がえり」로 발음한다.
三人で野球を見に行った**帰り**だという。でもね、田中さんたら野球の試合中ずっとうんちく喋ってるの。（ド2)

・ 仕事帰りにジム通いを始めようか検討中です。
・ 学校帰りの寄り道って、いつの時代も一つの大きな楽しみだった記憶があります。
・ 銀行でお金を下ろした帰りに殴られて奪われた。
・ 彼女をわざわざ車で送ってあげた帰りに事故った。

~かかる

동사의 연용형에 붙어 그 동사의 상황이 거의 다 이루어져 가고 있음을 나타낸다.
ビニールテープの剥がれ**かかった**窓に舞のうっすら汗をかいた美しい顔が映った。(S)

・ 壁の写真が落ちかかっている。
・ 暮れかかる秋空を眺めていた。
・ 人参、韓国では死にかかる人も救えると言われている。

수량사+がかり

수량을 나타내는 말에 붙어, 어떤 동작을 하기 위해 그 만큼이 필요했다는 의미를 나타낸다. 노력을 필요로 하는 동작일 경우가 많다.

三年**がかり**でさ、月島が弁当忘れた日にできたんだよ。（耳）

- かつて一日がかりだった白髪染めも、今ではたったの五分で染められるようになりました。
- 八年がかりで作っていたものがついに完成しました。
- 重さ約三百キロのライオン像に三人がかりでコートを着せた。
- 一本のギターを五人がかりで演奏している。

~かぎり

시간, 횟수를 나타내는 명사에 붙어 한도를 나타낸다. 공간의 경우에는 「この場」「その場」「あの場」에서만 쓰인다.

まあ、とにかく、今日**限り**でこの仕事辞めます。（D）

- 人生は一回限りだから大事だ。
- 彼らはなぜその場限りのうそをつくのか。
- 本日限りで最大50%オフセールを実施しています。

~かける

동사의 연용형에 붙어 움직임을 시작했거나 아직 도중임을 나타낸다. 또한 동작이 거의 실현될 뻔했음을 나타내기도 한다.

私、もう取られ**かけてた**。千になり**かけてた**もん。（千）

- その出来事は忘れかけたことを思い出させてくれた。
- 死にかけていた犬が奇跡的に命を取り戻した。
- 作りかけのデータが消えてしまった。

~がち

「遠慮がち」「病気がち」등 명사에 붙어 그런 경향이 짙다, 그런 성질을 가지고 있다는 의미를 나타낸다. 동사에 붙는 경우에는 의도하지 않은 행동을 하게 되는 경향이 있음을 나타낸다. 마이너스로 평가되는 동작일 경우에 쓰인다.

ベテランは経験豊富でも、政界にどっぷりつかって国民のことがわからなくなり**がち**なんだよ。（C3）

- 謙虚と遠慮がちの境目がたまにわからなくなる。
- 返事が遅れがちなのは真剣に考えている。
- 若いうちは「時間は無限にある」と思いがちだ。
- 私たちは、不都合なことがあると、その原因を自分以外のものに求めてしまいがちです。

~かつ

어떤 사실에 다른 사실이 더해지는 것을 나타낸다.

答えは非常に簡単**かつ**明快だ。（ド2）

- 仕事は大胆かつ繊細に、繊細かつ大胆にやりなさい。
- きっと、思いがけない発見に驚き、かつ知的好奇心が刺激されて、心はワクワクすることでしょう。
- わたしは喜びかつ楽しみ、あなたの名をほめ歌います。

~かとおもったら

화자가 생각한 것과 다른 결과가 뒤에 이어질 때 쓰인다. 뒤에는 의외의 사실이나 놀람을 나타내는 표현이 이어지는 경우가 많다.「~かと思うと」「~かと思えば」와 같은 형태로도 쓰인다.

何を言い出す**かと思ったら**バカバカしい！（喰3）

- ただの風邪かと思ったら、結核だった。
- 失踪した父が、二年後に帰ってきたかと思ったら、原因不明の突然死だなんて。
- 泥棒かと思ったら隣のおじさんだった。

~かなにか

명사나 동사에 붙어 그것이 확실하지 않음을 나타낼 때 쓰인다.

でも、あの、ヒント**か何か**もらえませんか？（千）

- その粉は小麦粉か何かです。
- 私はあの時友達と野球か何かして遊んでいた。
- 昔、ぶつけたか何かで爪は完全に剥がれて肉が見えてたと思います。

かならずしも~ない

일반적으로 생각할 수 있는 논리가 반드시 들어맞는 것은 아니라는 의미를 나타낸다.

やりたいことと出来ることは**必ずしも**別じゃ**ない**。 (D)

- 金持ちが必ずしも幸せだとは限らない。
- 必ずしもそれに合わせる必要はないかと思います。
- 創造は必ずしもいいものをもたらさない。

~かねない

좋지 않은 결과가 일어날지도 모른다는 의미를 나타낸다.

俺、前、人事にいた頃にさ、派遣がこっそり、お茶に雑巾の絞り汁入れてるのを見て凍りついたことがある。あの女もやり**かねない**ぞ。 (ハ2)

- 明日、もし雨なら競技は中止になりかねない。
- 今すぐ点検しないと事故になりかねない。
- わきみ運転を癖にしていると、重大な事故を起こしかねません。

~かのように

실제로는 그렇지 않은데 그런 것처럼 행동하거나 느끼거나 하는 모양을 나타낸다.

私は出前用の車で山下さんの死体を運び、そこが現場である**かのように**細工しました。 (喰1)

- 自分の部屋に居るかのようにリラックスできる空間だ。
- 彼は何もなかったかのように笑っていた。
- まるで会員であるかのように襲って近寄ってくる。

~かぶれ

명사 뒤에 붙어 영향을 받아 물이 들었다는 의미를 나타낸다.

外国人**かぶれ**のような身なりをして。 (日8)

- 日本かぶれのドイツ人がいる。
- 海外かぶれの人間って根無し草みたい。
- アメリカかぶれの日本人が嫌い。

~からこそ

어떤 상황이 일어나는 이유나 원인을 강조하여 나타냄으로 그 이유가 핵심적임을 부가시킨다.

この合宿はよ、東大模試の後にやる**からこそ**意味があるんだ。（ド8）

- 楽しいからこそ仕事ができる。
- 障害者だからこそできることがある。
- 大切だからこそ悩む。

~からして

판단의 근거를 나타내거나, 대표적인 예를 제시하여 다른 것은 말할 것도 없다는 의미를 나타낸다.

この魚、何だと思う？見た事ないなあ。でも、描写**からして**かなりでかい。（日1）

- 名前からして男だと思う。
- あのしぐさからしてゲイに違いない。
- 自分とはまったく関係ないと考えていることからしておかしいと思う。
- 言うことからして生意気だ。
- 社長からしてやる気がない。

~からといって

단지 그것만이 이유가 되지는 못한다는 의미를 나타낸다. 뒤에는 부정적인 표현이 이어진다.「からって」라고도 한다.

受かった**からといって**、明るい未来があるわけでもない。（ハ9）

- 日本の歴史を考えても、戦争に負けたからといって、天皇制を廃止するわけにはいかなかったでしょう。
- いくら首相が言ったからといって、その通りに決まりますというわけにはいかない。
- 金融緩和を行ったからといって必ずしも資本が海外に流出するとは限らない。

~からには

어느 상황에 놓인 이상은 마지막까지 하겠다는 결심이나 희망을 나타낼 때 쓰인다.
やる**からには**、当選しなきゃ。子どもたちも応援してくれているんでしょう？（C1）

・頼まれたからには、いい仕事をしたくなる。
・もう少し遊びたかったけど、決めたからには覚悟して働きます。
・父と同じマウンドに立って、出るからには優勝したい。

~がらみ

명사에 붙어 그것과 밀접하게 관련되어 있음을 나타낸다. 주로 마이너스 의미로 사용되어 뒤에는 부정적인 표현이 이어지는 경우가 많다.
あの、美山さんって、恋愛**絡み**に異常な警戒心持ってません？（C6）

・その後はオプション絡みで、もみあう展開になった。
・これまでの失点は失策絡みが多い。
・ベトナムの交通事故は約八割がバイク絡みと言われている。

かりにも

① 임시적이라도, 일시적이라도, 적어도 라는 의미를 나타낸다.「かりそめにも」「かりにもせよ」라고도 한다.

仮にもわが国の総理大臣ですよ。（C6）

・仮にも人の上に立つ人間なら、潔い所を見せていただきたい。
・仮にも為す価値があるものならば何でも良く為す価値がある。
・仮にも世界遺産とよばれる町にこれだけの駐車スペースで足りるのだろうか？

② 금지나 부정 표현이 이어지는 경우에는 강한 금지, 강한 부정의 의미를 나타낸다.

・あの人はそんなことをしようとは仮にも思わない。

~き

상대의 행위를 통해 그 생각과 의지를 추측해서 비난조로 말할 때 쓰이며, 의문사「か」를 동반하는 경우가 많다.
待て待て。同じ過ちを繰り返す**気**か？（日6）

· 何時まで続ける気だ？
· 飯はまだか！ワシを殺す気か！
· TPPで国を売る気か。

~きがする

그러한 느낌이 든다는 의미를 나타낸다.

友人の小野田夏子に言わせると有名な大学らしい。でも武蔵野という響きは、なんか先輩らしい**気がした**。（四）

· 何かを忘れている気がする。
· 別れたのに別れてない気がするのはおかしいですか？
· 無駄な保険料を払っている気がする方へのアドバイスです。

~きり

명사에 붙어 그것뿐이라고 범위를 한정하는 데에 쓰인다. 동사의 연용형에 붙을 때에는 다른 것은 하지 않고 계속 그것만 한다는 의미를 나타낸다.

二人**きり**はまずいですよね。（C2）

· 市役所にも問い合わせたが、それっきりだ。
· 母は家出し、父は寝たきりの失業者。
· 監督、部長らによるつきっきりの指導の成果を見せた。

~きる

동사 연용형에 붙어 그 행위가 마지막까지 다 이루어졌음을, 또는 충분히 이루어졌음을 의미한다.

いや、現場の医師たちは本当に疲れ**きって**いるんですよ。（C6）

· 彼がチームのために戦う選手であることは分かりきっている。
· 我々はまだ最後まで道を歩みきっていない。ともに達成したい大きな目標を残している。
· 外見だけでなく心までキャラクターになりきっている方もいらっしゃいました。

~きれない

동사 연용형에 붙어 완전하지 못함을, 또는 충분하지 못함을 의미한다.

資格が多すぎて、スキルの欄に書き**きれなかった**ので、省略いたしました。
(ハ4)

- 一瞬、目を離してしまったことは、悔やんでも悔やみきれない。
- 司法書士を開業すると、借金を払いきれなくなった人が相次いで相談にきた。
- たくさんの人に支えてもらい、感謝してもしきれない。

~くさい

명사에 붙어 그 명사와 같은 모습이 풍김을 의미한다. 마이너스 평가에 쓰이는 경우가 많다.

確かにその仕草日本人**くさい**わね。 (日7)

- 学者くさい話をする。
- いんちきくさい占い師につかまり、手相を見てもらった。
- よくタレント候補が批判されていますが、嘘くさい政治家のほうが、よっぽど問題だと思う。

~くせして

「くせに」와 같은 의미이지만 좀 더 허물없는 사이에 쓰이는 경우가 많다.

なに、好きな**くせして**知らないの。ブラックプールでいい成績取って、これからだっていう時に別れちゃったのよ。 (S)

- こいつのこと何も知らないくせして何いってんだ！
- 若いくせして言うことは年寄りじみている。
- 彼は断れない性格のくせして愚痴ばかりいう。

くせで

버릇처럼 자기도 모르게 습관적으로 하는 행동을 표현할 때 쓰인다.

引っ越して来てからもつい**癖で**東京の分の天気予報まで見てしまいます。 (秒)

- 飲み会のとき盛り上がっていると癖で男女関係なく隣の人にボディタッチをしてしまいます。
- 癖で同じサイドにさげている人は多いですね。
- ぶつけた後に癖で舌出した結果です。

~くせに

앞의 내용으로 당연히 예상되는 것과 다른 상황이 뒤에 이어지는 경우에 쓰인다. 비난하는 감정을 나타내는 경우가 많다.

またすぐに来る**くせに**、なあ。（ハ7）

- 実家が酒屋のくせに、私も父も祖父も皆、下戸なんです。
- 話しかけると照れるくせに、行こうとするとついてくる。
- 最近の若者は将来への夢もなくフラフラしているくせに、ヘラヘラ楽しそうにしていてけしからん。

~くらいなら

앞에는 화자가 매우 싫어하는 사실을 언급하고, 뒤에는 그보다 차라리 낫다고 생각하는 내용이 이어진다.

出たくもない歓迎会に出て、したくもないお酌をさせられる**くらいなら**、クビにしていただいて結構です。いますぐ契約打ち切って下さいと、桐島部長にお伝え下さい。（ハ1）

- 途中でやめるくらいなら、初めからやらないほうがいい。
- 悩むくらいなら、今すぐ行動しろ。
- 親友を疑うくらいなら、騙された方が良い。

こういっちゃなんだが

어떤 표현을 하려고 할 때 그렇게 표현하는 것이 마음에 걸리기는 하지만 굳이 말하고자 할 때 사용된다.

こう言っちゃなんだが、そんなに悩むようなことじゃないんだよ。（秒）

- こう言っちゃなんだが、教え方が悪かったのだ。
- こう言っちゃなんだが、国家試験に受かっても、やっとそこが始まり。ゴールではないからね。
- こう言っちゃなんだが、私は自分のことを、かなり温厚でリベラルな人間だと思っている。

~ごし

명사에 붙어, 그 명사를 사이에 두고 어떤 일을 행하거나 어떤 일이 이루어짐을 뜻한다.

耳が痛くなるぐらい押し当てた受話器**越し**に明里が傷づくのが手に取るように分かった。（秒）

・窓越しの夜景を撮る。
・めがね越しに時計を見上げる。
・赤ちゃんをおんぶする時は、肩越しに赤ちゃんの顔が見えるくらい高い位置でおんぶしてください。

~こっちゃない（=ことではない）

「こっちゃ」는「ことでは」가 변화한 것이다. 격식 차린 장면에서는 쓰지 않는다.

まあ、いいや。あんたがどこでのたれ死のうが、そんなこと世間の誰も知った**こっちゃない**がな。（ド4）

・悪いけど、私の知ったこっちゃないわ。
・一頭も二頭も変わったこっちゃない三日間。
・見事に台風は温帯低気圧にかわり黙々とお仕事してました。なんてこっちゃなかったですね。

~こと

절에 붙어 동작이나 사건에 관련된 것을 나타내는 형식명사이다.

教壇に残された野菜が先生の作ったものだと気づけばすぐに判る**こと**です。（喰7）

・発表するほどのこともありません。
・子供の頃から歌うことが好きだった。
・海外出張の打ち合わせ中に、急に最新資料が必要になることがある。
・自分たちが本当にやりたいことを友人と真正面から語り、ぶつかり合ってほしい。

~(という) こと

절에 붙어 앞에서 말해지는 것을 사실로서 나타내는 경우에 쓰인다.

官僚といわれる人たちの中に、本当にこの国のことを考え、必死になって働いている人たちがいる**こと**を。どうか知って下さい。（C10）

・雇用が安定しないということが鬱の原因にもなるだろう。

· 良しあしはともかく、私たちはそういう世界を生きているということをもっと知る必要があります。
· いろんな人がいるから楽しいということを肌で感じてもらいたい。

~(の)ことだから

주로 사람을 나타내는 명사에 붙어 그 사람의 성질, 특징 등에 근거하면 그렇게 판단할 수 있다는 의미를 나타낸다.

東海林君の**ことだから**、きっと手柄上げて本社に戻ってくるわよ。（ハ10）

· スーパーマンのことだから、名前を呼べばきっと私たちを救いにやってきてくれるはず。
· あの人のことだから、どこでもそれなりにやってると思う。
· うそばかりついている彼女のことだから、おそらく離婚しないだろう。

~ことで

절 뒤에 붙어 원인을 나타낸다.

好きな英語の曲を何曲か丸暗記する**ことで**、相当の英語力が付きます。英語の歌を歌うことで、自然と英語の基本的な例文に触れることが出来ます。（ド6）

· 全体の色調を合わせることで、品のある盛りつけになりました。
· 自制力を鍛えることで、課題への取り組み方に応用することができます。
· 多様な視点をもつ人々が共に働くことで研究そのものが真に豊かになる。

cf) 新聞を読むことで一日がスタートするのです。

~ことに

감정을 나타내는 형용사나 동사에 붙어 화자의 감정을 표현한다.

うまいんだよなあ。困った**ことに**。（お）

· 明日と明後日はナゴヤドームコンサートですが、残念なことに僕は行くことができません。
· 東京に兄がふたり、弟がひとり、更に驚いたことに、所沢に姉と兄がいた。
· 面白いことに、この世の中は空気が読めるとか人の気持ちがわかることが有利に働くわけじゃない。

~ごとに

그때마다 빠짐없이 이루어지거나 행하는 것을 나타낸다.

それでも彼は時を刻む**ごとに**ああして現われて王女を待ち続けるんだ。（耳）

- 人には七年ごとに生まれ変わるチャンスが与えられている。
- 一雨ごとに寒くなる。
- 子供の病気は季節ごとに多発する病気、流行するウイルスが大体決まっています。
- ひまわりは日ごとに成長して写真のように大きくなりました。
- 部屋ごとに雰囲気を変えてみるのもよさそう。

~ことにする

① 사실과는 반대로 행동하거나 취급한다는 의미를 나타낸다.

受験のイライラのせいだと決め付け何も聞かなかった**ことにして**忘れる。（ド5）

- お前がやったことにして欲しい。
- 中退なのに高卒ということにして、受かってしまいました。
- 自分に都合の悪い出来事はなかったことにしてしまう人は多い。

② 미래의 행위에 대한 결정, 결의 등을 나타낸다.

- 家族も納得してくれたので、オーディションを受けることにしました。
- 短い自己紹介の場で長々と説明するのもどうかと思い、最近は控えることにしている。
- 一か月後にチームが団結しているかどうかを、僕の口から言うことにする。

~こともあろうに

취해진 행동 이외에 적당한 방법이 따로 있을 텐데 라는 곤란함을 표현한다.

こともあろうに、小笠原さんに暴行を働き、エレベーターに連れ込むところを目撃しました。（ハ5）

- 不正に気づいた刑事課員はこともあろうに、新たに虚偽調書を作って警部補がかかわった事実をもみ消した。
- だが、こともあろうに、この国難につけこんで、巨額の利益をあげた資本集団があった。
- こともあろうに、政党に反旗を翻して離党して出た人が、選挙に勝てばまた同じ政党に入る。これは政党政治じゃない。

~こむ

① 동사 연용형에 붙어 그 행위를 완전히, 철저히, 충분히 하다 라는 의미를 나타낸다.

私がね、ここの味に**惚れ込ん**でいるんですよ。 (ハ7)

- ボールペンをここまで使い込んだのは初めてかもしれない。
- 柔らかい布を使って磨きこむと、みるみるうちに、ピカピカ、ツルツルになります。
- 煮込んだ肉がかたかったのは、味をつける前に煮込む時間が足りなかったからだと思います。

② 안에 들어가거나, 안에 넣음을 뜻한다.

- 閉鎖的になりつつある街に、情報と情熱という新風を吹き込む。
- サラリーマンが山手線に飛び込む。

これをきに

어떤 사건에 관련해서 그것을 기회로 삼는다는 의미를 나타낸다.

これを期に、のし上がれるかもしれねえな。 (ド1)

- さらに、これを期に中国のマーケットにも進出します。
- これを期に、納税についての知識を深めていくと話した。
- これを期に、大きく生活パターンを見直すことも考えましょう。

こんどというこんど

계속 반복되어 온 어떤 일에 대해 이번이야말로 라는 뜻을 나타낸다.

今度という今度は本当にあなたに失望しました。 (ド5)

- 今度という今度は許せません。
- 今度という今度は、この手紙を警察に届けるつもりだって言ってやった。
- さすがに今度という今度は腹が立ち、さんざん上層部に文句を言いました。

さ

さいごのさいご

「最後・最期」를 강조하는 표현이다. 「今の今まで知らなかった」와 같이 지금임을 강조하는 「今の今」도 있다.

綺麗事を言ったつもりはないそうだ。**最後の最後**によ、お前らに一つだけ言っておく。（ド11）

- 最後の最後は、常にビックリさせたいという気持ちがある。
- 最後の最後まで繰り返して捜したいと話した。
- 最期の最期まで抗がん剤を続けた患者です。

~さいちゅうに

그 행위나 현상이 마침 진행되고 있는 중임을 의미한다.

出前の寿司を食べてる**最中に**殺されたんですよね。（喰1）

- 業務を進める最中に指示がある。
- 習っている最中には気づかなかった。
- 地元の自治会が開催していた運動会の最中にテントが倒れた。
- 高度経済成長の最中に開かれた一九六四年の東京五輪は、若者の活気にあふれた大会だった。

~さえ~ば

어떤 일이 실현되면 그것으로 충분하고 그 외의 일은 문제가 아니라는 의미를 나타낸다.

解体じゃないので、車が動き**さえ**すれ**ば**いいですから。（ハ8）

- 勉強を教えるだけならある程度の知識さえあれば、出来ないことはない。
- どんな人も自分の状況にあった方法さえわかれば誰でも簡単に実践できます。
- 生きてさえいれば、そのうちいいこともある。
- 本人が納得さえしていれば非難されるいわれはない。

~ざるをえない

그렇게 하는 것 이외에 다른 방법이 없음을 나타낸다. 「~するほかない」와 바꾸어 쓸 수 있다.

だからお前は、人より早く大人になら**ざるを得なかった**んだ。（ド9）

- 技術的なことは外部のコーチに頼らざるを得ない。
- 強まる日本の右傾化に衝撃を受け、憂慮せざるを得ない。
- その展開で使わざるを得なかったことも敗因だろう。

・エアコンを苦手にしていた人も、今夏の暑さではつけざるを得なかった。

~さわぎ

명사에 붙어 그 명사가 관련된 일로 인해 소동이 일어났을 경우에 쓰인다.

迷子**騒ぎ**でお昼ご飯食べそびれて、お腹が鳴りましたが、それが何か。（ハ5）

・健太の病院騒ぎで忘れてた。
・先程の京都駅の火事騒ぎは警報機の誤作動だったようです。
・今までたまっていたものが一気に噴き出し、その怒りのまま離婚騒ぎまで発展してしまいました。

cf) 病院が「医療従事者としてあるまじき行為」と謝罪する騒ぎになった。

さんこうまでに

참고를 위해 또는 참고가 될지도 모른다는 의미를 나타낸다.

参考までに伺いますけど、先輩はハケンと正社員の結婚、どう思います？（ハ4）

・ご参考までに、補足資料を添付します。
・私の個人的主観で書いていきますのであくまで参考までにお願いします。
・参考までに、2012年度の「お知らせ」と「更新履歴」はこちらです。

しいていえば

적당한 말이 생각나지 않지만 굳이 말하자면 이라는 뜻을 나타낸다.「強いて言うなら」도 많이 쓰인다.

強いて言えばですよ、これ。（ド5）

・強いて言えば、スタッフが感じよかったこと位しか、良いことはありません。
・あなたはしいて言えばどちらに似ていますか。
・このおばさんの困ったところは他人のミスは絶対に許さず、軽いミスをする度に怒鳴り込んできて説教してストレス発散をする。強いて言えば他人のミスが大好きな人です。
・私は特別な人間ではない。しいて言えば普通の人よりちょっと努力しただけだ。

~しだい

앞에 붙는 명사에 따라 여러 가지가 변하고 좌우됨을 나타낸다.

お前のサポート**しだい**だよ。（ド9）

- 夢を実現できるかどうかはあなた次第です！
- 信じる信じないは本人次第だから、どちらでもかまいません。
- どう受け止めるかは、相手次第だと思っている。
- こういう場合は、本人の希望次第だ。

~すじあいはない

납득할 만한 이유나 근거가 없다는 의미로 화자의 강한 불만을 나타낸다.

うるせえ。お前に説教される**筋合いはない**。（喰1）

- 反対される筋合いはない。
- それも著者の計算のうちならば、不満をいう筋合いはない。
- 遅刻したことは申し訳ないが、人格を否定されるまで言われる筋合いはない。
- 減額どうのこうの、増額どうのこうのということまで言われる筋合いはない。

~すむ

예상한 정도 이하나 범위 내에 해결됨을 의미한다.

でもその車にしたのは、エコを意識したわけじゃなく、単にガソリン代が安く**済む**から。（C1）

- 入院の期間が短く済むということは歓迎すべきことだと思っている。
- 大学と勤務先、自宅が至近距離にあり、時間的、体力的な負担が軽く済むので助かっています。
- 年金を前納すると支払う額が少なく済むというメリットがありますが、前納のデメリットはありますか？

~ずみ

동작을 나타내는 명사에 붙어 그 행동을 완료했음을 나타낸다.

四方捜し回ってようやく見つけた。理科実験室で。もう使用**済み**だったけどな。

(時)

・ 洗濯済みのものを洗濯機から出し忘れ、三日過ぎたら、臭くなった。どうすればいいの。
・ インターネットや電話でご予約済みの方は、コンビニでお支払い後すぐに乗車券をお受け取りいただけます。
・ ネットショップから支払い済み商品が届かない。

~すら

한 가지 예를 들어 그 예외 다른 것도 물론이라는 의미를 나타낸다. 「さえ」와 같은 의미이다.

でも、本人は気づいて**すら**いないのか。 (時)

・ ついに自分の名前すら漢字で書けなくなる。
・ 子供はもちろん大人ですら集中力を一時間たもつのは簡単なことではありません。
・ 電車の中は混んでいて携帯の操作はおろか身動きすらとれなかった。
・ そんなことは子供ですら知っている。

~(さ)せていただく

자기의 행위를 낮추어 표현할 때 쓰인다.

あと三週間、お時給の分はしっかり、働か**せていただきます**。 (ハ10)

・ どうあるべきかのお話もさせていただきたい。
・ 貴重な経験をさせていただき、うれしい気持ちでいっぱいです。
・ 食事をご一緒させていただいたり、相談に乗ってくださったりとても優しくしていただきました。

~そこねる(=そこなう)

동사의 연용형에 붙어 행위를 할 기회를 놓쳤다는 의미를 나타낸다.

迷子騒ぎでお昼ご飯食べ**損ねて**、お腹が鳴りましたが、それが何か。 (ハ5)

・ でもそのことに気づかず、出会いをつかみ損ねている人は多いと思います。
・ 僕らは毎日のように未知の他者と出会ったり、出会い損ねたりを繰り返している。
・ 早期退職手当の割増金をもらい損ねてしまう。

そのうえ

상황을 더 부가하여 자세하게 말할 때 사용한다. 「それに」로 바꾸어 쓸 수 있다.

お母さん病院で、私一人でお店やって。**その上**東大受験なんて出来ると思うの。（ド10）

- 姑の料理はすべて塩辛くて、そのうえ白いご飯にまで塩をかけて食べている。
- 安心と安全、そのうえ予想以上の快適さも叶えた満足な家です。
- 素材にこだわってそのうえ一工夫されている料理は、見た目もきれいでおいしかったです。

そのばしのぎ

나중 일은 생각하지 않고 그 자리만을 얼버무려 넘기려 하는 태도를 나타낸다.

その場しのぎで魚を釣ってやるよりも。（ド8）

- 男がその場しのぎでとっさについちゃう嘘四つをお届けします。
- やるべきことを後回しにして、その場しのぎを続けていると大きなツケを払うことになる。
- 問題点に気づいても、一時的なその場しのぎの対応では、いずれまた別の問題が発生し、同じことを繰り返して、根本的な問題解決になりません。

~そびれる

동사의 연용형에 붙어 시간이 맞지 않아 행동할 기회를 놓쳤다는 의미를 나타낸다.

寝坊して朝飯食い**そびれ**ちゃって。（ハ5）

- せっかく近くにいたのに、気になっていたお店に行きそびれてしまった！
- 私は自分のことに精いっぱいで、父親の死について話しそびれていた。
- 開花は少し遅めの予想だったので、お花見をしそびれた。

そもそも

어떤 것의 본질적인 면에 대한 의문을 나타내는 표현이다. 「いったい」와 유사하다.

そもそも僕みたいな人間が、政治家になったって。（C1）

- そもそも自衛隊だけで日本は守れないのだろうか。
- 電気ってそもそもどういうものなの？

・糖質コントロールを考える前に、そもそも糖質がどれくらい必要か？

~それとも

「Aそれとも B」「Aかそれとも Bか」와 같은 형태로, A와 B 어느 쪽인가를 나타내는 표현이다.

政権運営に自信がなくなったことにするか、**それとも**、病気になってもらうか。（C7）

・この意見に、君たちは賛成？それとも反対？
・年内かそれとも来年になるのかは不明だが。
・マスコミは意図的に間違いを流すのかそれとも誤解しているだけなのか。

それまでだ

「(~と／~ば／~たら／~なら)それまでだ」와 같은 문형으로 쓰이며, 앞에 명사나 ナ형용사가 오는 경우는 「なら」의 형태로 나타난다. 그것으로 끝임을 의미한다.

親の育て方が悪いと言われれば**それまでだ**が、もしお宅に入学させればこいつでも、本当に東大に入れるの？（ド9）

・体質といってしまえばそれまでだけど、実際、どこがどうちがうの？
・女も子供ができるとそれまでですね。
・せっかくの野外コンサートも雨天ならそれまでだ。
・いい車に乗っていても、事故をおこしてしまったらそれまでだ。

た

たかが

어떤 것에 대해 문제로 삼을 만큼 대단한 것이 아니라고 낮게 평가할 때 쓰인다.

たかが遠足でしょ。（日10）

・たかが電気のために国を滅ぼすなんて文明国の判断ではない。
・たかが犬1匹死んだくらいでいつまで引きずるつもりなの？
・ちゃんと挨拶しろという説教に触れるたびに、「たかが挨拶ぐらい、別にできなくてもいいんじゃない？」と感じます。

たかだか

수사나 정도를 나타내는 말 앞에 붙어 그 수나 정도를 넘지 못함을 나타낸다. 「せいぜい」와 비슷하다. 그 정도가 그다지 크지 않다는 느낌을 표현할 때 쓰인다.

たかだかのお茶でも、国民の税金を使っていることには変わりないんです。 (C)

- たかだか十円か十五円戻したのをいちいち言ってくるのは、筋としておかしい。
- たかだか三日間のためだけど、手がかかるのよ。
- たかだかチーズが、こんなに奥深く味わい深いものかと改めて思い知らされた。
- 馬券を買う予定の大金に比べれば、新幹線の代金などたかだかの額にはちがいなかった。

~だけ

① 그것 이외의 것은 없다는 한정의 의미를 나타낸다.

テストの結果が悪いのは神様関係ないですね。勉強すればいい**だけ**だよね。 (日10)

- 彼は自分のサラリーを手にしただけだ。それ以上ではない。
- クッキーを焼くだけの簡単なお仕事を紹介します。
- 世界に一つだけの味だ。

② 정도를 나타낸다.

それ**だけ**日本語がしゃべれたら十分だよ。 (日11)

- 作業が予定よりどれだけ遅れているか、逆にどれだけの余裕があるかを意識することだという。
- 頑張れるだけ頑張ってみよう。
- 話したいだけ話したら気持ちがすっきりしてきた。

ただでさえ

보통 때도 그러한데 보통이 아닌 상황에는 더 그렇다는 것을 말할 때 쓰인다. 「そうでなくても」와 유사하다.

ただでさえ忙しいのに時間割いてやってんだぞ、ありがたく思え。 (喰4)

- 法律や手続きについての相談は、ただでさえ気が重いものです。

- ただでさえ細かい形勢だったのだから、もうどうしようもない。
- ただでさえ、日本経済は、景気後退の瀬戸際にある。

~たちばにない

어떤 것을 할 자격이 되지 않음을 나타낸다.

わかった。君は、自分が企画を出す**立場にはない**ってことをちゃんとわかってたんだよな？（ハ7）

- 検察の捜査についてコメントする立場にない。
- 基本的には各自の意思で行っているので、当社としては回答する立場にはない。
- 私たちは東京裁判を否定する立場にないのです。

だって

앞 문장(상대의 말)에 대해 이유를 설명하기 위해 쓰는 접속사이다.

父の言葉でも母の言葉でもどっちでもいいじゃないか。**だって**、父さんと母さんがいてくれたから僕はこうして歩いていけるんだから。（D）

- だって、人生って、選択の連続じゃない？
- だって、よくある、誰でも想像がつく話じゃ売れる記事にならないもん。
- だって、やりたいことやるんだから。

~たて

동사의 연용형에 붙어 동작이 막 종료했음을 나타낸다.

生まれ**たて**の赤ちゃんのことを「みどり児」って言ったりするのよ。（日7）

- 独自の製造技術で、自社工場で一貫生産し、いれたての香りと味わいを追求した。
- 炊きたてのご飯を使う場合は、皿などに広げて軽く蒸気を飛ばしてから調理します。
- その出来たて、摘みたての農産物や加工品を即売します。

だったら

「そうだったら」라는 뜻으로 상대의 말이나 새로운 정보를 받아 화자가 태도표명을 하거나 추론한 것을 말할 때 쓰인다. 「それなら」「それでは」와 유사하다.

だったらまるでポールと同じじゃない。 (日7)

- だったら、お前がやれ！
- だったら市場制圧すればいいだろ。
- だったら黙って、来るべき時が来たら、きちんとお話させていただこうと思っています。

たとえ

확실하지 않은 사실을 예로 들어 그 사실이 중요하지 않음을 나타낼 때 쓰인다.

たとえ生徒のためだろうがな、学校のためにはならん。 (日12)

- たとえ、ひとりぼっちになったとしても愛された記憶は消えません。
- たとえ、間違ったとしても、自分のオリジナルの考えを出そうとするほうが重要だ。
- たとえ、どんなに客が入らなくても、一年間は公演を続けるつもりだ。

~だの~だの

몇 가지 예를 들 때 쓰이는 표현으로 부정적인 의미를 나타낸다.

格差**だの**上**だの**下**だの**なんてどうでもいいんです。 (ハ4)

- 小学校に入学した子供のために、机だの本棚だの買ってやらなければならない。
- 体がだるいだの熱があるだのと言って、授業を休む学生が多くなった。
- 世界一周旅行をしただの、車を三台も持っているだのというあの人の話は、みんなうそらしい。

~たら(=ったら)

「といったら」라는 뜻으로 친한 사이에 쓰인다. 화자가 친근감이나 비난, 걱정 등의 기분을 담아 어떤 것을 화제로 삼을 때 사용한다. 주로 여성이나 아이들이 쓰는 표현이다.

三人で野球を見に行った帰りだという。でもね、田中さん**たら**野球の試合中ずーっとうんちく喋ってるの。 (ド2)

- お姉さんたら、急に旅行するって言い出した。
- 三浦さんたら案外やさしいもんね。
- 彼の子ったら親のいうこと、全然聞かないんだから。

~たら~で

앞뒤로 같은 형용사나 동사를 2번 반복해서 사용한다. 대조적인 일을 들어 양쪽 다 같다는 경우에 쓰인다.

まあ、でき**たら**できた**で**いっか？（時）

- あったらあったで当たり前の世の中になっているんでしょう。
- なければないでなんとかなるが、あればあるだけ食う。
- 暑かったら暑かったでやる気出ないし、寒かったら寒かったでやる気出ないんだなあ。

~だらけ

명사에 붙어, 그 명사가 많은 상태를 나타낸다.

世の中、うそ**だらけ**よ。（時）

- 向かいの奥さんが血だらけで逃げ込んできた。
- パッと見は美しい海ですが、なんとその海底はゴミだらけだった。
- 雑草だらけの庭で花や野菜を育てる方法について答えています。

~たらとおもうと

미래에 일어날 것을 미리 가정함으로 인해 행해지는 행동을 나타낼 때 쓰인다.

悪用され**たらと思うと**、夜も眠れなかったんだ。（時）

- もし、復帰先にジャイアンツを選んでいたらと思うとぞっとしますね。
- ゾンビが襲ってきたらと思うと、怖くて眠れません。
- 妹、受験だけどセンターでショック受けてたらと思うといまだに電話できない。
- 最近お友達をたたいたりかみついたりすることがあり、困っています。相手にけがをさせてしまったらと思うと、公園に行くのもいやになってしまいます。

~だろうが~だろうが

명사에 붙어, 누구든 무엇이든 관계없다는 뜻을 나타낸다.

警察**だろうが**なん**だろうが**、膿が溜まっているなら最後の一滴まで出し切らなきゃならない。（喰8）

· 雪だろうが、風だろうが、練習は続けるんだ。
· ゆとり世代だろうが手前だろうが関係ない。
· アルバイトだろうが社員だろうが金をもらっている。

~ちゅうの~

「名著中の名著」「名品中の名品」「名作中の名作」등과 같은 형태로 주로 많이 쓰이며, 최고임을 나타낸다.

こいつは名器**中の**名器なんだ。しばらく君に貸してあげるよ。（四）

僕が何を考えているかまるで気づかず僕の言うことを何でも聞き、僕の殺人を大声で世間に言いふらしてくれるそんなバカ**中の**バカがいた。（告）

· 野村コレクションの名品中の名品を堪能してほしい。
· イタリア映画の名作中の名作といわれる作品を上映いたします。
· 改めていうまでもない、名著中の名著だ。

ついては

「そういう理由で」라는 뜻으로, 격식을 필요로 하는 장면에서 주로 무엇을 보고할 때나 부탁하는 경우에 쓰인다.

しかも偏差値36の馬鹿学校という評判が広まり、本年度新入生定員300名に対し、入学希望者たったの165人。**ついては**、これ以上の授業継続は不可能と判断。（ド1）

· 会議を行います。ついては、午前十時に御参集ください。
· 我が社は創立二十周年です。ついては、今月の取引から5%値引きさせていただきます。
· 来月上京する予定です。ついては、ぜひお目にかかりたく存じます。

~つき

명사에 붙어 그 명사가 부가됨을 나타낸다.

おやじがやっと折れたんだよ。ただし、条件**つき**だけどね。（耳）

・十六年分の過去問データを解説付きで配信しています。
・家具、家電付きのお部屋を選ぶことができます。
・香り付きの柔軟剤をめぐって、国民生活センターが異例とも言える呼びかけを行っています。

~つくす

동사의 연용형에 붙어 동작을 끝까지 다 행함을 나타낸다.

友達ととことん遊び**つくす**のも、そして、誰かのため敢えて遠回りするのも、全て正解だ。（ド11）

・灯油を使い尽くしてしまった。
・その問題はすでに論じつくされている。
・猛火が町を焼きつくした。

~っこない

어떤 일이 일어날 가능성을 단정적으로 강하게 부정하는 표현이다.「絶対~しない」「~するはずがない」등에 가까운 표현으로 친한 사이에 쓰인다.

うまくいき**っこない**って心の中ですぐ誰かがいうんだよね。（耳）

・どうせ相手にされっこないんだから、グループレッスンにして良かったわよ。
・そんな高い家賃、ぼくたちに払えっこないよ。
・彼にはわかりっこない。
・こんなにひどい嵐じゃテニスはできっこない。今日はやめておこう。

~って

어떤 것을 화제로 삼아 정의하거나 의미에 대해 말하고 평가할 때 사용한다. 문장체에서는「~とは」가 쓰인다.

ったく！勘違い男**って**万国共通でめんどくさいわね。（日7）

・木村さんってみかけによらず腕力あるね。
・僕って本当に馬鹿だよ。
・十三夜って何ですか。

~ってば

①「と言えば」의 축약형이다. 친한 사이에서 쓰는 회화표현으로 자신의 주장을 강하게 나타낼 때 쓰인다. 자신의 주장이 상대에게 통하지 않아 조금 안달하는 기분을 나타낸다.

ないんだ**ってば**、この次なんてないんだ**ってば**。（世）

- エマは怖くないってば。
- 夜も眠れないってば！
- 魔法瓶にドライアイスを入れたら危ないってば。

② 화자의 비난이나 불평, 불만 등의 대상을 제목으로 제시할 때 쓰인다.

お母さん**ってば**自分が休講だからって起きないんだから。（耳）

- 私ってば本当にばかなんだから。
- 店長ってば商業絡みじゃないと本当に何もしないんだから。
- あかりってば本当におっちょこちょいなんだから。

③ 화제 중에 하나를 선택해 다른 화제의 제목으로 제시하며 그것과 관련된 것을 말할 때 쓰인다.

- 彼ってば、アメリカに留学したよ。
- いろいろ書いてると「オレってばスゲー」みたいな感じによくなりました。

~っぱなし

같은 상태가 지속되고 있음을 나타낼 때 쓰인다. 때로는 당연히 해야 할 것을 하지 않아 그대로 지속되고 있음을 나타낼 때도 있는데 이 때는 마이너스 의미가 포함된다.

今日で、契約打ち切られました。先輩にはほんと、ご迷惑かけ**っぱなし**で。（ハ7）

- ずっと立ちっぱなしで仕事を続ける。
- 一晩中、ラジオをつけっぱなしだった。
- 本棚なんかを整理していたら、借りっぱなしになったままの本やCD、ゲームソフトなんかが出てきた。

~っぽい

명사와 동사의 연용형에 붙어, 그러한 성질, 경향을 가지고 있음을 나타낸다.

それは無理**っぽい**ですね。（ハ5）

・夏だし夏っぽい写真を貼ろう。
・私は、自分でも驚くほど忘れっぽいです。
・なんだか風邪っぽい、風邪を引きそうという感じがしたときって、特別な物を食べたり飲んだりされますか？
・飽きっぽい私は、すぐに成果がでないとつまらないんです。
・時間がなく、少々荒っぽい選挙になってしまった。

~っぽっち(=ぽっち)

지시대명사나 수량을 나타내는 말에 붙어 그 만큼밖에 없음을 나타낸다.

言っとくけど、俺はあんたを信頼した訳じゃないし、感謝なんてこれ**っぽち**もしてねえから。（ド2）

・時給1000円ぽっちで俺の時間を奪わせない。
・毎日それっぽっちしか食べないのですか。
・私はそれについてこれっぽっちも興味を持っていません。

~つもり

① 주어가 2인칭이나 3인칭일 경우, 그 사람이 믿고 있는 사실과 다르다는 것을 의미한다.

あなたはあの会社をカッコよく飛び出した**つもり**かもしれませんが、何なんですか、この原稿は。（ハ9）

・知ったつもりにならないでリアルに体験した方がいい。
・実は子供が隠しているつもりでも、親は知らないふりをしているだけという場合があるようです。
・彼は何でも知っているつもりだが、本当は何も知らない。

② 주어가 1인칭일 경우에는 화자가 그렇게 생각하고 있다, 그렇게 믿고 있다는 의미를 나타낸다.

・切手をはったつもりで、手紙をポストに入れてしまった。
・履歴書で自分で綺麗に書いたつもりの字が汚いといわれました。
・まだまだ若いつもりで山を登ったが、途中で動けなくなった。
・プールのつもりで、お風呂で泳いだ。
・冗談のつもりで言ったのに、彼を怒らせてしまった。

~でいい

명사나 조사 뒤에 붙어 허가, 허용의 의미를 나타난다.

戻ってから**でいいです**。（ハ5）

- 今のままでいいですか。
- ここ割り勘でいいよ。私も出すから。
- 届出は取得が確定してからでいいのですか。

~ていく

상황이 앞으로 진행되어 가고 있는 모양을 표현할 때 쓰인다.

味は落ち**ていきます**ので、お客様のように食べていただけると嬉しいです。（喰1）

- 高く登っていくにつれて、見える景色も広がっていく。
- 誰でも今すぐ、失われていく自然環境に対する社会貢献ができます。
- 彼女はこれからも女手一つで子供を育てていく。

~ていただく

「てもらう」의 겸양표현이다.（「てもらう」 참고）

まずは登録し**ていただく**為に、一般常識のテストと、パソコンのスキルをチェックしましょう。（ハ1）

あ、もちろん、書き直し**ていただいて**結構ですから。（ハ9）

- 太陽株式会社様より車椅子一台を寄贈していただきました。
- ご主人にはとても親切に応対していただきました。
- トークゲストに小林政広監督に来ていただきました。
- 今回はこちらの野菜を使っていただいている、お取引先さまを紹介いたします。
- 応援、ご支援していただいている皆さまへ。

~ていらい

그 때부터 계속해서 지금까지 라는 의미를 나타낸다.

この子は。学校始まって**以来**の事件になってるぞ。（日10）

- 大学を卒業して以来、田中さんには一度も会っていません。

· 一人暮らしを始めて以来、ずっと外食が続いている。
· 交通事故にあって以来、こわくて一人では高速道路を運転できない。

~ていられるか

그렇게 할 수 없다는 강한 의지를 나타낼 때 쓰인다. 감정이 격양되어 있는 뉘앙스가 있다.

こんな時に学校なんて行って**られっか**よ。（ド1）

· こんな侮辱を受けていられるか！
· こんなクソガキたちに負けてられるか！
· だからといってここで黙っていられるか。こいつらを打ち倒すのは我々だ。
· 落ち着いていられるか！バカモノ！！

cf) 人は眠らずにどれだけ長く起きていられるか？

~てき

명사 뒤에 붙어 젊은이들이 확실히 말하는 것을 피할 때 쓰인다.「~だ」「~です」라고 잘라 말하지 않고「~の方(ほう)」「~みたいな」등과 같은 표현을 대신 써서 말을 확실히 표현하지 않는「ぼかし言葉」의 하나이다.

コーヒー**的**なものとか。お茶**的**なものとかね？（日9）

· 日曜のコーヒー的な幸せ。
· 学校教育における教師の教育愛と人間愛の今日的課題。
· わたし的にはいいと思うんですが。

~てくる

① 이제까지 없었던 것, 보이지 않았던 것이 나타나는 것을 의미한다.

敵の疲れも見え**てきた**みたいよ。（ハ2）

· 鉛筆を削ると虹が出てくる。
· 勇気が湧いてきた。
· 育毛でみるみる髪が生えてきた。

② 어떤 동작을 하면서 왔는지를 나타낸다.

· 歩いてきたら疲れた。
· 鴨がネギを背負ってくる。

③ 어떤 행위를 하고 나서 오는 것을 나타낸다.

- ちょっと世界一周してくる。
- 親にタブレットを買ってくるように頼んだ。

④ 어떤 사람이나 물건이 화자의 영역으로 다가옴을 나타낸다.

- 美人が入ってくると、男性陣のテンションが上がる。
- ほとんどの親ツバメは前年にヒナを育てた場所の近くに戻ってくる。

⑤ 변화나 동작이 과거부터 지금까지 이어져 현재에 이르고 있음을 나타낸다.

- ではなぜ長期にわたりデフレが続いてきたのだろう。
- 彼は一九八二年の開始以来、司会を務めてきた。
- 酒もギャンブルも一切しないで、真面目ひと筋に働いてきたのに。

⑥ 화자를 향해 어떤 동작이 행해지고 있음을 나타낸다.

- 一度通信販売で洋服を買ったら、定期的にカタログを送ってくるようになった。
- こちらの猫、水平方向に投げると体を立て直しては、何度も挑みかかってくるそうです。
- 箸の持ち方をいちいち注意してくる男は器が小さい。

⑦ 변화가 일어남을 나타낸다.

わあ、明るくなっ**てきた**な。（耳）

- 夫婦は顔が似てくる。
- 思わず目頭が熱くなってきた。
- すいぶん涼しくなってきました。

~てすむ

그 행동을 하지 않아도 어떤 일이 해결된다는 의미를 나타낸다.

もう行ったり来たりし放題。朝も二度寝、三度寝できるし、忘れ物しても取りに行かなく**て済む**し、食い放題は90分で終わりじゃないし。（時）

- 本なんていうのは、読まなくてすむのなら、読まないにこしたことはない。
- あきらめた方が、悩まなくてすむ。
- 謝ってすむ問題じゃない。
- 実例を暗記すれば文法ルールを考えなくてすむ。

~てたまるか

「~てたまるものか」에서 「もの」가 생략된 것으로, 그와 같은 일이 일어날 리가 없다, 그와 같은 상태로 계속 둘 수는 없다는 뜻을 나타낸다.

お前に俺の気持ちが分かって**たまるか**よ！ (S)

- ・こんな発想あってたまるか。
- ・大事な先輩やめさせてたまるか。
- ・趣味趣向を勝手に判断されてたまるか！

~てならない

억누를 수 없는 기분을 나타낸다.

お別れの言葉を言わなければならないことが、悲しくそして悔しく**てなりません**。 (世)

- ・家族が思い出されてならない。
- ・試験のことが心配でならない。
- ・退屈な授業に出ていると、眠くてならない。

~てばかりいる

같은 것을 반복하는 상태에 대해 화자가 비판적으로 말할 때 쓰인다.

つまりお前らみたいに頭を使わず面倒くさがっ**てばかりいる**やつらは、一生騙されて高い金払わされ続ける。 (ド1)

- ・幼いころは母親が大好きで、甘えてばかりでした。
- ・寝てばかりいる旦那にイライラします。
- ・考えてばかりいると、日が暮れちゃうよ。
- ・子どものころから座ってばかりいるとダメだと言われてきましたよね。

~てはじめて

어떤 일이 일어나야 비로소 그 다음 일이 일어남을 나타낸다.

スポーツと同じように、受験も共に高めあい、共に頑張る仲間がい**て初めて**勝てる。 (ド6)

- ・基礎的な勉強を終えてはじめて専門的な分野に進めるのである。
- ・一人暮らしをしてはじめて家族がいかに大切かがわかった。

・大学生になってはじめて彼女ができた。

~てはずになっている

계획이나 절차가 미리 정해져 있음을 나타낸다.

自分だけ助かる**手筈になってん**じゃないの？（喰7）

- ・そこで一旦合流して、逃走する手はずになっているのである。
- ・高知へ移動して、現地で合流という手はずになっている。
- ・秋田さんのお荷物は空港に届ける手はずになっていますのでご心配なく。
- ・そして社長の山杜は、珍しく定時で仕事を終え、郡山市から高速道路を利用し何とか試合開始までに会場入りする手筈となっていた。

~ではすまない

그것으로는 해결되지 않음을 나타낸다.

すいません**じゃ済まない**だろ。（ハ1）

- ・命に関わることだから、知らなかったでは済まないのよ。
- ・メタボは笑い事では済まないのです。
- ・間違えたでは済まない話だ。

~てまで

극단적인 것을 나타내는 표현에 붙어 굳이 그 일을 하면서까지 라는 의미를 나타낸다.

大臣に罷免をちらつかせ**てまで**閣議決定させたあの補正予算案が、国会で否決されるとなると、朝倉総理の責任問題になるのは当然だな。（C7）

- ・なぜお金を払ってまで恐怖体験をしたがる？
- ・転居をしてまで職を求める気持ちを面接官に理解してもらう。
- ・人は百歳を越えてまで生きたいとは思っていない。

~ても~なくても

양쪽 다 결과는 변함이 없음을 나타낸다.

そもそも、この子が合格する程度の大学なら、行っ**ても**行か**なくても**同じでしょう？（ド3）

・結婚してもしなくても、どのみち君は後悔する。
・毎日書いても書かなくてもどちらでもいいことばかりを日記に書いているのだが、それがストレス解消になっている。
・聞いても聞かなくても怒られる。

~でも~でも

명사에 붙어, 어느 쪽이든 상관없음을 나타낼 때 쓰인다.

父の言葉**でも**母の言葉**でも**どっちでもいいじゃないか。 (D)

・ジュースでもお茶でも牛乳でも構いません。
・記入は鉛筆でもボールペンでもどちらでも大丈夫ですよ。
・手書きでも、パソコンの打ち出しでもどちらでも結構です。

~てもはじまらない

앞에 붙는 동사의 행위를 해도 헛일이다, 늦었다, 소용없다는 의미를 나타낸다.

だから文句言っ**ても始まんない**の。 (日1)

・今さらそんなことを言っても始まらない。
・いまさら心配しても始まらない。
・週刊文春を責めても始まらない。

~てもらいたい

화자가 상대에게 해주기를 원하는 동작에 쓰인다.

本当はね、日本語教師になっ**てもらいたい**んだけど。 (日2)

・彼女に作ってもらいたい手料理ランキングの情報です。
・一人でも多くの人に知ってもらいたい。
・他人にしてもらいたいと思うような行為をせよ。

~てもらう

① 상대의 행위로부터 은혜 받는 것을 나타낸다.

前の人に教え**てもらい**ました。 (日2)

・思わず先生にほめてもらってうれしかった。
・子供は母に面倒見てもらっています。
・友達から誕生日のお祝いにワインを送ってもらいました。

② 사역의 의미를 완화시키는 기능으로 쓰인다.

わるいげど君は臨時採用だから、一個も売れなかったりお客様から苦情が来たら辞めて**もらう**からね。 (D)

・明日から東京に出張してもらいます。
・忙しかったので代わりに彼女に行ってもらった。
・帰りたいと言ったので帰ってもらった。

③ 상대에게 어떤 행위를 하게 하는 장면에서 그 상대의 행위를 높인다.

・ここで待っていてもらっていいですよ。
・この道をまっすぐ行ってもらうと駅に出ます。
・窓は開けてもらってけっこうです。

~てもらえる

「てもらう」의 가능형으로 상대가 어떤 행위를 하면 화자에게 있어 이익이 됨을 나타낸다. 「てくれる」와 거의 비슷하다.

客に喜ん**でもらえば**、オッケーでしょ？ (D)

・気に入ってもらえるといい。
・皆さんは、どんなことをしてもらえたら嬉しいですか？
・仕組みを説明してもらえば、技術力の程度はだいたい分かる。

~てやってください

청자가 제3자에게 잘 해 주기를 화자가 청자에게 부탁하는 표현이다.

どうか この老いぼれに免じて勘弁し**てやってください**。 (日3)

・声をかけてやってください。
・どうか外面ではなく、美しい内面を見てやってください。
・叱ってやってください。

~てやる

「~てやる」는 상대에게 은혜가 되는 행위를 함을 나타내는 것도 있는 반면, 아래 예문과 같이 은혜의 의미와는 관계없이 화자의 강한 의지를 나타내는 경우도 있다.

あの女に俺の営業力、見せ付け**てやる**から！ (ハ2)

・もう仕事を辞めてやる、月曜から会社行かん。

・キレイになって見返してやる！
・彼氏にでぶと言われた。痩せてやる。スリムになってやる。

수량사+と

수량사에 붙어 적은 수나 하나 이상의 수를 나열하여 양이나 횟수가 조금씩 늘어나는 모양을 나타낸다.

一個でやめておこうと思っても、二個三個**と**手が伸びてしまう。（喰6）

・人々は一人、二人と集まってきた。
・この大会も二回、三回と回を重ねるうちに、だんだんよくなってきた。
・二度三度と失敗を繰り返して、ようやく成功に漕ぎ着けた。

~といいたいところだが

기대에 반대되는 사실을 말하려고 할 때 사용한다.

僕の秘書を紹介しましょう**と言いたいところですが**、うちも人手不足で。（C7）

・是非みなさまお買い求めくださいといいたいところなのだが、完売してしまったようです。
・嘘ですと言いたいところだが本当だ。
・ランチの違いくらいで出世には影響しないと言いたいところだが、やはり出世している人とそうでない人のランチは、大きく違っている。

~という

뒤에 명사가 오며 그 명사의 내용에 대해 말할 때 사용된다.

もちろんここで突っ張って、自分のプライドを守る**という**手もある。（ド5）

・兄が試験に合格したという知らせを受け取った。
・たばこの煙が体によくないという事実は誰でも知っている。
・犯人が誰だったかという結果より犯人を推理することのほうが楽しい。

というか

한번 말한 것을 가볍게 부정하고 더 적절한 말로 다시 표현하거나, 상대의 말을 가볍게 부정하거나 새로운 화제를 제시하는 경우에 쓰인다. 좀 거친 말투이긴 하지만「ていうか」「てか」「つうか」라고도 한다.

ありゃもう勘違い**っていうか**ただのバカね。 (日7)
っていうか、だって路上でキスしてたのよ。 (日7)

・日記というかメモ帳始めました。
・戦ってる、というか、守ってるかな。
・うちの嫁、家事が苦手というか嫌いらしい。
・女性の疑問というか、皆さんにちょっとお聞きしたい事があります。

~ということ

어떤 것에 대한 내용을 구체적으로 나타낼 때 사용한다.

一緒に働くってさ、一緒に生きる**ってこと**と同じだろ？ (ハ8)

・最近の私のテーマは、「社長として成長する」ということです。
・年齢を重ねていくということは、誰の身にも訪れる本来的には喜ばしいことです。
・他人と一緒に共同生活をしていくということは、それなりにスキルがいることだ。
・言葉を失っていく障害である失語症のメカニズムを考察しながら、言葉を忘れるということの意味を考えてみたい。

~ということで

① 말을 귀결 짓고 그것에 동의를 구할 때 쓰인다.

じゃ、負けた方は一週間、勝った方の奴隷になる**ってことで**。 (ド2)

・私の勝ちということで。
・来年のランナーは北村さんということでどうですか。
・これで終わりということで。

② 뒤에 이어지는 상황이 일어나게 한 이유를 설명조로 나타낸다.

・年の差があるということで苦しんでいます。
・販売開始記念セールということで1700円で販売している。
・初投稿ということで、少々緊張しています。

~ということはない

그러한 일은 없다는 뜻을 나타낸다.

まさか、このままサヨナラ**ってことはない**よね。 (ド10)

· 何かを始めるのに遅すぎるということはない。
· 天才になるのに遅すぎるということはない。
· レーシックの手術を受けた後に目がぼやけるということはなかったです。

~というところだ

「大体~だと言える」라는 뜻으로 그 단계에서의 상황을 설명하는 경우에 쓰인다. 「~といったところだ」라고도 한다.

乗り越えられるかどうかは、半々**というところだろう**。（ド9）

· 大体この業界はオンライン需要のマーケット自体が小さい。100億円強というところだろう。
· 今は日の出が八時少し過ぎで、日の入りは午後五時半というところだ。
· 本当なら、途方もない行政大改革だが、今はせいぜい期待半分というところだろう。

~ということは~(ということ)だ

어떤 상황에 대해 해석을 하는 표현이다.

窓がガタガタ音を立てていた**ということは**、風が吹いていた**ということです**。（喰7）

時は戻らない。**ということは**戻ったのは真琴あなた自身。（時）

· 電車がストライキをするということは、あしたは学校が休みになるということだ。
· 一日八時間月曜から金曜まで働くということは、一週間で四十時間の労働ということだ。
· 失敗をしないということは、何もしないということだ。
· 愛するということは、おたがいに顔を見あうことではなくて、いっしょに同じ方向を見ることだ。

~というのは

어떤 사실을 문제 삼을 때 쓰인다.

弁護士先生、いきなり清算**というのは**ちょっと性急すぎるのでは。（ド1）

· 雨が1時間に10センチ降るというのは、洪水が起こるのでは。
· 結婚というのは、いわば恋愛の墓場のようなものですかねえ。

・ サラリーマンというのは言ってみれば会社の備品のリース機器と同じだと思うのだよね。

~というのは~のことだ

어떤 상황에 대해 설명, 해석을 나타내는 표현이다.

ところで、昨日のお買い物**というのは**、そのイヤリング**のことです**か？（ド2）

汐留って、テレビジャパン**のことです**。（喰3）

・ 円周率とは、円周の直径に対する比のことである。
・ 十五夜というのは、 満月の出る夜のことだ。
・ マキアヴェッリの言う「好機」というのは、「勝利しやすい好条件がそろっている」という意味ではなく、先の見えない深刻な危機のことだ。

~というものだ

어떤 것의 기능이나 내용 설명을 하는 데에 사용된다.

総理の病状ですが、急性発作頭位目眩症。これは極度の過労とストレスが原因で起こる症状で、耳石に異常が生じ、急に目眩が起こる**というものです**。（C10）

・ 同じ仕事をしているのに、女性の方が給料が低いのは不公平というものです。
・ この忙しいのに休みを取るなんて、自分勝手というものだ。
・ 犬は店内に入れないなんて、ひどいルールというものだ。

~というものではない

어느 주장이나 생각에 대해 그것이 전면적으로 타당하다고는 할 수 없다는 의미를 나타낸다.

ただ日本語を教えればいい**ってもんじゃない**のよ。（日1）

・ 性格は絶対に変えられないというものではない。
・ お金さえあれば幸せに暮らせるというものではない。
・ 鍵をかけたから安心というものでもない。

~というわけだ

어떤 일의 되어가는 과정을 통해 그 일의 결과가 유추될 때 쓰인다.

48時間余計に勉強できる。その分、東大への合格率も、早まる**ってわけだ**。（ド5）

・掃除を始めました。早く帰れというわけだ。
・つまり「ものつくり」とは、その時代の主たる産業を行うことと定義できるというわけだ。
・昔、中国では、くわや刀の形をしたお金が使われていた。しかし、そのようなお金は欠けたり割れたりして使いにくいことがわかってきた。それで、丸い形のお金が使われるようになったというわけである。
・留学が終わり、国へ帰ったら、日本でのことをいろいろ家族や友達に話すつもりだ。その時に写真があった方がいい。だから、いつもたくさん写真をとっているというわけだ。

~といえば

화제 중에 있는 어떤 것을 꺼내어 그것에 관련된 것에 대해 말함으로 화제를 다른 내용으로 전개하는 경우에 쓰인다.

子犬を飼っていらっしゃるんですか。子犬**といえば**ですね、僕の友達でも、とにかく落ち込むと、迷子の子犬みたいな目になるヤツがいましてね。（ハ8）

・九月と言えば秋の始まり、そして月見のシーズンですが、お月見といえば「九月の満月」と思いこんでいませんか。
・最近、ますます寒くなってきましたね。冬といえば、やっぱり、こたつとミカンですよね。
・個性豊かな京都ラーメンを堪能してみてください。京都のラーメンといえばとりあえずこの店は紹介しておかなきゃいけないと思います。

どうしても~たい

바라는 것은 실현이 어려울 것 같지만 무슨 일이 있어도 이루고 싶다는 강한 희망을 나타낸다.

最近の悩みは焼きギョーザが**どうしても**食べ**たく**なって。（日7）

・宇宙物理学者がどうしても解きたい十二の謎。
・今度の休みには、どうしてもフランスへ行きたい。
・両親が反対したが、わたしはどうしても歌手の道に進みたいと思っていた。

どうしても~ない

노력해도 불가능함을 나타낸다.

どうしても決められ**ない**んなら、県内の短大とかはどうなんだ。（秒）

- どうしても時間が足りない。
- どうしても許せないことは「忘れること」から始めればいい。
- 朝、どうしても起きられない……怠けではなく病気かも。
- あなたが無駄だと思いつつ、どうしてもやめられない出費について具体的に教えてください。

どうせ

결과나 결론은 정해져 있음을 나타낸다. 또한 개인의 의지나 노력으로 바꿀 수 없음으로 인한 포기 등을 나타내기도 한다.

どうせまた二度寝だろう。（時）

- どうせ死んでしまうのに、なぜいま死んではいけないのか？
- どうせすぐ別れるよ。
- どうせこんなことを言ってもみんな分からないだろう。

どうってことない

「どうと言うこともない」「どうって言うことはない」 등을 축약한 말이다. 특별히 문제가 될 일이 아님을 의미한다. 「なんてことはない」와 유사하다.

たかが十日だろ？一日十六時間ぐらい、**どうってことない**よ。（ド3）

- 彼に謝罪するくらいどうってことない。
- 慣れればどうってことないよ。
- 俺、一回心停止したけどどうってことないよ。

どうにも

뒤에 부정 표현을 수반하여 어떠한 방법으로도 불가능하다는 의미를 나타낸다.

うちの優秀なシェフたちに再現させたのですが、**どうにも**ダメで。（喰6）

- 彼の怠惰な性格は、どうにも直しようがない。
- 借金でどうにも首がまわらない。
- 私の常識ではどうにも理解できない。

どうも

「ようだ」「らしい」「みたい」 등과 같이 쓰이며, 일정한 근거에 입각한 화자의 추량을 나타낸다. 「どうやら」로 바꾸어 쓸 수 있다.

君は**どうも**すねているみたいだが、朝倉先生の教育係は大事な役目だよ。 (C2)

- 猫を飼い始めたら、どうも猫アレルギーみたいです。
- どうも吸盤の吸着が良くないみたいだ。
- チャレンジ富士五湖がいよいよ明後日に迫りましたが、どうも雨みたい。

どうやら

확실하지 않은 사실에 대해 말할 때 쓰인다.

仕事の方向性が**どうやら**似てるみたいで、なんとあの笑わない大前さんが黒岩さんには笑顔を見せました。 (ハ10)

- どうやら英語以外はよく知らないらしい。
- カメラ歴半年のビギナーだけどどうやら俺には才能があるっぽい。
- どうやら原発って、人間のたましいを試すリトマス紙かもしれない。

~(の)ところ

지금을 나타내는 명사에 붙어 지금으로서는, 최근 등 현재의 시간적 범위를 나타낸다.

お父さん、この**ところ**ずっと海外だから。 (喰7)

- 現在のところ未定ですが、担当編集者に聞いてみます。
- その理由は残念ながら今のところわかりません。
- ここのところ腹の調子が悪い。

~どころか

① 일반적으로 여겨지는 기준이나 기대에 미치지 못한 뿐만 아니라 그것보다 더 낮은 수준의 기대조차에도 미치지 못함을 나타낸다.

あの女、正社員の顔立てない**どころか**、コケにして喜んでんだよ。 (ハ2)

それは笑えない**どころか**最悪の冗談で。 (告)

- 私にはパートナーどころか友だちもいません。

・防災スピーカーの放送が、聞き取りづらいどころか聞こえないこともよくあり、防災スピーカーとしての意味が無いと思いますが。
・子供どころか大人だって泣きそうです。

② 앞부분에서 말한 것과는 정반대인 사실이 뒤에 이어지며 화자 또는 청자의 예상, 기대를 부정하는 표현이다.

お家賃、母がヘソクリで大家さんに振り込んでくれたんです。プレゼント贈る**どころか**、ますます迷惑かけちゃって。（ハ4）

・吹雪は止むどころか、かえって激しくなった。
・涼しいどころか、連日三十度を越える暑さが続いている。
・いい薬だと聞いたので、買って来て飲んだが、よくなるどころか、病気は悪くなった。

~(た)ところだ

동작, 변화가 그 직후의 단계에 있는 것을 나타낸다.

今、終わった**ところ**です。（ハ1）

・今ご飯を食べたところです。
・たった今空港に着いたところだ。
・テニスの試合は今ちょうど2セット目が終わったところです。

~(ている)ところだ

동사가 나타내는 행동을 마침 하고 있다는 현재의 상황을 나타낸다.

今、考えうる手を尽くしている**ところ**です。（D）

・今、書類を見ているところです。
・発売のタイミングを見計らっているところだ。
・専門を何にするか考えているところです。

~ところだった

일어날 뻔 했던 일이 일어나지 않고 일어나기 직전에 피해갔다는 의미를 나타낸다.

大川先生にこの仕事を回してもらえなければ、来月の事務所の家賃も危ないと**こでした**よ。（ド1）

・確認しなかったら損をするところだった。

・名古屋は大雨で帰宅難民になるところだった。
・危うく不合格になるところだった。
・平泳ぎの競泳でもう少しで一位になるところだったのに、タッチの差で二位だった。

~(た)ところで

① 앞의 동작이나 변화가 일단락 매듭져진 시점에서 다음 동작이나 변화가 일어남을 나타낸다.

きれいになられた**ところで**、アイシャドーや口紅もつけてみます？ (D)

・ドメインを取得したところでご確認ください。
・必要な情報を確認したところで、次の話をしましょうか。
・少し慣れてきたところで今度は遠くまで行くことに挑戦しよう。
・年も改まったところで、ブログをはじめてみようと思った。

② 그와 같은 행위를 해도 기대하는 결과는 얻을 수 없음을 나타낸다. 뒤에는 부정적인 판단이나 평가를 나타내는 표현이 이어진다.

まあ、未成年が一人殺した**ところで**少年法が守ってくれるから死刑にもならない。 (告)

・いくら急いだところで、九時には着きそうもない。
・どんなにがんばったところで、調子の悪いときにはいい結果が出ない。
・いくら働いたところで、こう物価が高くては生活は楽にはならないだろう。

~どころではすまない

그러한 상황으로는 끝나지 않을 것이라는 뜻을 나타낸다.

総理の居場所がわからなくなったと知れたらお前のクビが飛ぶ**どころじゃ済まない**ぞ。 (C8)

・そしてその都度、一企業の倒産どころでは済まない甚大な被害を発生させた。
・踏み外せばそのまま滑落して怪我どころでは済まないかもしれません。
・誰かにばれたら批判どころでは済まないという恐れもありました。
・その暴力の矛先がお子さんに向かったら、肋骨が折れるどころでは済まないですよね。

~どころではない

그러한 상황, 그러한 것을 할 상황이 아니라는 의미를 나타낸다.

私、今それ**どころじゃない**んだよ。 (時)

- 子供の動向が気になりすぎて寿司どころではない。
- 苦しくて笑うどころではない。
- 足がジンジンと熱くなり、しびれてきたりして寝るどころじゃない。
- 山積する仕事が処理しきれずに「飲み会どころでない」という人も少なくないだろう。

~どころのさわぎではない

그렇게 태평스럽게 말하고 있을 상황이 아님을 나타낸다. 「~どころではない」와 의미가 비슷하다.

こんなことが表沙汰になれば、進学校化**どころの騒ぎじゃありません**ね。 (ド5)

- 初心者どころの騒ぎじゃありません。みなさん助けてください。
- 敵兵に襲われている姫が一撃で殴り倒している、そんなのを見たら王子も苦笑いどころの騒ぎじゃないな。
- これは恐喝ですから、偽善どころの騒ぎじゃない、明らかに犯罪です。
- アメリカが破たんしたら、世界恐慌どころの騒ぎじゃない。

~どさくさ

부사적으로 쓰이며 갑작스런 일로 혼잡스러운 상태를 나타낸다.

違うわ。取られたのよ。川上さんが倒れた**どさくさ**に。 (喰3)

- 火事騒ぎのどさくさに盗まれたらしい。
- 恋の新記録で一番に走り抜けて、どさくさまぎれにゴールで私だけ抱きしめて。
- どさくさまぎれに逃げる。

~としても

앞부분의 내용이 사실일지라도 뒷부분의 사실이 성립하는데 그렇게 중요한 영향을 끼치지 않음을 나타낸다.

法律があなたを守る**としても**私はあなたを許しません。 (告)

· 彼は学問はできるとしても経験がない。
· たとえ賛成してくれる人が一人もいないとしても、自分の意見を最後まで主張するつもりだ。
· 旅行へ行けるとしても、休みが短いので近いところに限られる。

~とすぐに

어떤 동작이 행해지고 바로 이어 다른 동작이 행해질 때 쓰인다.

総理は、帰られる**とすぐに**、変なことを喋り出す癖があるんですか？ (C9)

· 私は家に着くとすぐに彼女に電話したが、彼女はいなかった。
· 朝起きるとすぐに活動を始め、オフィスに到着するまで機能を停止しない。
· エアコンの前に人がいなくなるとすぐに省エネ運転するエアコンを十一月上旬より発売する。

~(た)とたん

동사의 タ형에 붙어 앞 동작이나 상황이 일어난 후에 바로 이어 다른 동작이나 상황이 일어남을 나타낸다. 의외의 느낌을 수반하는 경우가 많다.

選挙のときだけ頭を下げて、当選した**途端**に特権階級のように振舞うような人間は、本当の政治家ではありません！ (C3)

· 始まったとたんに、終わってしまう試合もあります。
· ごちそうを食べようとしたとたんに目がさめた。
· 荷物を持ち上げたとたん、あまりの重さに腰を抜かしてしまった。

cf) 화자의 의지적인 동작을 나타내는 표현이 뒤에 오는 경우에는 쓸 수 없다. 대신 「とすぐに／やいなや」 등이 쓰인다.

· 部屋に入ったとたんに、電気をつけた。 (×)
· 部屋に入るとすぐに電気をつけた。 (○)

とてもじゃないけど

「とても」의 의미 중, 도저히 라는 의미를 강한 어조로 나타낼 때 쓰인다.

私たち、**とてもじゃないけど**、自分の名前で企画なんて出せないよ。 (ハ7)

· とてもじゃないけど、私には理解できない。
· とてもじゃないが無理だよ。
· 水は濁っていてとてもじゃないけど水浴びしたい気分になれない。

・この指輪は大事なもので、とてもじゃないけどはずせないよ。

~とでもおもう

상대가 생각하고 있는 것을 확인하며 그 생각이 잘못되어 있음을 인식시키는 표현이다.

それであの子のクビがつながる**とでも**、本気で**思っている**のか？（ハ7）

- モノクロならいい写真が撮れるとでも思ったかい？
- 君は俺がごまかしてるとでも思っているのか。
- この打ち込みの仕事は、正確さとスピードが要求されるわりに、変化のない地味な仕事なのでいやがる人も多いんです。「やらされてる」とでも思うものならとても続きません。

~となると

앞에는 되어가는 과정이나 조건을 제시하고 뒤에는 그에 대한 결과를 나타낸다.「~ということになると」「そういうことになると」라는 뜻으로 쓰인다.

自分一人だと怠けがちだが、他人が読む**となると**要点を外さずに一生懸命楽しいノートにしようと思うだろう？（ド7）

- 彼は、決断するまで時間が掛かるが、やるとなると実行するのは早い。
- この時間になって帰っていないとなると、何かの事件に巻き込まれている可能性がある。
- 天気予報によれば今年の梅雨は空梅雨になるとのことだ。となると、野菜の値段の高騰や水不足の心配が予想される。

どのみち

어떤 경과를 거쳐도 결과는 같음을 나타낸다.「いずれにしても」「どっちみち」「結局」와 유사하다.

このまま何もしなかったら**どの道**破産なんです。（ド1）

- どこへ逃げてもどの道捕まる。
- どの道今が大切なのさ。
- そんなことで駄目になる相手ならどの道上手くいかないと思うよ。

~とは

① 예상외의 사실에 접했을 때의 놀람, 감탄을 나타낸다. 허물없는 사이에서는「なんて」도 많이 쓰인다.

ワシの授業、ボイコットする**とは**いい根性だ。（ド4）

- 一人で五種目も優勝とは、 まったく驚いた。
- 全員そろって授業をサボるとはあきれた学生達である。
- タクシーの中に忘れた現金が、 戻ってくるとは思いもよらないことでした。

② 명사에 붙어 그 의미나 내용이 무엇인지 말할 때 쓰인다.

それは、みなさんには決定的に欠けている要素がある。その要素**とは**、奉仕の心。サービス精神です。（ド5）

- エルニーニョ現象とは、太平洋赤道域の日付変更線付近から南米のペルー沿岸にかけての広い海域で海面水温が平年に比べて高くなり、その状態が一年程度続く現象です。
- 「電子国土」とは、数値化された国土に関する様々な地理情報を位置情報に基づいて統合し、コンピュータ上で再現するサイバー国土をいいます。

~とは~のことだ

어떤 것에 대해 정의를 내릴 때 쓰는 표현이다. 문어체적인 표현으로 회화체에서는「~って~のことだ」「~というのは~のことだ」가 쓰인다.

調べたんだけどスッパ抜くの「スッパ」**って**実は忍者**のことだった**のよ。（日6）

- 粗利とは文字通り大雑把な利益のことだ。
- リーダーとは希望を配る人のことだ。
- 「地籍」とは、いわば「土地に関する戸籍」のことです。
- ドメインとは、インターネット上にあるコンピューターを特定するために使われる、一定のルールに従って作られた文字列のことを指します。

~とはいえ

앞에서 예상되는 것과 결과가 다른 경우에 사용된다.「とはいいながら」「とはいうものの」「とはいっても」와 바꾸어 쓸 수 있다.

知らなかった**とはいえ**、俺の責任だ。（ハ1）

・ 彼は物事をあまりに単純に考えすぎるとはいえ、そこが彼のいいところでもある。
・ 近いとはいえ、歩いて三十分はたっぷりかかる。
・ 国際化が進んだとはいえ、やはり韓国社会には外国人を特別視するという態度が残っている。

~とはかぎらない

일반적으로 맞다고 여겨지는 것이 항상 맞다고는 할 수 없으며 예외도 있음을 말할 때 쓰인다. 유사 표현으로 「とも限らない」가 있다.

容疑者が家にいる**とは限らん**。この近くに潜んでいるかもしれん。 (喰5)

女できたら絶対女取るぜ。あいつ。 — そう**とも限らない**よ。 (時)

・ 金持ちが幸福とはかぎらない。
・ 誰もが詩人になれるとはかぎらない。
・ 完治したからといって再発しないとは限らないのだから、気をつけるにこしたことはない。
・ 就寝前の間食は悪いことか? — 特定の食べ物はそうとも限らない。
・ 看護師は女性の仕事とも限らない。
・ イケメン、美人だからモテるとも限らないのです。

~とばかりおもっていた

어떤 계기로 화자가 착각하고 있었던 것을 깨닫게 되었을 때 쓰인다.

自分の力で就職出来た**とばかり思ってた**。 (D)

・ 卒業したら、田舎に戻って家業を継ぐとばかり思っていたのに。
・ 田中さんは、留学していたから語学が上手なものとばかり思っていた。
・ 試験は来週だとばかり思っていたら、今週の木曜日だった。

~とはじまらない

어떤 일이 이루어지기 위해서는 그것이 꼭 필요하다는 것을 나타낼 때 쓰인다.

派遣のお弁当は森君がいない**と始まらない**から。 (ハ10)

・ 育毛対策は継続しないと始まらない。
・ 出版社の復活は電子書籍の「戦略的」値下げをしないと始まらない。
・ ボイストレーニングは地声を鍛えなければ始まらない。

・ 特にネットでの航空券やツアー商品の購入には通常より低価格な設定があり、今や航空機をおトクに利用するには「インターネットを使わないとはじまらない」との感があります。

~とも

①「ても」와 같은 의미를 나타낸다. 문어적인 표현으로 고풍스러운 느낌을 준다.

そう焦らず**とも**すぐ来るよ。（時）

・ 機械の力に頼らずとも飲食店の労働生産性は上げられる。
・ 英会話、発音は高い金を払わずとも十分良くなる。
・ 夢は叶わずとも頑張っている時間が大切だ。

② 문말에 붙어 반대의 여지가 없음을 나타낸다.

それでわざわざか。いいです**とも**。ただし、条件がひとつある。（耳）

・ もちろん怪しい本ではありません。ありませんとも。
・ 相手に何かを頼まれたときに「もちろんですとも」と全面的に承諾する場面で便利な英語表現があります。
・ ええ、予想通りですとも。

~ともかく

그것은 토론의 대상에서 제외하고 그것보다 중요한 것을 우선해서 말하는 경우에 쓰인다.

不可抗力なら**ともかく**、故意にアレルギー物質を混入したとすれば傷害罪になるからな。（喰3）

・ 学歴はともかく、人柄にやや難点がある。
・ 細かい点はともかく全体的に見れば、うまくいったと言えるのではなかろうか。
・ 見かけはともかく味はいい。

~ともなく

동작이나 상태, 방향 등이 확실하지 않음을 나타낸다.

どこから**ともなく**ウオォォウオォォって声がするんだよ。（日5）

・ 誰からともなく、誰宛ともなく、ときどき届く編集部へのお便り。

・クリスマスソングがどこからともなく聞こえ、みんな何となく楽しそうです。
・私が聞きとれなくて話が通じなくなると、どちらからともなく黙ってしまった。
・今朝、出勤前に見るともなくＮＨＫのニュースをつけていたら、こんなニュースが話題に採り上げられてました。

~(を)とわず

그것과 상관없음을 나타낸다.

年齢**問わず**高給保証。しかも実質労働時間わずか。正社員で。（お）

・この街は昼夜を問わずいつもにぎわっている。
・場面を問わず「ありがとう」を口にする人がいる。
・季節を問わず年中使えます。

な

~なおす

더 좋아지도록 동작을 다시 한다는 의미를 나타낸다.

俺たち、やり**直さ**ないか？（日6）

・全面的に書き直そうかなと思っています。
・床をクロスから木材に貼り直したい。
・最近、彼のベストアルバムを聞き直したら、レベルが高くてびっくりした。
・仕事でミスをしないように書類を何回も見直す。

~ながら

명사, 형용사, 동사 등에 접속하여「のに」「けれども」와 같은 역접의 의미를 나타낸다.「ながらも」「ながらに」의 형태로도 쓰인다.

わが部も遅ればせ**ながら**、マーケティングに力を入れることになってな。（ハ1）

・このバイクは小型ながら馬力がある。
・日本人ながら寿司が食べられない。
・狭いながらもようやく自分の持ち家を手に入れることができた。

なにも~ない

특별히 그렇게 할 필요는 없는데 라는 기분을 나타낸다. 상대가 지나치게 행동한 것에 대해 비난하는 경우에 자주 쓰인다. 「そんなに」「そこまで」와 같이 쓰이는 경우가 많다.

なにもそんなに暴れ**なく**ても、千は来ますよ。（千）

- 彼らも悪気があって言ったことじゃないんだから、何もそんなに怒ることはないじゃないですか。
- 何も試合直前になって延期したいといってくることはないだろうに。
- 何もそこまで懇切丁寧に指導してあげる必要はありませんよ。

なにしろ

다른 것은 일단 별도로 하고, 이것만큼은 강조하고 싶다는 기분을 나타낸다.

何しろ俺、色男だからね。（日7）

- 礼儀正しく、何しろ感じが良い。
- 何しろ野球をやってきてこんなに勝った経験はない。
- 何しろ、人よりも企業が大切にされる世の中だ。

~なにもかも

어떤 사물이나 상황에 쓰이는 것으로 어떤 것이든 한정짓는 일 없이 모든 것을 가리킬 때 쓰인다. 사람에 관한 경우에는「だれもかれも」, 장소인 경우에는「どこもかも／どこもかしこも」라고 한다.

あのキスの前と後とでは、世界の**何もかも**が変わってしまったような気がしたからだ。（秒）

- 何もかもが透き通ってしまいそうなほどの11月の静かな日曜日。
- 何もかも嫌になっちゃった。
- 「人工的」なら何もかも悪いのか、天然のリスクも客観的に見るべきだ。
- 死んだら、何もかも終わりなんだぞ。

なにをいうかとおもえば

상대의 말이 화자의 생각과 기대에 어긋난 것에 대해 비난하는 어조로 말할 때 쓰인다.

何を言うかと思えば、東大だなんて。（ド1）

· わざわざ立ち止まって何を言うかと思えば、思いがけない気遣いの言葉で軽く笑ってしまう。
· 会話や話題のなかに入ってきて、何を言うかと思えば自分の自慢話をする人がいる。
· その上、何を言うかと思えば、「あぁ面白かった！オシッコしてきた！」と言うのです。

~ならびに

앞의 내용과 같은 종류의 것을 더 열거할 때 사용하는 말로 문어적인 표현이다.
緒方英喜君、**並びに**特進クラスの全員が東大合格を狙っています。（ド9）
· 下記のとおり報告並びに決議されましたので、ご通知申し上げます。
· 授業科目、授業の方法及び内容並びに年間の授業計画に関する情報です。
· 役員、評議員及び顧問の報酬等並びに費用に関する規程です。

~なり

① 각각 나름대로의 입장이나 처지, 상황 등이 따로 있음을 나타낼 때 쓰인다.
そんなこと言うなよ。井野は井野**なり**に頑張ってるんだから。（ド6）
· 私は私なりに人生観を持っています。
· 天気が悪いんだったら悪いなりの楽しみ方があるでしょ。
· 負け続けて損失の大きい人は、自分なりのルールを守れず取引してしまっているのです。

② 어떤 것에 거역하지 못하고 따라간다는 의미를 나타낸다. 고정화된 표현밖에 없다.
正社員もハケンも食うか食われるか。みんな自分の身を守るので精一杯。だから主任も部長の言い**なり**になって、小笠原さんにクビを宣告した。（ハ5）
· この道をまっすぐです。暫く道なりに進みます。
· 彼に嫌われたくなくて、何でも言いなりになってしまってた時期があった。
· 子どもの趣向で、母親の言いなりにならない部分にこそ、その道の資質があると見てよい。

~なんか

① 「なにか」가 변한 말로, 여러 가지 있는 중에서 주된 것을 예로 들 때 쓰인다. 비슷한 것이 또 있다는 의미가 함축되어 있다. 「など」보다 스스럼없는 표현이다.

この仕事って何なの？家族**なんか**より大事なの？（日9）

- 鈴木さんや山田さんなんかは今回の勉強会に参加しないようです。
- 日本料理は寿司なんか好きで、よく食べています。
- パンフレットなんかはこちらにあります。

②「なんか」에 의해 제시된 것에 대해 경멸하는 기분, 겸손한 마음, 또는 의외의 기분 등을 나타낸다.

- お兄ちゃんのことなんかぜんぜん好きじゃないんだからね。
- 私なんかでよければいつでも連絡ください。
- お前らネコなんかどこがいいんだ。

なんとか

① 이것저것 노력하는 모양을 나타낸다.

そこを何とかお願いします。（ハ1）

- 寝ている犬を**なんとか**起こしたい。
- できれば戦争なんてしないほうがいいんだからなんとか平和的な解決を目指そう。
- なんとかこの家を嫁と共有にしたいが、どうすればいいですか。

② 충분하진 않지만 조건 등에 일단 들어맞는 모양을 나타낸다.

森君も頑張ってくれて**なんとか**完成しました。（ハ1）

- どんなことがあっても笑っていさえすれば、そのうちなんとかなるもの。
- おかげ様でなんとか締め切りに間に合いました。
- 明日の朝までになんとかここまで終わらないか。

~なんとやら

말의 내용을 확실하게 나타내지 않을 때 사용한다.

まあ、飛んで火に入る**なんとやら**、ですよ。（喰2）

- 取らぬ狸のなんとやら。
- 塵も積もればなんとやら。
- 噂をすればなんとやら。

~なんて

① 평가하고자 하는 대상 뒤에 붙는다. 뒤에는「すごい」「ひどい」「うらやましい」「すばらしい」등이 이어진다. 의외의 놀람이나 경시하는 기분을 수반하는 경우가 많다.

その体でお仕事なんてお偉いわね。ご両親も心配なさってるでしょ。 (D)

- いくら仕事がない日だからといって、お昼近くまで寝ているなんてひどいです。
- 三曲連続なんてすばらしいです。
- それをすてるなんてとんでもない。
- あの子が結婚するなんて！

② 발언이나 생각한 내용 뒤에 쓰인다. 뒤에는「言う」「思う」「考える」등의 동사나 이것들의 명사형이 와서 그 내용이 의외임을 나타내거나 경시하는 느낌을 나타내기도 한다.「などと」의 스스럼없는 표현이다.

- 初めての挑戦でやっぱ向いてなかったなんてよく言うよ。
- 逃げられるなんて思うなよ。
- アルバイトしながら看護学校に通おうなんて甘い考えは捨てなさい。
- 最近化粧ののりが悪いなんて思う方は要注意です。

③ 어떤 주제를 내세워 그것을 경시하는 느낌을 나타낸다.

- 夢と熱意と誠意があれば不可能なんてない。
- 億万長者になるなんて簡単だ！
- 営業をしない営業マンなんて価値がない。

なんて~

감탄의 기분을 나타낼 때 문 앞에 쓰인다.「なんと」보다 스스럼없는 표현이다.

なんて恐ろしい……。 (日5)

- なんて爽やかな朝なんだろう！
- なんてすばらしい世界なんだ。
- ゆっくり恋をするって、なんてステキなんでしょうか！

なんでもかんでも

어떤 것이든 전부 다 라는 의미를 나타낸다.

私ね、パソコンってのがね、どうも信用できなくてね。昔は**何でもかんでも**手書きだったんだよね。（ハ5）

- 酔っ払いはなんでもかんでも持ち帰る。
- 何でもかんでも「カワイイ！」で片付ける女性たち。
- 何でもかんでも一人でやろうとしていないか。

なんとしても

어떠한 수단이나 방법을 써서라도, 어떠한 노력을 해서라도 라는 의미를 나타낸다. 「どうしても」의 문장체이다.

なんとしても食べたい。（喰8）

- 何としても連敗は止める。
- 何としても地球を守らなくてはならない。
- そんな事態はなんとしても避けたい。

なんとも

전개되고 있는 상황의 정도를 어떻게 표현해야 좋을지 모를 정도임을 나타낸다. 좋지 않은 상황에 많이 쓰인다.

東京から山形の田舎に戻ってもうすぐ2か月。思えば**何とも**おぼつかない毎日を生きてきた。（お）

- 子供を連れて外食したんだけど、なんとも後味の悪い一日だった。
- 記事をみて、なんとも申し訳ない気持ちになりました。
- 心地よい香りと上品な甘さがなんとも美味しい！！

~にあたり

명사나 동사의 기본형에 붙어 어떤 단락을 짓는 중요한 시기에 접어들었음을 나타낸다. 격식 차리는 장면에서 쓰인다.「にあたって」「にあたりまして」라고도 한다.

ご納棺**にあたり**まず最初に含み綿と湯灌を行います。（お）

- 討論を始めるにあたり、ちょっと注意をしておきます。
- 閲覧、利用にあたっては、下記内容をご一読くださいますようお願いいたします。
- 本ウェブサイトを利用されるにあたりましては、下記を十分ご理解頂いた上でのご利用をお願いいたします。

~にいたっては

어떠한 상황에 이르러 극단적인 예를 나타낼 때 사용한다.

ああ、スポーツ**にいたっては**、強い筋力とスタミナが必要だろ？（ド8）

- 乗用車市場の九割以上、オートバイ市場にいたっては99%が日本製である。
- 独立にいたっては、本気で言う県民はごく少数です。
- ツバメにいたっては、いま現在、今年はまだ一度しか見ていない。

~にかぎって

범위를 한정하거나 제한하여 말할 때 사용한다.

でもそういう子**に限って**、実は、おませさんだったりするんですよね。（C6）

- 一目惚れした好きな子に限って大体うまくいかない。
- ところで、なんでいいヤツに限って、早死にするんだろうな。
- 忙しいときに限ってトラブルって起こるモンなんだよね。
- 今日に限ってどうしてこんなにも君に会いたいのか。

~にかけて

어떤 사실이 시간이나 장소 등의 두 가지 영역 사이에 걸쳐 있음을 나타낸다.
「~から~(まで) にかけて」의 형태로 쓰인다.

子供は7歳ぐらいまでは直感的思考段階と言われて、7歳から11歳くらいまで**にかけて**論理的思考が身に付き始めるんだそうです。（ド9）

- 最近、右側の背中から腰にかけてと右わき腹の下あたりに痛みがあります。
- この工事は、関宿から金杉までにかけての約18kmを掘るという大規模なものだったようです。
- 7月中旬から8月末までにかけては、全国で1000近い花火大会が開催される。
- 小学生から中学生にかけてこの雑誌を愛読していました。

~にきまっている

당연히 그러할 것이다, 그러하기 마련이라는 화자의 강한 주장을 나타낼 때 쓰인다.

おまけに俺はバカ龍山で、卒業したってバカにされ続ける**に決まってる**んだ。（ド1）

- 多選でない限り現職が強いに決まっている。
- 誰だって税金は高いより安い方がいいに決まっている。

・ 多数決で決めれば多数派が勝つに決まっている。

~にしている

어떤 일이 의도적인 행위로 인해 이루어짐을 나타낸다.

みんな頭のいいやつがわざとわかりにくくして、ろくに調べもしない頭の悪いやつから多く取ろうという仕組み**にしている**。（ド1）

・ 成功している人は、好きなことを仕事にしている。
・ 多くの人が話題にしている主要テーマを発掘することもできます。
・ 愛する人のために自分を犠牲にしてる。

~にしては

그에 비해서는 이라는 의미를 나타내며, 뒤에는 예상한 것과 다른 내용이 이어진다.

初仕事**にしては**よくやった。（ハ1）

・ 平和目的での利用にしては規模が大きすぎる。
・ ランキングを上げることを目的にしては本末転倒だ。
・ 自分で言うのも何ですが、 初めてにしては上出来です。
・ 下調べをしたにしては不十分な内容だった。

~にしても

앞에서 말한 것은 일단 인정하지만 그것으로는 예상되지 않는 내용을 서술할 때 사용한다.

にしても無茶苦茶だよ。これホントに。（世）

・ 今度の試験はよくできたと思っていましたが、それにしても、やっぱり発表を見るまでは心配でした。
・ まだ本格的な夏の暑さに慣れていないということもあるのだろうが、それにしても今年の暑さは例年に増してきつい。
・ 年収300万円に満たないとワーキングプアだという言い方があります。それ自体が間違ってはいないにしても不正確と言えます。

~にせよ

어떠한 상황을 인정할지라도 그것과 상관없는 내용이 뒤에 이어질 때 쓰인다. 「~し

ても」의 격식 차린 표현이다. 「~にしろ」라고도 한다.
どんな事情があるにせよ、アレルギーで人を苦しめる人間を私は許せません。（喰3）

- 肯定されるにせよ否定されるにせよ、ある程度理解が共有されている。
- 国連が十分にその機能を発揮していないという現実はあるにせよ、国際貢献をさらに進める道はあるだろう。
- いずれにせよ、このクラスにはとんでもない児童がいることだけは確かだ。

~にそう

어떤 방침이나 기준이 되는 것에 따르는 것을 의미한다.
そこで選ばれた人は、国民の代表であり、国民の意思に沿う仕事をしなければならない。（C10）

- コメントはその期待に沿う内容となっている。
- 子どもの発達段階に沿う教育的配慮をする必要がある。
- 極限的制約下での不断のテストこそ、常に消費者の関心に沿うことになる。

~にちがいない

어떠한 근거를 가지고 화자가 강하게 확신하고 있음을 나타내는 표현이다. 문장체에서는 자주 쓰이지만 일상회화에서는 과장되게 전해지는 경향도 있음으로 회화에서는 「きっと~と思います」「~に決まっている」 등을 사용하는 경우가 많다.
そんな病気になればさすがに母にその事実を伝えるだろう。僕と会うことも許すに違いない。（告）

- 母もおいしいものを子どもに食べさせようとしていたに違いない。
- ああ、やっぱり、そう思った人も多いに違いない。
- 史実と創作の案配は、歴史ドラマ制作者の腕の見せどころに違いない。

~につき

① 수량을 나타내는 말에 붙어 그 수를 단위로 함을 나타낸다. 「~について」의 격식 차린 표현이다.

平仮名は一音につき一字を標準とする。（日3）

- 一試合につき一人五枚まで、なくなり次第終了する。

・クーポン券1枚につき、五名様までご利用いただけます。
・水はお一人につき二本まででお願いします。

② 명사에 붙어 이유를 나타낸다.

・工事中につきご迷惑をおかけいたします。
・大好評につき再販決定です。
・本日晴天につき、開催します。

③ 그것에 관해서 라는 의미를 나타낸다. 뒤에 명사가 올 경우에는「~ついての」가 된다. 정중하게 표현할 때에는「つきまして」를 사용한다.

申し訳ありません、東京行き**につきましては**、まだ運航のめどが立っておりません。（世）

・情報が上手く取得できない件につきまして改善いたしました。
・それ以降のキャンセルにつきましては、受講料金をご請求させていただきます。
・お客様への弊社対応等についてのお知らせを掲載しております。

~には

앞부분에는 하고자 하는 것에 대한 내용이 오고, 뒤에는 그것이 이루어지기 위해 필요한 내용이 이어진다.

そして選挙に勝つ**には**金がいる。（C7）

・金融緩和を終わらせるには時間がかかる。
・そうした現実的な施策を進めるには何が必要なのか。
・記事と写真をすべてご覧いただくには、会員登録が必要です。

~にもほどがある

상태의 정도가 심한 경우에 사용하는 말로 타이르거나 주의를 주는 표현이다.

一夜漬けで東大に行こうだなんて、ずうずうしい**にも程がある**。（ド8）

・人騒がせにも程がある。
・非常識にもほどがある。
・やりたい放題にもほどがある。

~ぬき

명사 뒤에 붙어서 그것을 빼거나 제외하는 뜻을 나타낸다.

では、新内閣の基本方針を確認しましょう。総理**抜**きで。（C4）

- バナナ、炭水化物抜きなどと、あらゆるダイエットに挑戦した。
- 人口の半分を占める女性抜きに、持続可能な発展は不可能だ。
- 本当に楽しそうに遊んでいるので、理屈抜きで、お友だちは大切だとしみじみ思います。

~ぬく

동사의 연용형에 붙어서, 행위를 마지막까지 하는 것을 나타낸다.

大マジだ。割り切るところは割り切る。現実社会を生き**抜く**にはな、そういう賢さも必要なんだよ。（ド5）

- なにかを愛し抜くことは、能力である。
- 最後まであきらめず戦い抜くことを誓います。
- 自分自身のなかにある矛盾や葛藤から目をそらさず、自らの悩みを悩み抜く。

~のがす

동사의 연용형에 붙어, 해야 할 일을 하지 못했음을 의미한다.

あっ、ドラマとり**逃し**たらいつでも言って。私、録画しとく。（時）

- 見逃すと次は十年後だよ。
- 大事な話を聞き逃すことがある。
- 明日、店頭入荷！買い逃すべからず！

~のことで

이유, 사정을 나타낸다.

ああ、あそこはあの、龍次のアザ**のことで**相談しに行ったの。（D）

- 暴力団のことで悩んでいませんか。
- 子どもの虐待のことで相談できる窓口について知りたい。
- 俺の親のことで嫁がへそを曲げている。

~のだから

절 뒤에 이어져 그 절에서 말한 것이 사실임을 인정하고 그 사실이 원인, 이유가 됨을 나타낸다.

倉沢君。初営業**なんだから**このプロジェクトにかける抱負を一言。（D）

・小さなカメラに最先端の顔。認識技術が組み込まれたのだから画期的だった。
・ロシアのロゴジン副首相は北方領土の返還を求める日本について「第二次大戦で無条件降伏したのだから、今日において新たな領土要求をするのは無意味だ」と述べた。
・子供も自立したのだから、月額22万円の扶助料を減らしたい。

は

~は~で

같은 명사를 반복해 사용함으로 다른 것과 대비하며 그 명사에 대해 서술할 때 쓰인다.

ここ**は**ここ**で**美味しいです。（喰6）

・それはそれで悪くない。
・僕とは思想信条が違うけど、あれはあれで一本筋が通ってました。
・姉は姉でおそらく優越感に浸っていたことでしょう。
・君は君で愛せばいい。

~ばあいではない

현재의 상황이 때에 맞지 않음을 지적하며 현재가 긴급사태임을 상대에게 충고할 때 쓰인다. 동사의 テイル형에 붙어 쓰이나, 예외적으로 「そんな」의 경우에는 바로 접속한다.

落ち着いて。そんな**場合じゃない**んだ。（ハ10）

・そんなことをやっている場合ではない。
・遅くまで寝ている場合じゃない。
・円安で浮かれている場合じゃない。
・弱いくせにキレイな柔道とか言ってる場合じゃない。

~ばかり

명사에 붙어, 같은 것만이 많이 있음을, 또는 같은 것이 반복됨을 나타낸다.

新学期なのに雨**ばっかり**ね。（耳）

・雑用ばかりやらせていたら「追い出し部屋だ！」と言われました。
・知らない曲ばかりでびっくりした。
・空気ばかり読んでいると、空気しか読めない人間になる。

~(る)ばかりだ

마이너스 방향으로 일방적으로 변화하는 것을 나타낸다.

みんなリストラされちゃって、これから、アカの他人の派遣が増える**ばっかりだ**。 (ハ1)

・原爆に対する怒りは、最近ますます募るばかりだ。
・訪問介護を担当する職員のストレスはたまるばかりだ。
・米国などとの価格差は広がるばかりだ。

~ばかりに

형용사나 동사의 タ형에 붙어, 바로 그 일로 인해 안 좋은 일이 생겼음을 나타낼 때 쓰인다.

ごめんなさい、私が勘違いした**ばっかりに**。 (喰4)

・皮膚のケアを怠ったばかりに痕が残ってしまった。
・きちんとした医療を受けなかったばかりに、亡くなった人もいるというのだ。
・保証人になったばかりに悲惨な人生を送るハメになってしまった人のインタビューを通して、戒めと注意喚起の思いからメッセージします。

~ばかりは

다른 것은 몰라도 그것만은 이라는 의미를 나타낸다.

しかし、今度**ばかりは**厳しいんじゃないのかな。 (C2)

・この日ばかりは忙しいお父さんにゆっくり過ごしてほしい。
・こればかりは1人で決められるものではないので、返答できない質問です。
・どうか命ばかりはお助けください。
・今回ばかりはその使い方を間違えている。

~(を)はじめ

맨 처음에 대표적인 예를 들고 그 후에 같은 예가 이어질 때 쓰인다.

もちろん、神林先生**をはじめ**、みなさんのサポートは必要です。（C5）

・先生はじめ、皆様いかがお過ごしでしょうか。

・日本をはじめ世界各地で大変な自然災害や事故が発生した。

・田中さんをはじめスタッフの接客対応がよかった。

~(を)はじめとする

여러 가지 중에서 어느 특정한 것을 대표적인 예로 제시할 때 사용한다.

これに対し、2007年の輸入実績は、とうもろこし111万2千トン**をはじめとする**、総額1251億4000万円に過ぎない。（C5）

・社長をはじめとする職員の皆様には深く御礼を申し上げます。

・高齢者をはじめとする地域住民の健康や医療などについて紹介しています。

・気候変動をはじめとする地球環境問題への対応が必要だ。

~(を)はたらく

「盗みを働く」「不正を働く」「悪事を働く」등 나쁜 짓을 하는 경우에 쓰인다.

障害を持った息子をだしにサギ**働く**なんて。（D）

・盗みを働く泥棒猫が犯行現場を目撃されてコッソリと証拠隠滅をしようとする決定的瞬間が面白い。

・どうしたら不正を働く人材を排除できるのか。

・乱暴を働くことで、まわりの人の関心を集めようとする。

はなしにならない

말할 만한 가치도 없다, 문제가 안 된다는 의미를 나타낸다. 상대가 말할 상대로서 부족할 때나 화제를 삼기에 부족할 때 쓰인다.

訪問販売なんて悪いけどお**話にならない**よ。（D）

・フロントの対応は話にならないがコンシェルジュはすばらしい。

・児童相談所の言い分が全く話にならないのですが。

・視点が違うから話にならないって言う人の「話になる」って何を指しているのか？

~ひきかえ

앞의 것과는 전혀 다름을 나타낼 때 쓰인다.

春子先輩って、正社員の人たちに全然おべっか使わないし、嫌な仕事はきっぱり断るし。そういうところすごいなって。それに**引き換え**私は。（ハ1）

· 去年の夏が冷夏であったのにひきかえ、今年は猛暑が心配されている。
· 佐藤はこれから真理さんとデートらしいよ。 それにひきかえ、 俺たちは残業だもんな。
· 去年はトマト50個収穫できたのよ。それにひきかえ今年は30個だけ。

ひらたくいえば

어려운 말 등을 알기 쉽게 설명할 때 사용한다.

ひらたく言えば破産はせずに、もう少し学校事業を継続し、経営状態の改善を図るということです。（ド1）

· この研究テーマを平たく言えば、人と人のツナガリの経済分析となります。
· これは、平たく言えば取引会社が倒産した場合のリスクのことです。
· うつ病って、平たく言えば理由も原因も無いのに物悲しくなる病気です。

~びる

명사나 형용사 어간이 붙어 ~처럼 보이다, ~티가 나다 라는 의미를 나타낸다.

大人**びてる**っつうか、何つうか。（世）

· 古びたアパートで、半生を語ってくれた。
· ひなびた温泉街で新たな試みも始まった。
· 湖は少し田舎びた感じで静かに水をたたえている。

~ぶり

명사, 동사의 연용형에 붙어서 그 상태나 모양, 모습 등을 나타낸다.

「ぶり」를 강한 어조로 말할 때는 「~っぷり」로 쓰이는데, 「~ぶり」는 주체의 행위나 상태의 변화를 나타내며, 「~っぷり」는 주체의 외면에 나타나는 깔끔하거나 당당한 모습 등을 묘사한다.

思った通りの0点**ぶり**ですね。（ド9）

なるほど、見事な食べ**っぷり**だね。（喰4）

・同僚の仕事ぶりで頭にきています。
・力強さとメロディーのよさ、感情に訴えかける見事な歌いっぷりには、誰もが圧倒されるでしょう。
・仕上がりっぷりに心酔する。
・今年の彼の仕事っぷりには頭が下がります。
・何ともいい飲みっぷり、しゃべりっぷり。いっぺんにファンになった。

~ぶる

화자가 상대의 모습이나 행동에 혐오감을 강하게 느낄 때 쓰는 표현으로, 자주 사용되는 어휘는 다음과 같다. 명사의 경우는「学者ぶる」「聖人ぶる」「かわい子ぶる」「金持ちぶる」「お嬢さんぶる」등이 있으며, イ형용사에는「偉ぶる」「賢ぶる」「驕り高ぶる」「悪ぶる」, ナ형용사에는「上品ぶる」「高尚ぶる」「深刻ぶる」등이 있다.

香坂さんが出て行ったときはほったらかしだったくせに、どうして急にいい先生**ぶる**んですか？（ド5）

・いかにもお金持ちぶるのは本当のセレブではないと思いますよ。
・ブスのくせにかわい子ぶる女はうざいと思いませんか？
・リーダーとは偉ぶる人間ではない。
・わざと悪ぶるのは何故ですか？

~ぶん

① 뒤에 일어나는 상황이 앞에서 제시하는 양 만큼임을 나타낸다.

総理の場合、政治の世界に慣れていない**分**、ストレスも相当溜まっていると思うし。（C9）

・練習時間が十分に取れない分、工夫して体づくりをしている。
・農協などに納めて手数料をとられない分、少し得をするのだという。
・監視の目が届かない分、詐欺の温床になるおそれもある。

② 그것에 해당되는 할당, 몫을 의미한다.

三か月間お時給の**分**は、しっかり働かせていただきます。（ハ1）

・男性との食事では自分の分は自分で出す。
・兄嫁が何もせず出来たご飯を食べ、自分の分の食器だけを洗って2階に上がる。

・母子家庭が再婚した場合、児童扶養手当はいつの分まで支給されるのですか？
・このレッスンのお支払い方法は、4回ごとのお支払い。お休みされる分までは頂きません。

~ほうだい

동사의 연용형이나 조동사「たい」등에 붙어, 제한 없이 마음대로 하는 모양을 나타낸다.

さっきは働かない正社員とか、言いたい**放題**ですね。（ハ4）

・十名様以上で揃ってご利用いただける食べ放題＆飲み放題のプランです。
・子どもたちには、電気が使い放題ではないことを学んでほしい。
・今まではよその国で勝手放題にやってきたことを逆にやられるに違いない。

ま

~まくる

동사의 연용형에 붙어 계속 해 대거나 마구 하는 모양을 나타낼 때 쓰인다.

俺、地震大嫌いだからビビり**まくった**よ。（ハ6）

・腹を壊すほど辛い料理を食べまくった。
・科学の分野で書きまくる作家になるだろうと期待していました。
・現実のまことと自分の理想が違うから何が何でも否定して逃げまくる。
・上手な人には楽器を問わず聞きまくった。

まさに

확실히, 틀림없이, 말 그대로, 두말할 것 없이, 바로 등의 뜻을 나타낸다.

慣れない日本での生活は**まさに**サバイバルってことなんだよ。（日1）

・まさに夢の技術だ。だが、実現には障害もある。
・まさに「生きる」ということは「食べる」と同義とも言えるのですから。
・多分生きては帰れない、まさに生死の岐路であった。

まだ

현재의 상태가 앞으로도 계속됨을 나타낸다. 「まだまだ」을 사용하면 정도가 더 높아지거나 장시간 계속됨을 나타낸다.

ええっ、**まだ**行くの。お父さん、もう帰ろうよう。（千）

まだまだ増えるかもな。（D）

- 円安は続くから株はまだあがる。
- 子ども手当は減ったけど、税金はまだ増える。
- お話の決着はまだまだ楽しませてくれそうな設定ですし、続きがぜひ読みたいです。
- 通信料金まだまだ下がる。
- まだまだ募集中！

~までして

어떤 행위를 하기 위해 극단적인 것을 행할 때 쓰인다.

私と賭け**までして**、水野さんをこの特進クラスに入れたんじゃないですか。（ド10）

- なぜそこまでしてロボットに力を注ぐのですかとよく企業からも聞かれます。
- 拭いたり、こすったり、洗ったりまでして、絵の具の新たな扱い方を見いだそうとしている。
- 赤字の中小企業や自営業者は、借金までして消費増税分を自腹で払わされるのだ。

~(た)まで(のこと)だ

이유는 단지 그것만으로 다른 뜻은 없다는 의미를 나타낸다.

しかし部長、僕は社員として、当然のことをした**までです**から。（ハ7）

- 私はただ彼の意見をそのまま言ったまでだ。
- 何度電話しても、あなたがいないから、ちょっと気になったまでよ。
- 冗談で言ったまでのことだ。

~までもない

당연한 일이라서, 또는 가벼운 일이라서 그렇게까지 할 필요는 없다는 의미를 나타낸다.

総理のご判断を、仰ぐ**までもない**と存じますが。 (C4)

- それが劇団員を成長させていることは、もちろん言うまでもない。
- いま、そのようなことが可能かどうか、考えるまでもないだろう。
- 仕事や技術の伝承が如何に大事かは説明するまでもない。

~まま

변화 없이 같은 상태가 지속됨을 나타낸다.

いちおうやってみたけど、うまくいかないよ。やっぱり英語の**まま**でやったら？ (耳)

- 君は君のままでいい。
- 今のままでいいんですか？
- 扇風機つけたままで寝ると死んじゃう。
- ずっと綺麗なままでいて欲しいの。
- なぜ冷蔵庫に食品を熱いまま入れてはいけないのでしょうか？

~まみれ

명사 뒤에 붙어서 어떤 것이 더러운 느낌으로 붙어 있는 경우에 쓰인다.

みなさんと同じ手で、自分も汗**まみれ**になって働き……。 (C3)

- 確かに政府は借金まみれだが、国民や企業などには財産があるじゃないかという意見だ。
- 中3でデビューするまで、夏休みは店で油まみれになって働いていました。
- このデモで、消防士の泡攻撃を受けた機動隊は泡まみれとなって真っ白になりました。

まるで~ない

부정형이나 부정적인 의미를 나타내는 표현과 함께 쓰여 완전 부정을 나타낸다.

政府与党は、国民の生活を**まるで**考えてい**ない**。 (C6)

- そんな申し出ではまるで話にならない。
- 送信先は十数件にのぼり、まるで覚えのない相手先です。
- 愛情を込めることで同じ料理であっても質や価値がまるで違うものになります。

みるからに

보는 것만으로도 바로 알 정도임을 나타낼 때 쓰인다.

それはですね。息子さんの頭が、**見るからに**空っぽそうだからです。（ド9）

- お菓子、ジャム、どれも見るからに丁寧に作られます。
- そのうちに見るからにやつれてきて、トイレにも行けなくなった。
- 家の前で彼女たちは遊んでいたのですが、見るからに面倒を見てくれる人がいないようです。
- ところで、見るからに海賊船をイメージしたと思われるデザインですね。

~むき

명사에 붙어 그 명사가 나타내는 경향, 관심, 성질 등을 가지고 있음을 나타낸다.

あの人は、実はとても、政治家**向き**なのかもしれません。（C5）

- 人間の善悪を問う名作を、大人向きの演出と繊細な動きで見せた。
- バナナの香りと梅酒のすっきりとした味は、日本酒が苦手な人や女性向きです。
- 初心者向きかどうかのランク付けは、下記の項目を考慮して判断しました。

cf) 西向きや南向きの机は落ち着いて勉強ができません。
がんを経験しても、まえ向きに人生を歩む人のサポートをしたい。

~むりない

당연하다, 무리가 아니라는 의미를 나타낸다.

しかしまあ、汚い事務所だな。これじゃ、依頼人が来ないのも**無理ない**な。（ド1）

- 地球や惑星を語る時、私たちの時間のスケールから想像が及ばないのも無理ないかな。
- いつ自分もそうなるかわからないとつい考えてしまうのも無理はない。
- 彼らがわからないのも無理はない。

수량사+も~たら／ば／と

어떤 일이 성립하는데 그 정도의 수량이 있으면 충분하다는 의미를 나타낸다.

あと1年**もしたら**あんたもこの店手伝うんだよ。（ド3）

・「三日坊主」という言葉がありますが、3日もあれば、なかなかのことができるようになると思います。
・ホームページを作るには、三日もあれば誰でも簡単に無料で作れます。
・10分、15分も歩けば海にも山にも行ける自然豊かなところでもあります。
・手取り二十万もあれば十分楽しく生活できる。

~もいいところだ

앞에 좋지 않은 의미의 말이 오는데 그 말로 표현하는 것도 아직 낫다는 표현으로 ~에도 정도가 있다는 느낌으로 사용한다. 「~もはなはだしい」와 유사하다.

濡れ衣**もいいとこ**だわ。 (喰3)

・本契約もしていないのに、断ろうとしたら違約金を取ろうとしたのだ。まったくルール違反もいいところだ。
・幼児だから判断力がないなどと思うのは、とんだ誤解もいいところだろう。
・自分を美男だと言っているけど、自惚れもいいところだ。
・見当はずれもいいところです。

~も~なら~も~だ

양쪽 다 문제가 있음을 비난조로 말할 때 쓰인다.

教師**も**教師**なら**生徒**も**生徒**だ**。 (ド1)

・子も子なら親も親ですよ。
・そんな命令を出す社長も社長なら、それに従う社員も社員だ。
・君も君なら、彼も彼だ。二人とも悪いと思うよ。

~もの(~もん)

① 이유를 나타내는 표현으로 자신의 정당성을 주장하는 의미가 포함되어 있다. 여성이나 아이들이 쓰는 경우가 많다.

みんなで買えば、またヒデちゃんに会える**もん**。 (D)

・岩手山の中腹にあるペンションだもん。
・少数派意見にも良い案はあるはずなのに、頭から否定だもんね。
・無知は罪だけれど、馬鹿は罪じゃないものね。

② 수량 뒤에 붙어서 그 수량이 많음을 강조할 때 사용한다.

何軒**もの**麻婆豆腐を食べて探す時間はありません。 (喰2)

・日本では、毎日九十人もの人たちが自殺で亡くなっています。
・何軒もの物件をまわって、長い時間をかけて契約を決める時代でした。
・20世紀の画家による50冊もの絵本の展示会です。

~ものか

강하게 반문하여 단호히 부정할 때 쓰인다.

そう簡単に入る**ものか**。（ド4）

・これはどのような考慮に基づくものか。
・思想など何の役にたつものか。
・画質の違いって、 そんなにわかるもんですか？

~ものだ

① 일반적인 경향이나 규칙 등에 대해 말할 때 사용한다.

始球式？普通は代理をたてる**ものです**。（C7）

成績というのは、目の前にわかりやすい目標を置いた方が伸びる**ものだ**。（ド3）

・どんな愚か者でも、たまには名案があるものだ。
・ルールとは、 変わるものだ。
・コミュニケーションってそもそも疲れるものだ。
・突然のプレゼントは嬉しいものだ。

② 영탄을 나타낸다.

こういう熱い風呂もいい**もんですの**。（お）

・大陸の地平から昇りくる太陽に何とも言えぬ感動を覚えたものだ。
・二本足で立つのも難しいものだな。
・広告の効果って意外にあるものだね。

③「たい」「ほしい」등과 같이 쓰여 그 기분을 강조한다.

・爪のアカでも煎じて飲みたいものだ。
・せめて出来ることくらいはしたいものだ。
・手段の目的化はそろそろ止めたいものだ。

④ 동사 タ형에 붙어 과거에 습관적으로 행한 것을 회상할 때 사용한다.

・子供のころには姉とよくけんかしたものだ。
・学生時代にはこの店によく通ったものだ。

・若いときはよく親に反抗したものだ。

⑤ 앞에 나오는 명사를 대신해서 나타낼 때 쓰인다.

・絵本はまだ子どもだけのものだとお思いですか？
・被告の行為は個人の尊厳を踏みにじるものだ。

~ものだから

이유, 원인을 나타낸다. 사태의 정도가 중대하고 그 탓으로 무엇인가를 해 버렸다는 의미가 있다.「暑いものですから、窓を開けよう」와 같이 의지나 명령 표현과는 쓰지 못한다.

すみません、急遽集めた**ものですから**教育が行き届いてなくて。（ハ6）

・初めての経験だったものですから、撮影前日は緊張してほとんど眠れませんでした。
・優勝しちゃったもんだから、やめるにやめられなくなった。
・恵まれた家庭に育ったものですから、自分自身の資産管理が極めてずさんだったことを申し訳なく思います。

~ものではない

① 행위를 나타내는 동사에 붙어, 해서는 안 됨을 나타낸다. 충고할 경우에 쓰인다.

塩は、塩そのものの味を楽しむ**ものじゃありません**。素材が持ってる美味しさを引き出すためにあるんです。（喰8）

・何億円も払って誘致するものではない。
・早く読めばいいというものではない。
・人は望む通りのことが出来るものではない。

② 가능을 나타내는 동사의 タ형에 붙어, 불가능함을 강조한다.

どんなに素材が美味しくても塩を入れ過ぎるとしょっぱくて食べられた**ものじゃありません**。要は使い方次第なんですが。（喰8）

・あいつは腹黒くて何を企んでいるか分かったものじゃない。
・酒粕が目的で濁酒を仕込みました。下手なので濁酒は飲めた物ではないのですが、酒粕は絶品で生きた酵母でしっかりと浸かります。
・二人の会話は視聴者にとって「聞けたものではない」そうだ。

~ものとおもう

화자가 확신하고 있음을 나타낸다.

刃渡り十五センチの刃物で刺され、その後、遺棄された**ものと思われます**。(喰2)

- それはお客様にも伝わって、より楽しんでいただけるものと思います。
- 企業における情報資産管理に関する大きな変化が発生しているものと思われます。
- どうやら彼の一言が離婚の原因になったものと思われる。

~ものなら

실현 가능성이 적은 것에 대해 가정할 때 사용한다. 또한 같은 동사를 반복해서 사용하면 실제로는 할 수 없음을 강조하게 된다.

これが最高のハケン弁当です。作れる**ものなら**作ってみなさい。(ハ8)

- 逃げ出せるものならすべてを投げ出し旅に出たい。
- クリアできるものならしてみろ。
- 寝られるものなら寝てみろ。世界一うるさいアラームと称するアラームアプリが販売されています。

~ものの

대립이나 모순되는 사실을 연결할 때 쓰인다.

つまり、辞職するとは言った**ものの**、総理をサポートするのは、自分しかいないと思っている。(C7)

- 九月の輸出が減少したものの、資金流入が続いたことを示している。
- 財政危機回避に向けて進展の兆しが見られたものの、合意には至らなかった。
- 警察は捜査が進められているとしたものの、男が死亡した経緯は明らかにしなかった。

~もようだ

① 현 시점에서 추측되는 것을 말할 때 쓰인다.

日本人を含む六人全員が、死亡した**模様です**。(C1)

- 日韓両政府も事実関係を確認した模様だ。
- 歴史認識などでぎくしゃくする日韓の懸案が議論された模様だ。

・固定価格買取制度における風力の価格を来年度に引き上げるもようだ。
・また、男児の証言にも矛盾する点があることから、依然捜査は続行中の模様だ。

② 어떤 일의 모습을 나타낸다.

党本部で開かれました記者会見の**模様です**。 (C3)

・以下は記者会見内で行われた個別インタビューの模様です。
・街頭演説の模様です。
・大気温度が海水よりも低い冬の模様だ。

や

~やがる

동사의 연용형에 붙어 상대의 동작을 경멸하는 어조로 말할 때 쓰인다.

俺の先越し**やがって**、功介の奴。 (時)

・公園のハトが勝手に俺の蒔いたエサ食べてやがる。
・俺を誰だと思ってやがる。
・おとなしくしていれば付け上がりやがって。

~ゆえん

까닭, 이유, 근거를 의미하며 문장체이다.

それが彼が喰いタンと呼ばれてる**所以**でして。 (喰7)

・これらが美容と健康の食材とされる所以でしょう。
・これらが将来の燃料として期待される所以である。
・長い年月にわたり、漁業が続けられてきた所以である。
・まだはっきり表われていない生徒たちのすぐれた才能を発見し、育成し、磨かせることこそ、人を生かす所以であると信じております。

ゆめのまたゆめ

「夢の夢」와 같은 말로, 꿈 속에서 꾸는 꿈을 뜻한다. 매우 허무하고 헛됨을 나타내거나, 이루어지기 어려운 사실 등을 나타낸다.

小林よ。お前のルックスじゃタレントなんて、東大ブランドなしじゃ**夢のまた夢**じゃねえのか? (ド6)

· 夢のまた夢だったマイホームが無事完成したなんてまだ信じられません。
· 年収500万円は夢のまた夢です。
· 株価が上昇するなどという事は、夢のまた夢でありましょう。

~ようが

어떤 행동을 해도, 어떤 상황이라도 그것과는 상관없다는 내용(「自由だ／勝手だ」 등)이 뒤에 이어질 때 쓰인다. 「~ても」의 문장체적인 표현으로, 「~ようと」와도 바꾸어 쓸 수 있다. 또한 정반대나 유사의 의미를 가진 것을 나열하여 「~ようが~ようが」 「~ようが~まいが」와 같은 형태로도 쓰인다.

あんた正社員じゃないんだから、どんな夜のバイトし**ようが**勝手だし。（ハ2）

いいじゃないか。二の腕が多少タプタプし**ようが**、ほっぺたが少々腫れぼったか**ろうが**、気にすんな。（ド3）

· あなたが本業でどれだけ家に収入を入れようが関係無い。
· どんなことを考えようが、それは自由だ。
· 消費増税については消費者心理は、3%上げようが5%上げようがあまり変わらない。
· 結婚をしていようがしていまいがそれぞれが取り組むこと。

~ようがない

동사의 연용형에 접속하여 그렇게 하고 싶지만 수단이나 방법이 없어서 불가능하다는 의미를 나타낸다. 강조할 때는 「~ようもない」의 형태로 쓰인다.

ちょっと説明し**ようがない**の。（耳）

· 運がよかったとしか言いようがない。
· 当時の庶民には、震災も空襲も防ぎようがなかった。
· 肯定しているとしか読み取りようがない。
· そういわれると、聞く方もつっこみようもない。

~ようと

「~ようが」와 같다.

運なんかどうとらえ**ようと**勝手でしょうが。（日10）

· 自分の家の庭で子供をどう遊ばせようと勝手だと思う。
· 個人が自分自身だけに関することをどのようにしようとも自由だ。

・一人一人何を考え、信じようと自由だ。

~ようと~ようと

정반대, 또는 유사한 의미의 것을 반복해서 말하며 무엇을 해도 상관없다는 의미를 나타낸다. 「~ようが~ようが」와 같다.

不景気が100年続**こうと**、日本中の会社が潰れ**ようと**、私は大丈夫。（ハ1）

・どんな道を歩こうと走ろうと勇気さえあれば乗り切れるように出来ている。
・海に行こうと山に行こうと気持ちいいと思うのですが。
・雨が降ろうと雪が降ろうと人々の願いは一つです。

~ようなきがする

느낌으로 느껴지거나, 어떤 예감이 들었을 때 쓰이는 화자의 주관적인 표현이다.

ハルコが来る**ような気がして**みんなで待ってました。（日12）

・スマートフォンを使うようになってからはネットばかり見ているような気がする。
・どう考えても、価値がないような気がする地域もあります。
・日本人の親はしつけを学校に任せすぎのような気がする。

~ようものなら

화자가 일반적으로 알고 있는 사실을 근거로 만일 그러한 일이 일어날 것 같으면, 그러한 일을 할 것 같으면 이라고 가정할 때 쓰인다. 뒤에는 그렇게 되면 안 좋은 결과가 일어난다는 내용이 이어진다.

今度、外で何か問題起こしてクレームでも来**ようもんなら**即刻クビだからな。（日10）

・窓側へ振り返って景色を見ようものなら、足元がガクガクしてしまうのです。
・練習中に子どもが少しでもいたずらをしようものなら、烈火のごとく怒る親がいる。
・ちょっとでも巣を踏みつけようものなら、アッと言う間に無数の蟻に刺される。

~よばわり

사람을 나타내는 말에 붙어 마치 그런 사람인 것처럼 단정하고 취급함을 나타낸다.

子供をバカ**呼ばわり**するってことは、親である自分自身のことをバカと告白しているのと同じです。（ド9）

- 首相を何度もうそつき呼ばわりした自民党にもうんざり。
- 職場で「おばさん」呼ばわりされて困っています。
- 撮影中は、加害者役を演じた俳優さんとも顔を合わせなかったし、犯人呼ばわりして口もきかなかった。

わ

~わけ

결과로서 그렇게 될 것이 당연하다는 기분을 덧붙이는 말로, 단정을 어느 정도 부드럽게 나타내는 표현이다.

景気が拡大すれば、自然と、税収が増える**わけ**です。（C3）

- 政府が国民に対して説得して、ちゃんと長期管理に耐えうる施設を作ったわけです。
- 結局、売れ残った物件ということになるわけだ。
- そりゃそうですよ、やりたいことしかやらないわけだから。

~わけがない

어떤 일이 일어날 가능성이나 이유가 없음을 나타낸다.「~はずがない」와 바꾸어 쓸 수 있다.

食べ物なんか残ってる**わけない**でしょ。（C2）

- 話しても分かるわけがないと思っていたようだ。
- 大切な命と大切でない命なんて分けられるわけないじゃないか。
- 稼ぎ方がこんなに簡単なわけがない。
- 俺の妹がこんなに可愛いわけがない。

~わけではない

현재의 상황이나 직전의 발언으로부터 생각할 수 있는 결과를 부정하는데 쓰인다.

日米構造協議は、今年で終わった**わけじゃない**ですよね。（C5）

・ しかし、成長につながる動きがないわけではない。
・ ただし、この先の収益改善にめどが立ったわけではない。
・ 与党は数があるからといって思い通りにやっていいわけではない。
・ 感想文はうまく書けばいいわけじゃない。

~わけにはいかない

단순히 불가능함을 나타나는 것이 아니라, 일반상식이나 사회적 통념, 과거 경험으로 생각하여 할 수 없다, 해서는 안 된다는 의미를 나타낸다.

今更追い返す**わけにいかない**でしょう？　(C2)

・ 一概に結果を見て反応するわけにはいかないだろう。
・ もう二度と福島のような事故を起こすわけにはいかない。
・ それがいかなるものになっているかは、ここで述べるわけにはいかない。

~わりには

어떤 사실에서 비율적으로 유추되는 것과 반대되는 내용이 이어질 때 쓰인다.

好きな**わりには**全然うまくなんねえけどな。 (時)

・ 忙しいと言っているわりには、実は、時間をムダに使っている。
・ 掛け金のわりには補償は手厚いとの評判だ。
・ これ、 即興で作ったわりにはおいしくできた。
・ 丁寧な仕事と珍味なわりにはリーズナブルな価格設定だ。

토산품 가게

VI. 부록

1. 의성어 · 의태어
2. 관용어구 · 속담
3. 속어 및 유행어
4. 일본인의 姓
5. 일본 드라마의 이모저모

산샤마쓰리(간토지방)

기온마쓰리(간사이지방)

1. 의성어・의태어

1.1 いろいろな音・声 여러 가지의 소리

がたがた 덜컹덜컹 風で戸が~鳴る。
がやがや 왁자지껄 部屋の中が~している。
からから 껄껄 ~と大笑いする。
がらがら 덜커덩 ~と戸を開ける。
がんがん 꽥꽥 ~怒鳴る。
ぐずぐず 투덜투덜 いつまでも~言うな。
げらげら 껄껄 ~笑う。
ころころ 데굴데굴 ボールが~転がる。
ごろごろ 우르르 雷が~鳴る。
ざあざあ 주룩주룩, 좍좍 雨が~と降る。
さらさら 졸졸 小川が~流れる。
ざらざら 좌르르 豆が~こぼれる。
だぶだぶ 출렁출렁 バケツの水が~揺れる。
つるつる (면 등을 먹을 때 내는 소리) 후르륵 そばを~食べる。
どきどき 두근두근 胸が~する。
どんどん 북소리 둥둥 ~と太鼓を鳴らす。
ばらばら 빗방울소리 후드득 大粒の雨が~と屋根を打つ。

1.2 物の動きや様子 사물의 움직임・모습

がたがた 부들부들 人事問題で~している。
がらがら 텅텅 빔 ~平日の映画館は~だ。
きちんと 깔끔하게 정리된 모습 部屋が~している。
ぎっしり 빽빽이 予定が~だ。
きっちり 꽉 ふたを~閉める。
ぎりぎり 빠듯한 모양 合格点~だ。
きらきら 반짝반짝 星が~輝く。
ぐっと 쭉 両手で~押す。
くるくる 돌돌 包帯を~巻く。

ぐるぐる　둘둘　紐を~巻きつける。
ごちゃごちゃ　어수선하다　頭の中が~になる。
ころころ　자꾸자꾸　話が~変わる。
ごろごろ　뒹굴뒹굴　休みの日に家で~する。
ざあざあ　좍좍 쏴쏴　~降りの雨だから、 遠足は中止になるだろう。
さっと　휙　風が~吹き抜けた。
ざっと　쏴　~水をかける。
さらさら　보슬보슬　~とした砂。
ざらざら　꺼칠꺼칠　床が~している。
しっかり　단단히, 꽉　ロープを~結ぶ。
すっきり　깔끔한, 산뜻한　~した文章。
ずらり　잇달아 늘어선 모양. 죽　新車が~と並んでいる。
ずるずる　질질　荷物を~引きずる。
そっくり　몽땅　~食べてしまう。~もらう。
たっぷり　가뜩　コップに~お茶を注ぐ。
ちゃんと　가지런히　部屋の中を~かたづける。
つるつる　미끈미끈　床が~滑る。
どんどん　점점　~燃え広がる。
ぬるぬる　미끈미끈함　油で~になる。
ねばねば　끈적끈적한 모양　~を洗い落とす。
のろのろ　느릿느릿　作業が~してはかどらない。
ばたばた　푸드득　鳥が羽を~させる。
はっきり　뚜렷이　富士山が~見える。
はらはら　조마조마　わが子の初舞台を~しながら見守る。
ばらばら　제각각　意見が~だ。
ぴかぴか　반짝반짝　~に磨く。
ぴったり　꽉　窓を~閉める。
ふっくら　몽실몽실(하게)　パンが~焼き上がる。
ぶらぶら　흔들흔들　両手を~させる。
ぺこぺこ　굽실거리는 모양　上司に~しながら言い訳をする。
ぺらぺら　유창한 모양, 술술　中国語が~だ。
ぼうっと　뽀얗게　山が~かすんで見える。
ぼろぼろ　부슬부슬　パンくずを~と落とす。

めちゃくちゃ　엉망진창　順番が~だ。
ゆっくり　천천히　~話す。

1.3 人や動物の動きや様子 사람이나 동물의 움직임・모습

あっさり　깨끗이, 개운한　~した料理が好きです。
うっかり　깜박, 무심코　~約束を忘れた。
うろうろ　허둥지둥　慌てて~する。
がたがた　와들와들　恐ろしくて~震える。
がやがや　시끌시끌　~と騒ぐ。
からから　바싹 마른 모양　のどが~にかわく。
がらがら　속이 비어있는 모양　~のバス。
がんがん　욱신욱신　頭が~する。
きちんと　깔끔히　部屋が~している。
きっぱり　단호한　~した態度をとる。
きらきら　반짝반짝　眼差しが~している。
ぎりぎり　마지막까지　~まで待とう。
ぐずぐず　우물쭈물　~しないで答えなさい。
ぐっすり　푹　~眠っている。
ぐっと　확(힘차게)　両手で~押す。
げっそり　갑자기 살이 빠져 바싹 여윈 모양　頬の肉が~落ちた。
ごちゃごちゃ　어수선함　頭の中が~になる。
こっそり　살짝　~と部屋を出る。
ころころ　포동포동　~した子犬。
ごろごろ　빈둥빈둥　家で~している。
さっと　잽싸게　~身を隠す。
ざっと　대충　書類に~目を通す。
さっさと　빨리빨리　~歩く。
さらさら　술술　紙に~と書く。
しっかり　열심히　~勉強する。
じっくり　차분하게　~話し合う。
じっと　꼼짝 않고　家で~している。
じろじろ　빤히(유심히)　そんなに~人の顔を見るな。

すっきり　상쾌해지다　気分が~する。
すっと　개운(후련)해지다　胸が~した。
すらすら　척척　~と答える。
ずるずる　질질　~返事を延ばす。
そっくり　똑 닮다　お母さんに~ですね。
そっと　가만히　しばらく~しておこう。
そろそろ　천천히　~歩く。
ぞろぞろ　줄지어　~帰って行く。
たっぷり　충분히　~楽しむ。
だぶだぶ　뒤룩뒤룩　~の下腹。
ちゃんと　틀림없이, 꼼꼼히　言われたことは~やる。
つるつる　반들반들한　~の頭。
どんどん　순조롭게, 척척　仕事が~はかどる。
にこにこ　싱글벙글　~笑う。
にやにや　히죽히죽　意味ありげに~笑う。
ぬるぬる　미끈미끈　~になる。
のろのろ　느릿느릿　~と立ち上がる。
のんびり　한가롭게　~と暮らす。
はっきり　확실히　~断る。
ばったり　뚝　~と来なくなった。
ぎっしり　빽빽이　予定が~だ。
ぱっと　순식간에　うわさが~広まる。
ばたばた　허둥지둥　廊下を~走る。
はらはら　우수수　花びらが~散る。
ばらばら　우르르　大勢のものが~と駆け寄る。
ぴったり　뚝　タバコを~やめる。
ふっくら　포동포동한　~した頬が印象的です。
ふらふら　갈팡질팡　考えが~している。
ぶらぶら　어슬렁어슬렁　近所を~散歩する。
ぶるぶる　벌벌, 덜덜　こわくて~震える。
ぺこぺこ　굽실굽실　~謝る。
ぺらぺら　나불나불　人の秘密を~話す。
ぼんやり　우두커니, 멍한　机に向かって~している。

ぼろぼろ　몹시 지치다　身も心も~だ。
もりもり　왕성하게　~食べる。
ゆっくり　천천히　~歩く。
よろよろ　비틀비틀　酔って、~歩く。

1.4 人の感覚や気持ち 감각이나 기분

あっさり　시원스러운　性格が~している。
いらいら　안절부절못하는 모양　時間がなくて~する。
うっかり　깜박　~約束を忘れた。
うんざり　지긋지긋하게　長電話で~する。
がっかり　낙담하는 모양　留守で~した。
さっぱり　기분이 개운한 모양　試験が終わって~する。
ざらざら　까칠까칠　手が荒れて~している。
しっかり　빈틈없는　~した意見だ。
じっくり　여유있게　~考えて行動する。
じっと　꾹, 가만히　~耐える。
すっかり　완전히　体はもう~良い。
すっきり　상쾌해지다　頭が~した。
すっと　개운해지다　気分が~する。
つるつる　매끈매끈　肌が~になる。
どっと　왈칵　~涙があふれた。
どきどき　두근두근　胸が~する。
のんびり　느긋한　~とした性格だ。
はっきり　확실히　~返事をしてくれ。
ぱっと　번득　素晴らしい考えが~ひらめく。
はらはら　조마조마　~しながらサーカスを見る。
びっくり　깜짝 놀람　彼の変身ぶりに~した。
ふと　문득　~思い浮かべる。
ぼうっと　멍한 모양　頭が~する。
ほっと　긴장이 풀려 마음을 놓는 모양　無事だと聞いて~した。
ぼんやり　아련한, 희미한　記憶が~している。
むかむか　화가 치미는 모양, 울컥　あいつの顔を見ると~する。

わくわく　마음이 설레는 모양, 두근두근　期待に胸が~する。

http://dbms.ninjal.ac.jp/nknet/Onomatope/index.html(国立国語研究所)

2. 관용어구 · 속담

다음 관용어구와 속담 및 격언을 우리말로 생각해 봅시다.

일본어에는 신체부위를 이용한 관용어구가 잘 발달되어 있으며 우리나라의 관용어구와 비슷한 경우도 있지만 다른 경우도 적지 않기 때문에 주의해서 용법을 익혀야 한다. 먼저 얼굴 부분에 나타나는 관용어구를 살펴보기로 하자.

〈目(め) : 눈〉

目(め)が高(たか)い 눈이 높다

目(め)につく 눈에 띄다

目(め)が悪(わる)い 시력이 약하다

人(ひと)の目(め)を引(ひ)く 남의 눈을 끌다

ひどい目(め)にあう 혼이 나다

目(め)に入れても痛(いた)くない 눈에 넣어도 아프지 않다

お目(め)にかかる/お目(め)にかかれて光栄(こうえい)です 뵙다 / 만나 뵙게 되어 영광입니다

(~には)目(め)もくれない ~는 거들떠보지도 않는다

~に目(め)を通(とお)す/書類(しょるい)に目を通(とお)す ~를 훑어 보다 / 서류전체를 대충 훑어 보다

大目(おおめ)に見(み)る 부족한 점을 너그러이 봐주다

目(め)が利(き)く 분별력이 있다

目(め)に障(さわ)る 눈에 거슬리다

目(め)を細(ほそ)める 웃음 짓다

〈耳(みみ) : 귀〉

耳(みみ)が早(はや)い 소문 따위를 듣는 것이 빠르다, 귀가 밝다

耳(みみ)にタコができる 귀에 못이 박히다

耳(みみ)を澄(す)ます/ 耳(みみ)をそばたてる 신경을 집중해서 듣다

耳(みみ)に挟(はさ)む 얼핏 듣다

聞(き)き耳(みみ)を立(た)てる 주의해서 듣다

耳(みみ)が早(はや)い 귀가 밝다

耳(みみ)が肥(こ)える 귀로 듣는 감상하는 능력이 풍부해지다

〈口(くち) : 입〉

口(くち)が悪(わる)い 말을 함부로 하다

口(くち)がすっぱくなる 입에서 신물이 나다

口(くち)に出(だ)す 입밖에 내다

口(くち)を切(き)る 맨먼저 발언하다, 입을 떼다

口(くち)を出(だ)す 말참견하다

口(くち)を滑(すべ)らす 까딱 입을 잘못 놀리다

すっぱくなるほど同(おな)じことを言(い)う 입에서 신물이 날 정도로 같은 말을 하다

口(くち)が重(おも)い 과묵하다

口(くち)がうるさい 말이 많다, 불평불만이 많다

口(くち)が曲(ま)がる 맛의 정도가 심하다

陰口(かげぐち)を叩(たた)く 뒤에서 험담을 하다

〈鼻(はな) : 코〉

~を鼻(はな)にかける ~을 내세워 잘난 척하다

家柄(いえがら)を鼻(はな)にかける。 집안을 내세워 잘난 척하다

~が鼻(はな)に付(つ)く ~이 마음에 안 들다

鼻(はな)で笑(わら)う 콧방귀 뀌다

鼻息(はないき)が荒(あら)い 기세가 당당하다

鼻(はな)が高(たか)い 우쭐하다

鼻毛(はなげ)を伸(の)ばす 여색에 빠져 시키는 대로 하다

〈頭(あたま) : 머리〉

頭(あたま)を下(さ)げる 절하다

頭(あたま)が上(あ)がらない 대등하게 맞설 수 없다

頭(あたま)に来(く)る 부아가 나다, 기분이 나빠지다, 정신이 돌다

頭(あたま)が下(さ)がる/あの人(ひと)には頭(あたま)が下(さ)がる 머리가 숙여지다 / 저 사람은 존경스럽다

頭(あたま)を搾(しぼ)る 이리 저리 궁리하다

頭(あたま)が切(き)れる 머리 회전이 좋다

頭(あたま)に血(ち)が上(のぼ)る 피가 거꾸로 솟다

頭(あたま)を突(つ)っ込(こ)む 관여하다

〈顔(かお)：얼굴〉

顔(かお)が広(ひろ)い 얼굴이 잘 알려져 있다, 발이 넓다

~の顔(かお)に泥(どろ)を塗(ぬ)る ~의 얼굴에 똥칠하다

~の顔(かお)をつぶす ~의 체면을 손상하다, 체면을 잃다

~の顔(かお)を立(た)てる ~의 체면을 세우다

顔(かお)が立(た)つ 체면이 서다

顔(かお)を出(だ)す 얼굴을 내밀다

顔色(かおいろ)を窺(うかが)う 안색을 살피다

顔(かお)が売(う)れる 유명해지다

顔(かお)を貸(か)す 부탁을 받아 누구와 만나다

大(おお)きな顔(かお)をする 잘난 체 하다

〈首(くび)：목〉

首(くび)にする 해고하다

首(くび)になる 해고되다

借金(しゃっきん)で首(くび)が回(まわ)らない 빚이 많아 옴쭉 못하다

首(くび)を長(なが)くする 몹시 기다려지는 모양새

寝首(ねくび)を掻(か)く 방심한 틈을 노려 궁지에 몰다

首(くび)を括(くく)る 목을 매어 죽다

首(くび)を傾(かし)げる 미심쩍게 여기다

다음은 얼굴을 제외한 신체부위에 나타나는 관용어구를 살펴보기로 하자.

〈手(て)：손〉

手(て)を切(き)る 관계를 끊다

手癖(てくせ)が悪(わる)い 손버릇이 나쁘다

手(て)に余(あま)る 힘에 겹다

手(て)も足(あし)も出(で)ない 해볼 도리가 없다

手(て)を抜(ぬ)く 일을 겉날리다

子供(こども)に手(て)を焼(や)く 아이 때문에 애먹다.

~に手(て)を焼(や)く ~때문에 애먹다. 처치 곤란해 하다

~に手(て)を入(い)れる/原稿(げんこう)に手(て)を入(い)れる ~을 손질하다, 손보다/ 원고를 손질하다

手を打つ 박수치다, 대책을 강구하다, 타협을 하다

手が空く 일손이 비다

手に汗握る 손에 땀을 쥐다

手玉に取る 마음대로 조종하다

手を回す 손을 쓰다

〈足 : 발〉

足を洗う 나쁜 일에서 손을 떼다

人の足を引っ張る 남의 발목을 잡다. 원활한 진행을 방해하다

足が出る 손해보다

浮き足立つ 들떠 있는 상태

足下を見る 약점을 틈타다

足が遠のく 발길이 뜸해지다

〈腹 : 배〉

腹が立つ 화가 나다

腹が悪い 여느 때와 달리 기분이 언짢다

腹が太い 배짱이 두둑하다

腹黒い 속이 검다, 엉큼하다

腹を決める 마음을 정하다, 작정을 하다

~の腹を探る/相手の腹を探る ~의 의중을 떠보다/ 상대방 의중을 떠보다

腹を抱える 크게 웃다

腹を読む 속마음을 읽다

自腹を切る 부담하지 않아도 될 비용을 지불하다

腹に一物 마음속에 엉큼한 계획을 품다

〈속담 및 격언〉

会うは別れの始め	만남은 헤어짐의 시작, 만나면 헤어지게 되어있다
生き馬の目を抜く	눈 감으면 코 베어 간다
急がば回れ	급하면 돌아가라
馬の耳に念仏	소귀에 경 읽기

一事が万事	한 가지를 보면 백 가지를 알 수 있다
一を聞いて十を知る	한 가지를 들으면 열 가지를 알 수 있다
噂をすれば影がさす	호랑이도 제 말하면 온다
江戸の敵を長崎で討つ	한강에서 뺨맞고 종로에서 화풀이한다
溺れる者は藁をもつかむ	물에 빠진 사람은 지푸라기라도 잡으려 한다
飼い犬に手を噛まれる	키운 개한테 물리다
壁に耳あり障子に目あり	밤 말은 쥐가 듣고 낮 말은 새가 듣는다
弘法にも筆の誤り	원숭이도 나무에서 떨어진다
虎穴に入らずんば虎子を得ず	호랑이 굴에 가야 범을 잡는다
知らぬが仏	모르는 것이 약이다
住めば都	정들면 고향
ちりも積もれば山となる	티끌 모아 태산
時人を待たず	시간은 사람을 기다려주지 않는다
隣の花は赤い	남의 떡이 커 보인다
なる木は花から違う	될성부른 나무는 떡잎부터 안다
猫の手も借りたい	매우 바빠 눈코 뜰 새 없다
根も葉もないうわさ	전혀 근거가 없는 소문
花より団子	금강산도 식후경

3. 속어 및 유행어

穴場(あなば)

사람들이 잘 모르는 좋은 장소를 의미한다. 잘 알려지지 않은 좋은 관광지나 음식점 또는 낚시터를 이르는 말로 경마, 경륜장의 매표소를 칭하기도 한다.

アラサー

일본식 영어표현(和製英語)인 아라운도 사티(アラウンド・サーティー)의 약자로 보통 27살 이상 33이하를 칭할 때 사용하는 말. 처음에는 여성만을 대상으로 사용되어지다 최근에는 남성에게도 사용된다. 2005년 11월 창간된 여성잡지『지젤-GISELe』(ジゼル)에서 처음 사용되었다고 전해진다. 비슷한 말로는 40세 전후를 칭하는 아라포(アラフォー), 60세 전후를 칭하는 아라칸(アラ還) 등이 있다.

イチオシ

음악, 영화, 요리, 책 등 가장 좋은 평가를 부여하여 타인에게 추천하는 것을 의미한다.

うける

대중, 관객, 청중들에게 좋은 반응을 얻었다는 의미로 사용된다.

大人買い(おとながい)

일반인이 한 번에 구매하는 평균을 크게 웃도는 양의 물건이나 서비스를 구입하는 것을 의미한다. 유사표현으로 「상자 구매(箱買い)」「대량 구매(まとめ買い)」 등이 존재한다.

カキコ

웹 페이지나 게시판 등에 자신이 작성한 글을 업로드 하는 것을 이르는 속어이다.

キレる

대인관계에서 분노의 감정이 인내의 한계를 넘어 한꺼번에 분출되는 모양새를 이르는 말이다.

義理(ぎり)チョコ

발렌타인데이 때 여성이 연애대상으로 생각하지 않는 남성에게 초콜릿을 주는 행위, 또는 그 초콜릿을 가리키는 말이다. 신세진 사람에게 주는 世話(せわ)チョコ, 가족에게 주는 ファミチョコ, 여자가 동성 친구에게 주는 友(とも)チョコ 등의 종류가 있다.

激安(げきやす)

가격이 매우 싼 것을 강조하는 말로, 유사표현에는 「格安」가 있다.

就活(しゅうかつ)

취직활동(就職活動)의 약자로, 일반적으로 학생, 실업자 등 직업이 없는 사람이나, 비정규직원이 기업이나 관공서 등에 정규직으로 취직하기 위한 활동을 가리킨다. 특히, 고등학교와 대학교 졸업예정자(新卒)들이 마지막 학년에 행하는 구직활동을 의미하는 경우가 많다.

비슷한 말에 적극적으로 결혼상대를 찾아나서는 「婚活(こんかつ)」와 스스로의 장례나 묘지 등을 준비하는 「終活(しゅうかつ)」등이 있다.

ググる

검색엔진 구글(google)을 이용하여 인터넷상의 정보를 검색하는 행위를 의미한다.

グチる

愚痴를 동사화한 것이다. 불평을 이야기하다.

コケる

원래는「구르다」「넘어지다」라는 뜻이나,「실패하다」란 뜻으로도 사용된다.

自分撮り (じぶんど)

촬영자가 손에 들고 있는 카메라의 렌즈를 자기 쪽으로 향해 피사체로서 촬영하는 방법을 말한다. 주로 콤팩트 카메라나 휴대폰으로 자신을 찍는 행위를 가리킨다.

二枚目 (にまいめ)

연극, 영화, 드라마 등의 잘생긴 남자 배우를 가리키는 말이다. 가부키의 배역 중 미남을 일컫던 말로, 이 배역을 맡은 남자 배우의 이름이 에도시대 때 공연장 앞 오른쪽에서 두 번째 간판에 걸려있었던 것에서 유래한다.

ネカフェ

컴퓨터 인터넷을 유료로 이용하는 시설인 인터넷 카페(internet cafe)의 일본식 이름「ネットカフェ」의 약자이다.

ハマる

본래는 구멍이나 도랑 등에「빠지다」란 의미였으나, 어떤 일에「열중하다」또는「전념하다」란 의미로 사용된다. 주로 이성이나 취미를 대상으로 하는 경우가 많다.

ビビる

싸움 상대에 대해 또는 나쁜 일을 하기 전에 심적으로「기가 죽다」또는「주눅 들다」라는 의미로 사용된다.

ぶっちゃける

어떤 것을 숨김없이 외부로 드러낸다는 의미를 갖는「ぶちあける・ぶちまける」에서 유래한 말로, 주로 자신의 생각이나 알고 있는 사실을 모두 폭로한다는 뜻으로 사용된다. 최근에는 축약어인「ぶっちゃけ」가 많이 쓰이는데「요컨대」나「실은」등 가벼운 의미로 사용되는 경향이 있다.

パネェ

「半端なことではない」의 축약형인 「ハンパネー」가 더 축약된 것으로 경탄을 의미하는 감탄사로 쓰인다. 「굉장하다」「매우」 등의 뜻을 나타낸다.

マッチョ

일반적으로 보디빌더와 같은 근육질 몸을 지칭하는데 사용되는 어휘이다.

メアド

인터넷상에서 통용되는 전자메일(e-mail)의 주소를 뜻하는 「電子メールアドレス」 혹은 「メールアドレス」의 약자이다.

メタボ

과식 및 운동부족에 의한 비만이 주원인이 되어 고혈압, 당뇨병, 고지혈증, 순환기장애 등이 복합적으로 발병하는 질환을 가리키는 「メタボリックシンドローム(metabolic syndrome)」의 약자이다.

メンクイ

얼굴이 잘생긴 이성이나 동성만을 좋아하는 사람을 뜻한다.

ムカつく

일반적으로 「신경질이 난다」「화가 나다」라는 뜻으로 사용된다.

まったり

아무것도 하는 일 없이 빈둥거리거나 느긋한 모양새를 지칭하는 말로 사용된다.

萌(も)え

원래는 애니메이션, 만화, 게임 등에 등장하는 가공의 이성에 대한 애정이나 집착을 뜻하였으나 최근에는 무엇인가 빠지거나 열중하는 모양새를 가리키는 말로 사용된다.

やばい

원래는 「위험하다」 「수상하다」등의 부정적인 의미로 사용되어졌으나, 최근에는 「굉장하다」 「매력적이다」등의 긍정적인 의미로 사용되고 있다.

B級(きゅう)グルメ

서민들이 가벼운 마음으로 즐겨 먹을 수 있는 낮은 가격대의 인기 음식, 또는 그러한 요리를 즐기는 것을 의미한다.

つーか(つうか)

「と言いますか」가 변한 「って言うか(~라기 보다는)」가 더욱 축약된 형태로, 상대방의 발언에 대해 달리 말하거나 반론할 때 문두에 붙여서 사용하는 표현이다.

黒歴史(くろれきし)

「잊고 싶은 과거」나 「지우고 싶은 과거」 또는 상대방의 「건드리지 말아야할 과거」라는 의미로 사용된다.

天然(てんねん)

개그맨을 중심으로 사용된 「天然ボケ」의 약어로, 특별히 웃길 생각은 없었으나 대화의 내용이나 행동이 예상에서 벗어나 웃긴 것, 또는 그러한 언행을 하는 사람을 지칭하는 말이다. 오늘날 일반인의 성격이나 특성에 대해서도 사용된다.

ドタキャン

「土壇場」와 「キャンセル」의 합성어로, 약속이나 신청, 계약 등을 시일이 다가와 직전에 해지하는 것을 의미한다.

リストラ

원래는 재구축을 의미하는 영어 Restructuring(リストラクチャリング)의 약자로 오늘날에는 경영실적 악화로 인한 기업의 인원감축이나 조직의 축소를 의미한다.

おやじギャグ

구식인 개그나 재미없는 개그를 말하는데, 중년 40대 이상이 즐겨 사용하는 언어유희를 가리키는 경우가 많다.

しかと

상대방을 무시하는 태도를 가리킨다. 화투에서 10월을 뜻하는 패에 그려진 사슴 그림이 고개를 돌려 상대방을 무시하는 태도를 취하는 듯 보이는데서 사슴을 뜻하는 シカ(鹿)와 열을 뜻하는 と(十)가 합쳐진 말이다.

アベノミクス

일본의 수상 아베 신조가 주창한 일련의 경제정책을 통칭하여 이르는 말이다. 아베(安倍)와 이코노믹스(economics)를 합친 신조어로 주로 대담한 금융정책과 능동적인 재정정책 그리고 민간투자를 촉진시키는 성장정책을 가리킨다.

そうしょくだんし
草食男子

협조성이 높고 가정적이며 친절한 반면 연애나 이성과의 교제에 소극적인, 주로 40대 전후까지의 젊은 세대의 남성을 가리켜 부르는 말이다.

かくさしゃかい
格差社会

시장원리를 중시하여 개혁, 규제완화를 추진한 결과 소득, 교육, 직업 등 여러 분야에서 격차가 벌어져 사회에 양극화가 진행된 상태를 의미한다.

どや顔(かお)

「어때」「어떠냐」를 뜻하는 간사이(関西) 지역 방언인 「どや」와 얼굴(顔)이 합쳐진 말로, 스스로의 언행에 자부심이나 뿌듯함을 느낀 상태의 표정을 가리키는 용어이다.

女子会(じょしかい)

남자들을 배제하고 여자들끼리만 모여서 식사나 음료, 디저트 등을 즐기며 이야기하는 모임을 뜻한다.

さとり世代(せだい)

1990년대 이후에 태어난 세대 중 결과가 눈에 보이는 일은 시작조차 하지 않는 소극적인 자세를 취하는 젊은 층을 가리키는 용어이다. 인생을 달관한 듯한 자세로 세상을 냉정한 눈으로 판단하는 특징을 갖고 있다.

ご当地(とうち)キャラ

만화나 애니메이션, 게임 등에서 파생된 캐릭터가 아닌 일본 각 지역의 협회나 단체가 만들어낸 캐릭터를 지칭하는 용어이다. 주로 그 지역의 특산물이나 관광홍보를 담당한다.

今(いま)でしょ!

일본의 유명 입시학원의 CM에 출연한 현직 강사가 「그럼, 언제 시작해야 하는가?」라는 질문에 「지금이죠! (今でしょ!)」라고 이야기한 것에서 유래한 단어이다. 이후 이 CM이 널리 알려지면서 일반인들 사이에서 「지금 당장 시작하자」는 의미로 사용되고 있다.

バカッター

바보를 뜻하는 「バカ」와 SNS의 일종인 트위터(Twitter)를 합친 말로, 트위터 상에 자신의 범법행위를 자랑하거나 상식 밖의 발언 등을 투고하는 것 또는 그러한 사람을 가리킨다.

フラゲ(フライングゲット)

게임, 만화, 잡지, 음반 등의 상품을 비공식적인 루트를 통해서 정해진 발매일보다 먼저 손에 넣는 것을 이르는 말이다.

「KY」語

「空気(kuuki)読(yo)めない」 (분위기파악을 못한다)
시대와 사회현상을 이어주는 역할을 하고 있는 신조어 중에서도 2007년 당시 아베 개조 내각(安倍改造内閣) 집권시기에 이슈로 떠오른 「KY」어가 각 언론 및 방송매체에서 사용되기 시작하면서 일본 전체적인 사회문제 및 정치, 경제 등에서도 언급하기 시작했다.

ギャル文字

1990년대 후반 무렵부터 편지나 씰사진 등에 쓰는 문자로서 자연 발생적으로 탄생하여 젊은 여성이 문자를 쓸 때 독특한 방식으로 쓰는 문자를 말한다.
「ギャル文字」란, 휴대 전화의 문자메시지 등에서 문자를 변형시키거나 분해해서 표현하는 문자이다. 「へた文字」라고도 불린다. 주로 히라가나(ひらがな)나 가타카나(カタカナ)이지만, 한자의 부수를 표기하거나 알파벳으로도 변환하기도 한다.

인터넷 카페 홍보

4. 日本人의 姓

4.1 일본인 姓 베스트 100

「フリガナ」は多い順ではありません。また、全てではなく、他の読みがある可能性もあります。(「후리가나」는 많은 순서를 나타내는 것이 아니다. 또한 다른 읽는 방법이 있을 가능성도 있다.)

苗字順位(2010年1月1日現在)

1 佐藤(サトウ、サドウ、サトオ、サイトウ、ソトウ、サト)
2 鈴木(スズキ、ススキ、ススギ、スズギ)
3 高橋(タカハシ、タカナハシ、タカバシ、タケハシ、タハシ)
4 田中(タナカ、ダナカ、デンチュウ)
5 渡辺(ワタナベ、ワタナヘ、ワタベ、ワダナベ、ワタノベ、ワタリベ)
6 伊藤(イトウ)
7 山本(ヤマモト)
8 中村(ナカムラ)
9 小林(コバヤシ、コハヤシ、オハヤシ、オバヤシ)
10 加藤(カトウ、カトオ)
11 吉田(ヨシダ、ヨシタ、ヨジダ、キチダ、キッタ)
12 山田(ヤマダ、ヤマタ、ヤダ、ヨウダ)
13 佐々木(ササキ)
14 山口(ヤマグチ、ヤマクチ)
15 松本(マツモト、マツホン、マサモト)
16 井上(イノウエ、イノエ、イカミ、イガミ、イウエ、イネ、イネイ、イナイ、イナエ)
17 斎藤(サイトウ)
18 木村(キムラ、コムラ)
19 林(ハヤシ、ハヤ、リン、リム、イム、ヤウ、シゲル、シゲ)
20 清水(シミズ、シミス、シミヅ、キヨミズ、セイスイ)
21 山崎(ヤマザキ、ヤマサキ)
22 池田(イケダ、イケタ、イゲダ、イチダ)
23 阿部(アベ、アベイ、オカベ)

24 森(モリ、シン、シゲル)
25 橋本(ハシモト、ハシモタ)
26 山下(ヤマシタ、ヤマノシタ、ヤマモト、ヤマサキ、ヤマシモ、ヤシタ)
27 石川(イシカワ、イシコ、イシガワ、イガワ)
28 中島(ナカジマ、ナカシマ、ナガシマ)
29 前田(マエダ、マエタ、マヘダ、マイタ)
30 藤田(フジタ、フシダ、フジダ、フヂタ)
31 小川(オガワ、オザワ、オカワ、コカワ、コガワ)
32 岡田(オカダ、オカタ)
33 後藤(ゴトウ、ゴドウ、ゴトオ、コトウ、ガトウ、コウトウ)
34 長谷川(ハセガワ、ハセカワ、ハゼガワ、ハヤガワ)
35 村上(ムラカミ、ムカミ、ムラガミ、ムラオカ、ムラウエ)
36 近藤(コンドウ、コントウ、コンドオ、コンド、コウドウ、チカフジ、キンドウ)
37 石井(イシイ、イワイ)
38 坂本(サカモト、サカメテ)
39 遠藤(エンドウ、エトウ、トオドウ)
40 青木(アオキ、セイキ)
41 藤井(フジイ、フシイ、フヂイ)
42 西村(ニシムラ、シムラ)
43 福田(フクダ、フクタ、フグダ)
44 太田(オオタ、オウタ、オオダ、タダ、フトダ、オタ)
45 三浦(ミウラ、ミツウラ、サンウラ)
46 藤原(フジワラ、フシハラ、フジハラ、フジバラ、クズハラ、フヂワラ、トウハラ)
47 岡本(オカモト)
48 松田(マツダ、マツタ、マチダ、マッタ)
49 斉藤(サイトウ、サイドウ)
50 中川(ナカガワ、ナカガ、ナカガハ、ナカカワ)
51 中野(ナカノ)
52 原田(ハラダ、ハラタ)
53 小野(オノ、オヌ、コノ、サヌ)
54 竹内(タケウチ、タケノウチ、タケウツ、タケウナ)
55 田村(タムラ、ダムラ)
56 金子(カネコ、カナコ、キンコ、キネコ、カネゴ、カメコ)

57　和田(ワダ、ワタ、ワダシ、カズタ)

58　中山(ナカヤマ、ナカユマ)

59　石田(イシダ、イシタ、セキタ)

60　上田(ウエダ、アゲタ、ウエタ、ウワダ、ウエデン、カミタ、カンダ、カミダ、コウダ、ジョウダ、ジョウタ)

61　森田(モリタ)

62　原(ハラ、ゲン、コウゲ)

63　柴田(シバタ、シバダ、シダ、シハダ、シノダ)

64　酒井(サカイ、サケイ)

65　工藤(クドウ、クダウ、クトウ、クドオ、コドウ)

66　横山(ヨコヤマ、ヨハヤマ)

67　宮崎(ミヤザキ、ミヤサキ、ミサキ、ミヤキ)

68　宮本(ミヤモト)

69　内田(ウチダ、ウツダ)

70　高木(タカギ、タカキ、タガキ、タカモク、タキ、コウキ)

71　安藤(アンドウ、ヤスフジ、アトウ)

72　谷口(タニグチ、タニクチ、ヤグチ、ヤチ、タングチ)

73　大野(オオノ、オノ、オオヤ、オウノ、トモノ)

74　今井(イマイ)

75　丸山(マルヤマ)

76　高田(タカダ、タカタ、タツタ、コウダ)

77　河野(コウノ、コオノ、カワノ)

78　藤本(フジモト、フヂモト、トウモト)

79　小島(コジマ、オジマ、コシマ、コヂマ、オシマ)

80　武田(タケダ、タケタ、タゲタ、ムタ)

81　村田(ムラタ、ムラダ)

82　上野(ウエノ、ウワノ、カミノ、コウズケ、アガノ)

83　杉山(スギヤマ)

84　増田(マスダ、マスタ、マシダ、マシタ)

85　菅原(スガワラ、スガハラ、スギワラ、カンバラ)

86　平野(ヒラノ、ヒサノ)

87　小山(コヤマ、オヤマ)

88　大塚(オオツカ、オオヅカ、オツカ)

89 久保(クボ、クボタ、クベ、ヒサヤス)
90 千葉(チバ、チハ、センヨウ)
91 松井(マツイ)
92 岩崎(イワサキ、イワザキ、イワザギ、イワガザキ、イイワサイ)
93 野口(ノグチ、ノクチ)
94 松尾(マツオ、マツノオ)
95 木下(キノシタ、キシタ)
96 菊地(キクチ、キクジ)
97 野村(ノムラ、イムラ)
98 佐野(サノ)
99 渡部(ワタナベ、ワタベ、ワタヘ、ワタブ、ワタノベ)
100 新井(アライ、シンイ、ニイ、ニイイ)

http://www2s.biglobe.ne.jp/~suzakihp/index40.html

4.2 분야별 일본인의 이름

(1) 역대 수상

	이 름	취임기간
초대	いとう ひろぶみ 伊藤 博文	1885.12.22~1888.04.30
2대	くろだ きよたか 黒田 清隆	1888.04.30~1889.10.25
3대	やまがた ありとも 山縣 有朋	1889.12.24~1891.05.06
4대	まつかた まさよし 松方 正義	1891.05.06~1892.08.08
5대	いとう ひろぶみ 伊藤 博文 (第二次内閣)	1892.08.08~1896.08.31
6대	まつかた まさよし 松方 正義 (第二次内閣)	1896.09.18~1898.01.12
7대	いとう ひろぶみ 伊藤 博文 (第三次内閣)	1898.01.12~1898.06.30
8대	おおくま しげのぶ 大隈 重信	1898.06.30~1898.11.08
9대	やまがた ありとも 山縣 有朋 (第二次内閣)	1898.11.08~1900.10.19
10대	いとう ひろぶみ 伊藤 博文 (第四次内閣)	1900.10.19~1901.05.10

	이 름	취임기간
11대	かつら たろう 桂 太郎	1901.06.02~1906.01.07
12대	さいおんじ きんもち 西園寺 公望	1906.01.07~1908.07.14
13대	かつら たろう 桂 太郎 (第二次内閣)	1908.07.14~1911.08.30
14대	さいおんじ きんもち 西園寺 公望 (第二次内閣)	1911.08.30~1912.12.21
15대	かつら たろう 桂 太郎 (第三次内閣)	1912.12.21~1913.02.20
16대	やまもと ごんべえ 山本 権兵衛	1913.02.20~1914.04.16
17대	おおくま しげのぶ 大隈 重信 (第二次内閣)	1914.04.16~1916.10.09
18대	てらうち まさたけ 寺内 正毅	1916.10.09~1918.09.29
19대	はら たかし 原 敬	1918.09.29~1921.11.04
20대	たかはし これきよ 高橋 是清	1921.11.13~1922.06.12
21대	かとう ともざぶろう 加藤 友三郎	1922.06.12~1923.08.24
22대	やまもと こんべえ 山本 権兵衛 (第二次内閣)	1923.09.02~1924.01.07
23대	きようら けいご 清浦 奎吾	1924.01.07~1924.06.11
24대	かとう たかあき 加藤 高明	1924.06.11~1926.01.28
25대	わかつき れいじろう 若槻 禮次郎	1926.01.30~1927.04.20
26대	たなか ぎいち 田中 義一	1927.04.20~1929.07.02
27대	はまぐち おさち 濱口 雄幸	1929.07.02~1931.04.14
28대	わかつき れいじろう 若槻 禮次郎 (第二次内閣)	1931.04.14~1931.12.13
29대	いぬかい つよし 犬養 毅	1931.12.13~1932.05.16
30대	さいとう まこと 齋藤 実	1932.05.26~1934.07.08
31대	おかだ けいすけ 岡田 啓介	1934.07.08~1936.03.09
32대	ひろた こうき 廣田 弘毅	1936.03.09~1937.02.02
33대	はやし せんじゅうろう 林 銑十郎	1937.02.02~1937.06.04
34대	このえ ふみまろ 近衛 文麿	1937.06.04~1939.01.05

	이　　름	취임기간
35대	平沼(ひらぬま) 騏一郎(きいちろう)	1939.01.05~1939.08.30
36대	阿部(あべ) 信行(のぶゆき)	1939.08.30~1940.01.16
37대	米内(よない) 光政(みつまさ)	1940.01.16~1940.07.22
38대~39대	近衛(このえ) 文麿(ふみまろ) (第二~三次内閣)	1940.07.22~1941.10.18
40대	東條(とうじょう) 英機(ひでき)	1941.10.18~1944.07.22
41대	小磯(こいそ) 國昭(くにあき)	1944.07.22~1945.04.07
42대	鈴木(すずき) 貫太郎(かんたろう)	1945.04.07~1945.08.17
43대	東久邇宮(ひがしくにのみや) 稔彦王(なるひこおう)	1945.08.17~1945.10.09
44대	幣原(しではら) 喜重郎(きじゅうろう)	1945.10.09~1946.05.22
45대	吉田(よしだ) 茂(しげる)	1946.05.22~1947.05.24
46대	片山(かたやま) 哲(てつ)	1947.05.24~1948.03.10
47대	芦田(あしだ) 均(ひとし)	1948.03.10~1948.10.15
48대~51대	吉田(よしだ) 茂(しげる) (第二~五次内閣)	1948.10.15~1954.12.10
52대~54대	鳩山(はとやま) 一郎(いちろう) (第一~三次内閣)	1954.12.10~1956.12.23
55대	石橋(いしばし) 湛山(たんざん)	1956.12.23~1957.02.25
56대~57대	岸(きし) 信介(のぶすけ) (第一~二次内閣)	1957.02.25~1960.07.19
58대~60대	池田(いけだ) 勇人(はやと) (第一~三次内閣)	1960.07.19~1964.11.09
61대~63대	佐藤(さとう) 栄作(えいさく) (第一~三次内閣)	1964.11.09~1972.07.07
64대~65대	田中(たなか) 角栄(かくえい) (第一~二次内閣)	1972.07.07~1974.12.09
66대	三木(みき) 武夫(たけお)	1974.12.09~1976.12.24

	이　름	취임기간
67대	ふくだ たけお 福田 赳夫	1976.12.24~1978.12.07
68대~69대	おおひら まさよし 大平 正芳 (第一~二次内閣)	1978.12.07~1980.06.12
70대	すずき ぜんこう 鈴木 善幸	1980.07.17~1982.11.27
71대~73대	なかそね やすひろ 中曽根 康弘 (第一~三次内閣)	1982.11.27~1987.11.06
74대	たけした のぼる 竹下 登	1987.11.06~1989.06.03
75대	うの そうすけ 宇野 宗佑	1989.06.03~1989.08.10
76대~77대	かいふ としき 海部 俊樹 (第一~二次内閣)	1989.08.10~1991.11.05
78대	みやざわ きいち 宮澤 喜一	1991.11.05~1993.08.09
79대	ほそかわ もりひろ 細川 護熙	1993.08.09~1994.04.28
80대	はた つとむ 羽田 孜	1994.04.28~1994.06.30
81대	むらやま とみいち 村山 富市	1994.06.30~1996.01.11
82대~83대	はしもと りゅうたろう 橋本 龍太郎 (第一~二次内閣)	1996.01.11~1998.07.30
84대	おぶち けいぞう 小渕 恵三	1998.07.30~2000.04.05
85대~86대	もり よしろう 森 喜朗 (第一~二次内閣)	2000.04.05~2001.04.26
87대~89대	こいずみ じゅんいちろう 小泉 純一郎 (第一~三次内閣)	2001.04.26~2006.09.26
90대	あべ しんぞう 安倍 晋三	2006.09.26~ 2007.09.26
91대	ふくだ やすお 福田 康夫	2007.09.26~2008.09.24
92대	あそう たろう 麻生 太郎	2008.09.24~2009.09.16
93대	はとやま ゆきお 鳩山 由紀夫	2009.09.16~2010.06.08

	이 름	취임기간
94대	菅(かん) 直人(なおと)	2010.06.08~2011.09.02
95대	野田(のだ) 佳彦(よしひこ)	2011.09.02~2012.12.26
96대	安倍(あべ) 晋三(しんぞう) (第二次内閣)	2012.12.26~現在

(2) 노벨상 수상자

연도	이름	수상 부문
1949	湯川(ゆかわ) 秀樹(ひでき)	노벨 물리학상
1965	朝永(ともなが) 振一郎(しんいちろう)	노벨 물리학상
1968	川端(かわばた) 康成(やすなり)	노벨 문학상
1973	江崎(えさき) 玲於奈(れおな)	노벨 물리학상
1974	佐藤(さとう) 栄作(えいさく)	노벨 평화상
1981	福井(ふくい) 謙一(けんいち)	노벨 화학상
1987	利根川(とねがわ) 進(すすむ)	노벨 의학생리상
1994	大江(おおえ) 健三郎(けんざぶろう)	노벨 문학상
2000	白川(しらかわ) 英樹(ひでき)	노벨 화학상
2001	野依(のより) 良治(りょうじ)	노벨 화학상
2002	田中(たなか) 耕一(こういち)	노벨 화학상
2002	小柴(こしば) 昌俊(まさとし)	노벨 물리학상
2008	下村(しもむら) 脩(おさむ)	노벨 화학상
2008	南部(なんぶ) 陽一郎(よういちろう)	노벨 물리학상
2008	小林(こばやし) 誠(まこと)	노벨 물리학상
2008	益川(ますかわ) 敏英(としひで)	노벨 물리학상
2010	鈴木(すずき) 章(あきら)	노벨 화학상
2010	根岸(ねぎし) 英一(えいいち)	노벨 화학상
2012	山中(やまなか) 伸弥(しんや)	노벨 의학생리상

(3) 남자가수

소속그룹	이름	대표작	비고(출연작)
SMAP	中居 正広 (1972.08.18)	君は君だよ(1993年) 君色思い(1994年) オリジナルスマイル(1994年) 青いイナズマ(1996年) SHAKE(1996年) ダイナマイト(1997年) セロリ(1997年) 夜空ノムコウ(1998年) Fly(1999年) らいおんハート(2000年) freebird(2002年) 世界に一つだけの花(2003年) BANG! BANG! バカンス!(2005年) Dear WOMAN(2006年) ありがとう(2006年)	最後の恋(1997年) ~ 夏目 透 役 砂の器(2004年) ~ 和賀 英良 役 ATARU(2012年) ~ アタル 役
	木村 拓哉 (1972.11.13)		ロングバケーション(1996年) ~ 瀬名 秀俊 役 ビューティフルライフ(2000年) ~ 沖島 柊二 役 HERO(2001年) ~ 久利生 公平 役 南極大陸(2011年) ~ 倉持 岳志 役
	稲垣 吾郎 (1973.12.08)		ソムリエ(1998年) ~ 佐竹 城 役 トライアングル(2009年) ~ 黒木 舜 役 流れ星(2010年) ~ 槙原 修一 役
	草彅 剛 (1974.07.09)		いいひと。(1997年) ~ 北野 優二 役 フードファイト(2000年) ~ 井原 満 役 日本沈没（2006年） ~ 小野寺 俊夫 役 猟奇的な彼女(2008年) ~ 真崎 三朗 役
	香取 慎吾 (1977.01.31)		新選組!(2004年) ~ 近藤 勇 役 薔薇のない花屋(2008年) ~ 汐見 英治 役 幸せになろうよ(2011年) ~ 高倉 純平 役
Kinki Kids	堂本 光一 (1979.01.01)	硝子の少年(1997年) 雨のMelody(1999年) Snow! Snow! Snow!(2005年)	人間失格(1994年) ~ 影山 留加 役 ルーキー!(2001年) ~ 愛田 誠 役
	堂本 剛 (1979.04.10)		金田一少年の事件簿(1995年) ~ 金田一 はじめ 役 元カレ(2003年) ~ 柏葉 東次 役
嵐	大野 智 (1980.11.26)	A.RA.SHI(1999年) 君のために僕がいる(2001年) ナイスな心意気(2002年) PIKA☆NCHI(2002年) 言葉より大切なもの(2003年) WISH(2005年) きっと大丈夫(2006年) Love so sweet(2007年) Step and Go(2008年) truth(2008年) Troublemaker(2010年) Face Down(2012年)	魔王(2008年) ~ 成瀬 領 役 最後の約束(2010年) ~ 益子 悟 役 鍵のかかった部屋(2012年) ~ 榎本 径 役
	櫻井 翔 (1982.01.25)		山田太郎ものがたり(2007年) ~ 御村 託也 役 ザ・クイズショウ(2009年) ~ 神山 悟 役
	相葉 雅紀 (1982.12.24)		マイガール(2009年) ~ 笠間正宗 役 最後の約束(2010年) ~ 棚田 昭 役
	二宮 和也 (1983.06.17)		Stand Up!!(2003年) ~ 浅井 正平 役 流星の絆(2008年) ~ 有明 功一 役 DOOR TO DOOR(2009年) ~ 倉沢 英雄 役 フリーター、家を買う(2010年) ~ 武 誠治 役
	松本 潤 (1983.08.30)		ごくせん(2002年) ~ 沢田 慎 役 きみはペット(2003年) ~ モモ 役 花より男子(2005年) ~ 道明寺 司 役 バンビ～ノ!(2007年) ~ 伴 省吾 役

소속그룹	이름	대표작	비고(출연작)
関ジャニ∞	横山 裕 (1981.05.09)	浪花いろは節(2004年) 大阪レイニーブルース(2005年) 好きやねん、大阪(2005年)	拝啓、父上様(2007年) ~ 中川 時夫 役 CONTROL〜犯罪心理捜査〜(2011年) ~ 寺西 景 役
	渋谷 すばる (1981.09.22)		あぶない放課後(1999年) ~ 田中 春 役 ありがとう、オカン(2008年) ~ 高村 幸也 役
	村上 信五 (1982.01.26)		ありがとう、オカン(2008年) ~ 葉山 虎太郎 役 マイガール(2009年) ~ 柴田 友哉 役
関ジャニ∞	丸山 隆平 (1983.11.26)	無限大(2005年) ズッコケ男道(2007年) ワッハッハー(2008年) 急☆上☆Show!!(2009年) Wonderful World!!(2010年) LIFE ~目の前の向こうへ~(2010年) T.W.L(2011年) ツブサニコイ(2011年) 愛でした。(2012年)	フリーター、家を買う(2010年) ~ 豊川 哲平 役 ストロベリーナイト(2012年) ~ 湯田 康平 役
	安田 章大 (1984.09.11)		ROMES/空港防御システム(2009年) ~ 砂村 多駒 役 ドラゴン青年団(2012年) ~ ヨシオ 役
	錦戸 亮 (1984.11.03)		1リットルの涙(2005年) ~ 麻生 遥斗 役 流星の絆(2008年) ~ 有明 泰輔 役 全開ガール(2011年) ~ 山田 草太 役
	大倉 忠義 (1985.05.16)		ROMES/空港防御システム(2009年) ~ 成嶋 優弥 役 生まれる。(2011年) ~ 林田 太一 役
KAT~TUN (전 멤버 포함)	亀梨 和也 (1986.02.23)	Real Face(2006年) Blue Tuesday(2006年) Precious One(2006年) 僕らの街で(2006年) 喜びの歌(2007年) Keep the faith(2007年) LIPS(2008年) FALL DOWN(2010年) CHANGE UR WORLD(2010年)	ごくせん2(2005年) ~ 小田切 竜 役 野ブタ。をプロデュース(2005年) ~ 桐谷 修二 役 サプリ(2006年) ~ 石田 勇也 役 たったひとつの恋(2006年) ~ 神崎 弘人 役
	田口 淳之介 (1985.11.29)		犬を飼うということ(2011年) ~ 堀田 克彦 役
	田中 聖 (1985.11.05)		マイ☆ボスマイ☆ヒーロー(2006年) ~ 真鍋 和弥 役 たったひとつの恋(2006年) ~ 草野 甲 役
	上田 竜也 (1983.10.04)		ランナウェイ〜愛する君のために(2011年) ~ 滝本 空哉 役
	中丸 雄一 (1983.09.04)		RESCUE〜特別高度救助隊(2009年) ~ 北島 大地 役
KAT~TUN (전 멤버 포함)	赤西 仁 (1984.07.04)	Care(2009年) ムラサキ(2011年) Eternal(2011年)	ごくせん2(2005年) ~ 矢吹 隼人 役 anego(2005年) ~ 黒沢 明彦 役
NEWS (전 멤버)	山下 智久 (1985.04.09)	Love song(2005年) 青春アミーゴ(2005年) 抱いてセニョリータ(2006年)	ランチの女王(2002年) ~ 鍋島 光四朗 役 Stand Up!!(2003年) ~ 岩崎 健悟 役 野ブタ。をプロデュース(2005年) ~ 草野 彰 役 クロサギ(2006年) ~ 黒崎 役

소속그룹	이름	대표작	비고(출연작)
Kis~My~Ft2	北山 宏光 (1985.09.17)	Everybody Go(2011年) We never give up!(2011年) SHE! HER! HER!(2012年) WANNA BEEEE!!!(2012年) アイノビート(2012年) My Resistance~タシカナモノ~(2013年) キ・ス・ウ・マ・イ~KISS YOUR MIND~(2013年) キミとのキセキ(2013年) SNOW DOMEの約束(2013年)	ビギナーズ! (2012年) ~ 立花 団司 役 幽かな彼女 (2013年) ~ 林 邦彦 役
	千賀 健永 (1991.03.23)		白い凶器 (2012年) ~ 中町 伸治 役
	宮田 俊哉 (1988.09.14)		私立バカレア高校 (2012年) ~ 古葉 純一 役
	横尾 渉 (1986.05.16)		フリーター、家を買う。(2010年) ~ 西本 和彦 役
	藤ヶ谷 太輔 (1987.06.25)		美男ですね (2011年) ~ 藤城 柊 役 理想の息子 (2012年) ~ 三船 憲吾 役 独身貴族 (2013年) ~ 川越 裕太 役
	玉森 裕太 (1990.03.17)		ATARU (2012年) ~ 蛯名 昇 役 信長のシェフ (2013年) ~ ケン 役
	二階堂 高嗣 (1990.08.06)		BAD BOYS J (2013年) ~ 段野 秀典 役

(4) 여자가수

소속그룹	이름	대표작	비고(출연작)
	松田 聖子 (1962.03.10)	青い珊瑚礁(1980年) 秘密の花園(1983年) 天使のウィンク(1985年)	たったひとつのたからもの(2004年) ~ 佐藤 由美 役 平清盛(2012年) ~ 祇園女御・乙前 役
	中森 明菜 (1965.07.13)	少女A(1982年) セカンド・ラブ(1982年) ミ・アモーレ(1985年)	ボーダー犯罪心理捜査ファイル(1999年) ~ 杉島 桐恵 役
おニャン子クラブ (전 멤버)	工藤 静香 (1970.04.14)	禁断のテレパシー(1987年) 黄砂に吹かれて(1989年)	木村 拓哉와 결혼
おニャン子クラブ (전 멤버)	国生 さゆり (1966.12.22)	バレンタイン・キッス(1986年) ノーブルレッドの瞬間(1986年)	ふるり(2005年) ~ 北岡 役 パッチギ! LOVE&PEACE(2007年) ~ お志摩 役
	浜崎 あゆみ (1978.10.02)	Boys&Girls(1997年) SEASONS(2000年) M(2000年) Voyage(2002年)	오스트리아 출신 모델 겸 배우 마뉴엘 슈바르츠와 결혼했으나 1년 후 이혼
	宇多田 ヒカル (1983.01.19)	First Love(1999年) COLORS(2003年) Flavor Of Life(2007年)	사진작가 겸 영화감독 紀里谷 和明와 결혼했으나 4년 6개월 만에 이혼
	中島 美嘉 (1983.02.19)	愛してる(2003年) FIND THE WAY(2003年) 雪の華(2003年) 桜色舞うころ(2005年) GLAMOROUS SKY(2005年) ORION(2008年)	偶然にも最悪な少年(2003年) ~ 佐々木 由美 役 NANA(2005年) ~ 大崎 ナナ 役 流星の絆(2008年) ~ サギ 役 うぬぼれ刑事(2010年) ~ 日暮 里恵 役

소속그룹	이름	대표작	비고(출연작)
	安室 奈美恵 (1977.09.20)	Can You Celebrate?(1997年) Put 'Em Up(2003年) WANT ME, WANT ME(2005年)	時をかける少女(1994年) ~ 芳山 美代子 役
	大塚 愛 (1982.09.09)	さくらんぼ(2003年) 金魚花火(2004年) 大好きだよ(2004年) 恋愛写真(2006年)	힙합그룹 RIP SLYME의 멤버 SU와 결혼

소속그룹	이름			대표작
モーニング娘 (역대 멤버 포함)	福田 明日香 (1984.12.17)	石黒 彩 (1978.05.12)	加護 亜依 (1988.02.07)	抱いてHOLD ON ME!(1998年) LOVEマシーン(1999年) ハッピーサマーウェディング(2000年) 恋愛レボリューション21(2000年) Mr.Moonlight ~愛のビッグバンド~(2001年) そうだ! We're ALIVE(2002年) ここにいるぜぇ!(2002年) 女子かしまし物語(2004年) 大阪 恋の歌(2005年) 歩いてる(2006年)
	市井 紗耶香 (1983.12.31)	後藤 真希 (1985.09.23)	吉澤 ひとみ (1985.04.12)	
	中澤 裕子 (1973.06.19)	保田 圭 (1980.12.06)	小川 麻琴 (1987.10.29)	
	飯田 圭織 (1981.08.08)	安部 なつみ (1981.08.10)	紺野 あさ美 (1987.05.07)	
	矢口 眞里 (1983.01.20)	辻 希美 (1987.06.17)	新垣 里沙 (1988.10.20)	
	飯窪 春菜 (1994.11.07)	譜久村 聖 (1996.10.30)	道重 さゆみ (1989.07.13)	
	鞘師 里保 (1998.05.28)	光井 愛佳 (1993.01.12)		
AKB48 (역대 멤버 포함)	前田 敦子 (1991.07.10)	秋元 才加 (1988.07.26)	板野 友美 (1991.07.03)	スカート、ひらり(2006年) 会いたかった(2006年) 僕の太陽(2007年) 夕陽を見ているか?(2007年) Baby! Baby! Baby!(2008年) 大声ダイヤモンド(2008年) 言い訳Maybe(2009年) ポニーテールとシュシュ(2010年) ヘビーローテーション(2010年) Beginner(2010年) 桜の木になろう(2011年) Everyday、カチューシャ(2011年) フライングゲット(2011年) GIVE ME FIVE!(2012年) 真夏のSounds good !(2012年)
	高橋 みなみ (1991.04.08)	宮澤 佐江 (1990.08.13)	大島 優子 (1988.10.17)	
	多田 愛佳 (1994.12.08)	梅田 彩佳 (1989.01.03)	岩田 華怜 (1998.05.13)	
	柏木 由紀 (1991.07.15)	松井 珠理奈 (1997.03.08)	岩佐 美咲 (1995.01.30)	
	峯岸 みなみ (1992.11.15)	渡辺 麻友 (1994.03.26)	宮崎 美穂 (1993.07.30)	
	指原 莉乃 (1992.11.21)	河西 智美 (1991.11.16)	北原 里英 (1991.06.24)	
	篠田 麻里子 (1986.03.11)	市川 美織 (1994.02.12)	入山 杏奈 (1995.12.03)	
	小嶋 陽菜 (1988.04.19)	大場 美奈 (1992.04.03)	竹内 美宥 (1996.01.12)	
	倉持 明日香 (1989.09.11)	山内 鈴蘭 (1994.12.08)	高城 亜樹 (1991.10.03)	

소속그룹	이름			대표작
乃木坂46 (대표적 멤버)	秋元 真夏 (1993.08.20) 市來 玲奈 (1996.01.22) 川後 陽菜 (1998.03.22) 斉藤 優里 (1993.07.20) 高山 一実 (1994.02.08) 西野 七瀬 (1994.05.25) 橋本 奈々未 (1993.02.20.) 松村 沙友里 (1992.08.27)	生田 絵梨花 (1997.01.22) 井上 小百合 (1994.12.14) 川村 真洋 (1995.07.23) 桜井 玲香 (1994.05.16) 中田 花奈 (1994.04.13) 能條 愛未 (1994.10.18) 深川 麻衣 (1991.03.29) 若月 佑美 (1994.06.27)	生駒 里奈 (1995.12.29) 衛藤 美咲 (1993.01.04) 齋藤 飛鳥 (1998.08.10) 白石 麻衣 (1992.08.20) 中元 日芽香 (1996.04.13) 畠中 清羅 (1995.12.05) 星野 みなみ (1998.02.06) 堀 未央奈 (1996.10.15)	ぐるぐるカーテン(2012年) おいでシャンプー(2012) 走れ!Bicycle (2012) 制服のマネキン(2012) 君の名は希望(2013) ガールズルール(2013) バレッタ(2013)

(5) 배우

이름	대표작	이름	대표작
阿部 寛 (1964.06.22)	HERO(2001年) ~ 芝山 貢 役 ドラゴン桜(2005年) ~ 桜木 建二 役 父が来た道(2005年) ~ 戸田 慎一郎 役	広末 涼子 (1980.07.18)	ロングバケーション(1996年) ~ 斉藤 貴子 役 僕が僕であるために(1997年) ~ 成瀬 弥子 役 武蔵 (2003年) ~ お菊 役 龍馬伝(2010年) ~ 平井 加尾 役
玉木 宏 (1980.01.14)	WATER BOYS(2003年) ~ 佐藤 勝正 役 のだめカンタービレ(2006年) ~ 千秋 真一 役 篤姫 (2008年) ~ 坂本 龍馬 役 鍵のかかった部屋(2012年) ~ 佐藤 学 役	上野 樹里 (1986.05.25)	ジョゼと虎と魚たち(2003年) ~ 香苗 役 のだめカンタービレ(2006年) ~ 野田 恵 役 ラスト・フレンズ(2008年) ~ 岸本 瑠可 役 素直になれなくて(2010年) ~ ハル 役
生田 斗真 (1984.10.07)	花ざかりの君たちへ~イケメン♂パラダイス~(2007年) ~ 中津 秀一 役 魔王(2008年) ~ 芹沢 直人 役 魔女裁判(2009年) ~ 吉岡 徹 役	新垣 結衣 (1988.06.11)	ドラゴン桜(2005年) ~ 香坂 よしの 役 マイ☆ボス マイ☆ヒーロー(2006年) ~ 梅村 ひかり 役 全開ガール(2011年) ~ 鮎川 若葉 役 らんま1/2(2011年) ~ 天道 あかね 役
小栗 旬 (1982.12.26)	GTO(1998年) ~ 吉川 のぼる 役 ごくせん(2002年) ~ 内山 春彦 役 花より男子(2005年) ~ 花沢 類 役 花ざかりの君たちへ~イケメン♂パラダイス~(2007年) ~ 佐野 泉 役 東京DOGS(2009年) ~ 高倉 奏 役	戸田 恵梨香 (1988.08.17)	野ブタ。をプロデュース(2005年) ~ 上原 まり子 役 デスノート(2006年) ~ 弥 海砂 役 たったひとつの恋(2006年) ~ 本宮 裕子 役 流星の絆(2008年) ~ 有明 静奈 役 BOSS(2009年) ~ 木元 真実 役 鍵のかかった部屋(2012年) ~ 青砥 純子 役

이름	대표작	이름	대표작
三浦 春馬 (1990.04.05)	恋空(2007年) ~ 桜井 弘樹 役 ブラッディ・マンデイ(2008年) ~ 高木 藤丸 役 君に届け(2010年) ~ 風早 翔太 役 大切なことはすべて君が教えてくれた(2011年) ~ 柏木 修二 役	綾瀬 はるか (1985.03.24)	世界の中心で、愛をさけぶ(2004年) ~ 広瀬 亜紀 役 たったひとつの恋(2006年) ~ 月丘 菜緒 役 ホタルノヒカリ(2007年) ~ 雨宮 蛍 役 JIN~仁~(2009年) ~ 橘咲 役 南極大陸(2011年) ~ 高岡美雪 役
松田 翔太 (1985.09.10)	花より男子(2005年) ~ 西門 総二郎 役 薔薇のない花屋(2008年) ~ 工藤 直哉 役 月の恋人〜Moon Lovers〜(2010年) ~ 蔡 風見 役	星野 亜希 (1977.03.14)	ぼくだけの☆アイドル(2007年) ~ 高鳥 美千 役 ごくせん3(2008年) ~ 鮎川 さくら 役
福山 雅治 (1969.02.06)	ガリレオ(2007年) ~ 湯川 学 役 龍馬伝(2010年) ~ 坂本 龍馬 役	沢尻 エリカ (1986.04.08)	1リットルの涙(2005年) ~ 池内 亜也 役 天使の卵 (2006年) ~ 斎藤 夏姫 役
オダギリ ジョー (1976.02.16)	深夜食堂(2009年) ~ カタギリ 役 悲夢(2009年) ~ ジン 役 マイウェイ(2012年) ~ 長谷川 辰雄 役	井上 真央 (1987.01.09)	花より男子(2005年) ~ 牧野 つくし 役 ファースト・キス(2007年) ~ 福永 美緒 役
竹野内 豊 (1971.01.02)	できちゃった結婚(2001年) ~ 平尾 隆之介 役 BOSS(2009年) ~ 野立 信次郎 役	佐々木 希 (1988.02.08)	神の雫(2009年) ~ セーラ 役 火車(2011年) ~ 新城 喬子 役
岡田 将生 (1989.08.15)	花ざかりの君たちへ〜イケメン♂パラダイス〜(2007年) ~ 関目 京悟 役 平清盛(2012年) ~ 源 頼朝 役	多部 未華子 (1989.01.25)	俺は、君のためにこそ死ににいく(2007年) ~ 鳥濱 礼子 役 山田太郎ものがたり(2007年) ~ 池上 隆子 役 君に届け(2010年) ~ 黒沼 爽子 役
小池 徹平 (1986.01.05)	ごくせん2(2005年) ~ 武田 啓太 役 ドラゴン桜(2005年) ~ 緒方 英喜 役 医龍~Team Medical Dragon~(2006年) ~ 伊集院 登 役	長澤 まさみ (1987.06.03)	世界の中心で愛をさけぶ(2004年) ~ 広瀬 亜紀 役 ドラゴン桜(2005年) ~ 水野 直美 役 プロポーズ大作戦(2007年) ~ 吉田 礼 役 冬の日(2011年) ~ リサ 役
溝端 淳平 (1989.06.14)	花ざかりの君たちへ〜イケメン♂パラダイス〜(2007年) ~ 嵯峨 和真 役 赤い糸(2008年) ~ 西野 敦史 役	前田 敦子 (1991.07.10)	龍馬伝(2010年) ~ 坂本 春猪 役 Q10(2010年) ~ Q10 役 花ざかりの君たちへ〜イケメン♂パラダイス〜(2011年) ~ 芦屋 瑞稀 役

이름	대표작	이름	대표작
陣内 孝則 (1958.08.12)	1リットルの涙(2005年) ~ 池内 瑞生 役 Tomorrow～陽はまたのぼる～(2008年) ~ 蓮見 洋治 役 CONTROL～犯罪心理捜査～(2011年) ~ 安斉千尋の父 役	堀北 真希 (1988.10.06)	電車男(2005年) ~ 山田 葵 役 野ブタ。をプロデュース(2005年) ~ 小谷 信子 役 クロサギ(2006年) ~ 吉川 氷柱 役 花ざかりの君たちへ～イケメン♂パラダイス～(2007年) ~ 芦屋 瑞稀 役
山本 裕典 (1988.01.19)	花ざかりの君たちへ～イケメン♂パラダイス～(2007年) ~ 萱島 大樹 役 桜蘭高校ホスト部(2011年) ~ 須王 環 役 GTO(2012年) ~ 冴島 俊行 役	北川 景子 (1986.08.22)	美少女戦士セーラームーン(2003年) ~ 火野 レイ 役 月の恋人～Moon Lovers～(2010年) ~ 大貫 柚月 役
水嶋 ヒロ (1984.04.13)	花ざかりの君たちへ～イケメン♂パラダイス～(2007年) ~ 難波 南 役 MR.BRAIN(2009年) ~ 林田 虎之助 役 東京DOGS(2009年) ~ 工藤 マルオ 役	上戸 彩 (1985.09.14)	ホテリアー(2007年) ~ 小田桐 杏子 役 流れ星(2010年) ~ 槙原 梨沙 役~
佐藤 健 (1989.03.21)	ROOKIES(2008年) ~ 岡田 優也 役 龍馬伝(2010年) ~ 岡田 以蔵 役 とんび(2013年) ~ 市川 旭 役	吉高 由里子 (1988.07.22)	私が恋愛できない理由(2011年) ~ 小倉 咲 役 ガリレオ(2013年) ~ 岸谷 美砂 役 花子とアン(2014年) ~ 村岡 花子 役
向井 理 (1982.02.07)	アイシテル～絆～(2011年) ~ 野口 智也 役 ハングリー! (2012年) ~ 山手 英介 役 怪物(2013年) ~ 真崎 亮 役	剛力 彩芽 (1992.08.27)	ビブリア古書堂の事件手帖(2013年) ~ 篠川 栞子 役 私の嫌いな探偵(2014年) ~ 二宮 朱美 役
長谷川 博己 (1977.03.07)	鈴木先生(2011年) ~ 鈴木 章 役 家政婦のミタ(2011年) ~ 阿須田 恵一 役	武井 咲 (1993.12.25)	東京全力少女(2012年) ~ 佐伯 麗 役 お天気お姉さん(2013年) ~ 安倍 晴子 役
堺 雅人 (1973.10.14)	リーガル・ハイ(2012年) ~ 古美門 研介 役 半沢直樹(2013年) ~ 半沢 直樹 役	能年 玲奈 (1993.07.13)	鍵のかかった部屋(2012年) ~ 水城 里奈 役 あまちゃん(2013年) ~ 天野 アキ 役

5. 일본 드라마의 이모저모

1) 일본드라마에서 한국영화 및 드라마로

〈영화〉

· 백야행－白夜行(2006) → 백야행－하얀 어둠 속을 걷다(2009)
· 세상의 중심에서 사랑을 외치다－世界の中心で、愛をさけぶ(2004) → 파랑주의보(2005)
· 사랑따윈 필요 없어, 여름－愛なんていらねえよ、夏(2002) → 사랑따윈 필요 없어(2006)
· 안티크－Antique~西洋骨董洋菓子店~(2001) → 서양골동양과자점 앤티크(2008)
· 29세의 크리스마스－29歳のクリスマス(1994) → 싱글즈(2003)
· 고교교사－高校教師(1993) → 어린 연인(1994)

〈드라마〉

· 가정부 미타－家政婦のミタ(2011) → 수상한 가정부(2013)
· 동창회－러브 어게인 증후군－同窓会~ラブ·アゲイン症候群(2010) → 러브 어게인(2012)
· 진－JIN―仁―(2009) → 닥터 진(2012)
· 사사키 부부의 인의 없는 싸움－佐々木夫妻の仁義なき戦い(2008) → 지고는 못살아(2011)
· 꽃보다 남자－花より男子(2007) → 꽃보다 남자(2009)
· 아름다운 그대에게－花ざかりの君たち～イケメン♂パラダイス(2007) → 아름다운 그대에게(2012)
· 파견의 품격－ハケンの品格(2007) → 직장의 신(2013)
· 프로포즈 대작전－プロポーズ大作戦(2007) → 프로포즈 대작전(2012)
· 결혼 못하는 남자－結婚できない男(2006) → 결혼 못하는 남자(2009)
· 드래곤 사쿠라－ドラゴン桜(2005) → 공부의 신(2010)
· 여왕의 교실－女王の教室(2005) → 여왕의 교실(2013)
· 하얀 거탑－白い巨塔(2003) → 하얀 거탑(2007)
· 사랑따윈 필요 없어, 여름－愛なんていらねえよ、 夏(2002) → 그 겨울 바람이 분다(2013)
· 내 사랑 사쿠라코－やまとなでしこ(2000) → 요조숙녀(2003)

· 장난스런 키스—イタズラなKiss(1996) → 장난스런 KISS(2010)
· 별의 금화—星の金貨(1995) → 봄날(2005)
· 친애하는 당신에게—親愛なる者へ(1992) → 친애하는 당신에게(2012)
· 101번째 프로포즈—101回目のプロポーズ(1991) → 101번째 프로포즈(2006)

2) 한국영화 및 드라마에서 일본드라마로

〈영화〉

· 말아톤(2005) → 마라톤—マラソン(2007)
· 내 머리 속의 지우개(2004) → 내 머리 속의 지우개—私の頭の中の消しゴム(2007)
· 두사부일체(2001) → 마이보스마이히어로—マイボス·マイヒーロー(2006)
· 선물(2001) → 라스트 프레젠트—ラストプレゼント(2005)
· 엽기적인 그녀(2001) → 엽기적인 그녀—猟奇的な彼女(2008)

〈드라마〉

· 미남이시네요(2009) → 미남이시네요—美男ですね(2011)
· 마왕(2007) → 마왕—魔王(2008)
· 호텔리어(2001) → 호텔리어—ホテリアー(2007)
· 가시고기(2000) → 굿 라이프—グッドライフ~ありがとう、パパ。さよなら~(2011)

3) 한국, 한국인이 나오는 드라마 (주인공, 주제, 한국인탤런트 및 배우)

가) 한국인이 나오는 드라마

· 겨울의 벚꽃—冬のサクラ(2011) → 최지우
· 굿 라이프—グッドライフ ~ありがとう、 パパ。さよなら~(2011) → 정우성
· 괴도 로얄—怪盜ロワイヤル(2011) → 황찬성(2pm)
· 나와 스타의 99일—僕とスターの99日(2011) → 김태희, 옥택연(2pm)
· 머슬걸—マッスルガール!(2011) → 이홍기
· 미남이시네요—美男ですね(2011) → 장근석
· 보스2—BOSS 2(2011) → 2pm
· 외교관 구로다 고사쿠—外交官 黒田康作(2011) → 이병헌
· 지우 경시청 특수범 수사계—ジウ 警視庁特殊犯捜査係(2011) → 엘(인피니트)

· 카라의 이중생활－URAKARA(2011) → 카라
· 괴물군－怪物くん(2010) → 최홍만
· 솔직하지 못해서－素直になれなくて(2010) → 재중(JYJ)
· 취업활동의 그녀－就活のムスメ(2009) → 조혜련
· 화려한 스파이－華麗なるスパイ(2009) → 고아라, 조혜련
· 시마과장－課長 島耕作(2008) → 김현기
· 엽기적인 그녀－猟奇的な彼女(2008) → 장혁
· 죠시데카! 여자형사－ジョシデカ! 女子刑事－(2007) → 류시원
· 프리즌걸－プリズンガール(2006) → 윤손하
· 굿 럭－Good Luck!!(2003) → 윤손하
· 니코니코 일기－ニコニコ日記(2003) → 윤손하
· 다시 한 번 키스－もう一度キス(2001) → 윤손하
· 파이팅 걸－ファイティングガール(2001) → 윤손하

나) 한국 관련 드라마

· 결혼의 조건－結婚の条件(2007) → 김윤경
<한국 여성과 일본 남성이 문화적 차이로 인해 갖은 우여곡절을 겪으며 결혼에 골인해 행복한 가정을 이루어내는 이야기>

· 윤무곡 론도－輪舞曲ロンド(2006) → 최지우, 이정현, 신현준
<어릴 적 아버지의 죽음으로 인해 복수를 위해 경찰이 된 남자와, 한국에서 온 묘령의 여인과의 멜로 드라마>

· 동경만경－東京湾景(2004) → 박용하, 성선임(소닌)
<재일 한국인과 일본인 청년의 러브스토리>－한글, 한국노래, 한복, 세종대왕 등 한국문화가 많이 소개됨

· 해협을 건너는 바이올린－海峡を渡るバイオリン(2004) → 정동환
<경상북도 김천 출신의 재일한국인으로, ‘아시아의 스트라디바리우스’로 불리는 바이올린 제작의 세계적 권위자 진창현(陳昌鉉)씨의 일대기를 그린 작품>

4) 주제별로 본 일본드라마

가) 학원물

(2013)
· 가족게임－家族ゲーム

· 35세의 고교생－35歳の高校生

(2012)

· 검은 여교사－黒の女教師
· 이상의 아들－理想の息子

(2011)

· 미사키 넘버 원!!－美咲ナンバーワン!!
· 오란고교 호스트부－桜蘭高校ホスト部
· 아스코마치－アスコーマーチ

(2010)

· 거침없이 한 획－とめはねっ!
· 건달군과 안경양－ヤンキー君とメガネちゃん
· 마지스카 학교－マジすか学園
· 텀블링－タンブリング
· 해머 세션!－ハンマーセッション!
· Q10－Q10

(2009)

· 메이의 집사－メイちゃんの執事
· 사무라이 하이스쿨－サムライ ハイスクール
· 오토멘－オトメン
· 트윈 스피카－ふたつのスピカ

(2008)

· 루키즈－ROOKIES
· 붉은 실－赤い糸
· 야스코와 켄지－ヤスコとケンジ
· 정의의 아군－正義の味方
· 태양과 바다의 교실－太陽と海の教室

(2007)

· 라이프－ライフ
· 아름다운 그대에게－花ざかりの君たち〜イケメン♂パラダイス
· 아빠와 딸의 7일간－パパとムスメの7日間
· 야마다 타로 이야기－山田太郎ものがたり
· 유한클럽－有閑倶楽部
· 프로포즈 대작전－プロポーズ大作戦
· 학생제군!－生徒諸君!

(2006)
- 노다메 칸타빌레－のだめカンタービレ
- 마이보스 마이히어로－マイボス·マイヒーロー

(2005)
- 노부타를 프로듀스－野ブタ。をプロデュース
- 드래곤 사쿠라－ドラゴン桜
- 여왕의 교실－女王の教室
- 꽃보다 남자－花より男子

(2003)
- 스탠드 업－Stand up!!
- 워터 보이즈－WATER BOYS

(2002)
- 고쿠센－ごくせん

(1990년대)
- 반항하지마－G.T.O

나) 범죄, 추리, 수사물

(2013)
- 갈릴레오 2－ガリレオ 2
- 파트너 11－相棒 11

(2012)
- 럭키 세븐－ラッキーセブン
- 스트로베리 나이트－ストロベリーナイト
- 열쇠가 잠긴 방－鍵のかかった部屋
- ATARU

(2011)
- 수수께끼 풀이는 저녁식사 후에－ジョーカー 許されざる捜査官
- 신 경시청 수사 1과 9계－新·警視庁捜査一課9係
- BOSS(2011)

(2010)
- 길티~악마와 계약한 여자－ギルティ 悪魔と契約した女
- 신참자－新参者
- 조커 용서받지 못할 수사관 ジョーカー　許されざる捜査官

· 좌목탐정 EYE－左目探偵EYE

(2009)

· 도쿄DOGS~최악이자 최고의 파트너~－東京DOGS~最悪で最高のパートナー~
· 더 퀴즈쇼－ザ·クイズショウ
· 미스터 브레인－MR.BRAIN
· 보이스 생명 없는 자의 목소리－VOICE 命なき者の声
· 사랑해~용서~－アイシテル~海容~
· 언터쳐블－アンタッチャブル
· 키이나~불가능 범죄 수사관~－キイナ ~不可能犯罪捜査官~
· 트라이앵글－トライアングル
· 화려한 스파이－華麗なるスパイ

(2008)

· 교섭인－交渉人
· 너 범인 아니지?－キミ犯人じゃないよね?
· 네자매 탐정단－4姉妹探偵団
· 마왕－魔王
· 블러디 먼데이－ブラッディ·マンデイ
· 유성의 인연－流星の絆
· 퍼즐－パズル
· 33분 탐정－33分探偵

(2007)

· 갈릴레오－ガリレオ
· 돌아온 시효경찰－帰ってきた時効警察
· 라이어 게임－ライアーゲーム(2007)
· 몹 걸－モップガール
· 탐정학원 Q－探偵学園Q
· SP－SP(2007)

(2006)

· 경시청 수사 1과 9계－警視庁捜査一課9係
· 백야행－白夜行
· 시효경찰－時効警察
· 식탐정－喰いタン
· 언페어－アンフェア
· 원한 해결사무소－怨み屋本舗

· 쿠로사기－クロサギ

(2004)

· 도망자－逃亡者
· 모래 그릇－砂の器
· 미스테리 민속학자 야쿠모 이츠키－ミステリー民俗学者 八雲樹
· 뱀파이어 호스트－ヴァンパイアホスト 夜型愛人専門店
· 인간의 증명－人間の証明

(2003)

· 당신 옆에 누군가 있다－あなたの隣に誰かいる
· 비기너－ビギナー

(2002)

· 리모트－リモート

(2001)

· 김전일 소년 사건부－金田一少年の事件簿

(2000)

· 트릭 1－トリック 1

(1990년대)

· 춤추는 대수사선－踊る大捜査線(1997)
· 얼음의 세계－氷の世界(1999)
· 케이조쿠－ケイゾク(1999)

다) 음식관련

(2013)

· 하나씨의 간단 요리－花のズボラ飯
· 노부나가의 셰프－信長のシェフ

(2012)

· 헝그리!－ハングリー!
· 고독한 미식가－孤独のグルメ

(2011)

· 맛의 달인－味いちもんめ
· 바텐더－バーテンダー

(2010)

· 천사의 몫－天使のわけまえ

(2009)

· 신의 물방울－神の雫
· 심야식당－深夜食堂
· 이케멘 소바 가게 탐정~괜찮아!－いいんだぜ! イケ麺そば屋探偵

(2008)

· 안도나츠－あんどーなつ
· 오센－おせん
· 절대 그이~완전무결한 연인로봇~－絶対彼氏～完全無欠の恋人ロボット～

(2007)

· 밤비노－バンビ~ノ!
· 초밥왕자!－スシ王子!
· 친애하는 아버님－拝啓、 父上様

(2006)

· 맛있는 프로포즈－おいしいプロポーズ
· 식탐정－喰いタン
· 철판소녀 아카네!!－鉄板少女アカネ!!

(2003)

· 맨하탄 러브스토리－マンハッタンラブストーリー
· 열혈 중화반점－熱烈的中華飯店

(2002)

· 런치의 여왕－ランチの女王
· 마이 리틀 쉐프－マイリトルシェフ

(2001)

· 안티크－Antique~西洋骨董洋菓子店~

(2000)

· 푸드 파이트－フードファイト

(1990년대)

· 임금님의 레스토랑－王様のレストラン
· 쇼타의 초밥－将太の寿司
· 소믈리에－ソムリエ

라) 의학

(2013)

· DOCTORS 2 최강의 명의－DOCTORS 2 最強の名医
· 구명병동 24시 시즌5－救命病棟24時 5

(2012)

· 닥터X~외과의 다이몬 미치코－ドクターX~外科医·大門未知子
· 37세에 의사가 된 나~연수의 순정이야기－37歳で医者になった僕~研修医純情物語

(2011)

· 최상의 명의－最上の命医
· 진 2－JIN―仁― 2
· DOCTORS 최강의 명의－DOCTORS 最強の名医

(2010)

· 수의사 두리틀－獣医ドリトル
· GM~춤춰라 닥터－GM~踊れドクター

(2009)

· 보이스 생명 없는 자의 목소리－VOICE 命なき者の声
· 산부인과 여자들－ギネ 産婦人科の女たち
· 진－JIN―仁―

(2008)

· 바티스타 수술팀의 영광－チーム·バチスタの栄光
· 소아구명－小児救命
· 코드블루－コードブルー
· 판도라－パンドラ

(2007)

· 나쁜 녀석들－わるいやつら
· 반짝반짝 연수의－きらきら研修医
· 병원의 힘 ~ 호시조라 호스피탈－病院のチカラ~星空ホスピタル
· 투모로우－TOMORROW

(2006)

· 간호사 아오이－Ns' あおい
· 닥터 고토의 진료소－Dr.コトー診療所
· 의룡－医龍 Team Medical Dragon
· 태양의 노래－タイヨウのうた

(2005)
· 87% 나의 5년 생존율－87% 私の5年生存率
· 1리터의 눈물－1リットルの涙
(2004)
· 너스맨이 간다－ナースマンがゆく
· 세상의 중심에서 사랑을 외치다－世界の中心で、 愛をさけぶ
(2003)
· 블랙잭에게 안부를－ブラックジャックによろしく
· 하얀 거탑－白い巨塔
(2002)
· 나이트 호스피탈－ナイト ホスピタル
· 바벨－The Tower of Babel~バベル
· 사이코 닥터－サイコドクター
· 사토라레－サトラレ
· 성형미인－整形美人
(2001)
· 하얀 그림자－白い影
· 한도쿠－ハンドク!!!
(1999)
· 구명병동 24시－救命病棟24時

마) <u>스포츠</u>

(2010)
· 텀블링－タンブリング(신체조)
(2009)
· 버저 비트－ブザー·ビート(농구)
(2008)
· 루키즈－ROOKIES(야구)
· 배터리－バッテリー(야구)
· 1파운드의 복음－1ポンドの福音(복싱)
(2007)
· 드림 어게인－ドリーム☆アゲイン(야구)
· 프로포즈 대작전－プロポーズ大作戦(야구)

(2006)
· 단도리 댄스드릴－ダンドリ。 Dance☆Drill(치어걸)
· 레가타－レガッタ 君といた永遠(보트)

(2005)
· 어택 넘버원－アタックNo. 1(배구)
· 엔진－エンジン(레이싱)
· 힘 좀 냅시다요－がんばっていきまっしょい(보트)
· H2~너와 있던 날들－H2~君といた日々(야구)

(2004)
· 에이스를 노려라!－エースをねらえ!(테니스)
· 원더풀 라이프－ワンダフルライフ(야구)
· 프라이드－プライド(아이스하키)

(2003)
· 워터보이즈－WATER BOYS(수중발레)

바) 일 직장

(2013)
· 하늘을 나는 홍보실－空飛ぶ広報室
· 한자와 나오키－半沢直樹

(2012)
· 도쿄 에어포트－도쿄 공항 관제 보안부－TOKYOエアポート~東京空港管制保安部
· 돗칸 특별국세징수관－トッカン 特別国税徴収官
· 13세의 헬로워크－13歳のハローワーク

(2011)
· 고발 국선 변호인－告発 国選弁護人

(2010)
· 꺾이지 않는 여자－曲げられない女
· 철의 뼈－鉄の骨
· 특상카바치!!－特上カバチ!!

(2009)
· 리얼 클로즈－リアル·クローズ
· 마녀재판－魔女裁判
· 보스－BOSS
· 일하는 곤!－働くゴン!

(2008)
· 시바토라－シバトラ~童顔刑事·柴田竹虎~
· 아라포－Around 40~注文の多いオンナたち
· 절대 그이－絶対彼氏～完全無欠の恋人ロボット～
· 톱세일즈－トップセールス

(2007)
· 비밀의 화원－ヒミツの花園
· 워킹맨－働きマン
· 파견의 품격－ハケンの品格
· 호타루의 빛－ホタルノヒカリ
· 호텔리어－ホテリアー

(2006)
· 맛있는 프로포즈－おいしいプロポーズ
· 어텐션 플리즈－アテンションプリーズ
· 톱캐스터－トップキャスター

(2005)
· 분기점의 그녀－曲がり角の彼女
· 아네고－アネゴ

(2003)
· 굿럭!!－Good Luck!!
· 너는 펫－きみはペット
· 모토카레－元カレ
· 미녀 혹은 야수－美女か野獣

(2001)
· 스타의 사랑－スタアの恋

(2000)
· 내 사랑 사쿠라코－やまとなでしこ

(1997)
· 춤추는 대수사선－踊る大捜査線

사) 가족드라마

(2013)
· 솔개－とんび
· 우먼－Woman

(2012)
· 우메짱 선생－梅ちゃん先生
· PRICELESS~있을리 없잖아 그런거~－PRICELESS~あるわけねぇだろ、んなもん~
(2011)
· 가정부 미타－家政婦のミタ
· 개를 키우는 것~스카이와 우리집의 180일－犬を飼うということ~スカイと我が家の180日
· 마루모의 규칙－マルモのおきて
· 요괴인간 벰－妖怪人間ベム
· 하나와가의 네 자매－華和家の四姉妹
(2010)
· 마더－Mother
(2009)
· 마이걸－マイガール
· 하얀 봄－白い春
(2008)
· 유성의 인연－流星の絆
(2007)
· 야마다 타로 이야기－山田太郎ものがたり
· 지옥 판가름도 며느리 나름－地獄の沙汰もヨメ次第
(2005)
· 꽃보다 남자－花より男子
· 브라더비트－ブラザー☆ビート

아) 사랑 로맨스

(2013)
· 라스트 신데렐라－ラスト·シンデレラ
· 섬머 누드－SUMMER NUDE
(2012)
· 끝에서 두 번째 사랑－最後から二番目の恋
· 리치맨, 푸어우먼－リッチマン、 プアウーマン
· 한 번 더 너에게, 프로포즈－もう一度君に、 プロポーズ

(2011)
· 나와 스타의 99일－僕とスターの99日
· 내가 연애할 수 없는 이유－私が恋愛できない理由
· 소중한 것은 모두 네가 가르쳐줬어－大切なことはすべて君が教えてくれた
· 전개걸－全開ガール
· 행복해지자－幸せになろうよ

(2010)
· 달의 연인－月の恋人
· 여름의 사랑은 무지개색으로 빛난다－夏の恋は虹色に輝く

(2009)
· 러브셔플－ラブシャッフル
· 메이의 집사－メイちゃんの執事
· 우리집 남자－アタシんちの男子

(2008)
· 세레브와 가난한 타로－セレブと貧乏太郎
· 연공－恋空
· 이노센트 러브－イノセント·ラヴ
· 장미 없는 꽃집－薔薇のない花屋
· 절대 그이－絶対彼氏～完全無欠の恋人ロボット～
· 1파운드의 복음－1ポンドの福音

(2007)
· 프로포즈 대작전－プロポーズ大作戦
· 호타루의 빛－ホタルノヒカリ

(2006)
· 단하나의 사랑－たったひとつの恋
· 러브 콤－ラブ コン: Love Com

(2005)
· 아네고－アネゴ
· 전차남－電車男

(2004)
· 라스트 크리스마스－ラストクリスマス
· 오렌지 데이즈－オレンジデイズ

(2003)
· 너는 펫－きみはペット

· 미녀 혹은 야수－美女か野獣
(2002)
· 퍼스트 러브－First Love

자) 실화드라마

· 운명의 인간－運命の人(2012)
· 남극대륙－南極大陸(2011)
· 카네이션－カーネーション(2011)
· 마라톤－マラソン(2007)
· 전차남－電車男(2005)
· 1리터의 눈물－1リットルの涙(2005)
· 천국의 다이스케에게－天国のダイスケへ(2003)

차) 이지메드라마 (유치원, 초, 중, 고－학생의 경우, 회사원의 경우, 일반인의 경우)

· 울지않겠다고 결심한 날－泣かないと決めた日(2010)
· 라이프－ライフ(2007)
· 우리들의 교과서－わたしたちの教科書(2007)
· 노부타를 프로듀스－野ブタ。をプロデュース(2005)
· 여왕의 교실－女王の教室(2005)
· 홀리랜드－ホーリーランド(2005)
· 인간실격~내가 만약 죽는다면－人間·失格~たとえばぼくが死んだら(1994)

카) 일본문화, 사회문제를 다룬 드라마

· 야에의 벚꽃－八重の桜(2013)
· 오오쿠~탄생[아리코토·이에미쓰편]－大奥~誕生[有功·家光篇](2012)
· 고우~공주들의 전국－江~姫たちの戦国(2011)
· 프리터, 집을 사다－フリーター、 家を買う。(2010)
· 스마일－スマイル(2009)
· 라스트 프렌즈－ラストフレンズ(2008)
· 화려한 일족－華麗なる一族(2007)
· 14세의 어머니－14才の母(2006)

타) 한국과 유사한 드라마 (불치병, 기억상실, 혈연관계, 빈부격차...)

· 한번 더 너에게, 프로포즈－もう一度君に、 プロポーズ(2012)

· 겨울의 벚꽃－冬のサクラ(2011)
· 굿 라이프~고마워요 아빠－グッドライフ ~ありがとう、パパ。さよなら~(2011)
· 달의 연인: 문 러버스－月の恋人 Moon Lovers(2010)
· 장미 없는 꽃집－ 薔薇のない花屋(2008)
· 1리터의 눈물－1リットルの涙(2005)
· 동경만경－東京湾景(2004)
· 썸머 스노우－Summer Snow(2000)

5) 추천드라마

(웃을 수 있는 드라마)

· 도쿄DOGS~최악이자 최고의 파트너~－東京DOGS~最悪で最高のパートナー(2009)
· 꿈을 이뤄주는 코끼리－夢をかなえるゾウ(2008)
· 갈릴레오－ガリレオ(2007)
· 아름다운 그대에게－花ざかりの君たちへ~イケメン♂パラダイス(2007)
· 파견의 품격－ハケンの品格(2007)
· 노다메 칸타빌레－のだめカンタービレ(2006)
· 마이보스 마이히어로－マイボス·マイヒーロー(2006)
· 트릭 1－トリック 1(2000)

(반전의 재미가 느껴지는 드라마)

· 조커 용서받지 못할 수사관－ジョーカー 許されざる捜査官(2010)
· 유성의 인연－流星の絆(2008)
· 장미 없는 꽃집－薔薇のない花屋(2008)
· 라이어 게임－ライアーゲーム(2007)

(따뜻한 감성의 드라마)

· 마더－Mother(2010)
· 심야식당－深夜食堂(2009)
· 진－JIN—仁—(2009)

(러브 스토리)

· 러브셔플－ラブシャッフル(2009)
· 절대 그이~완전무결한 연인로봇~－絶対彼氏～完全無欠の恋人ロボット～(2008)
· 프로포즈 대작전－プロポーズ大作戦(2007)
· 굿럭!!－Good Luck!!(2003)

(문제 학생들의 성장기)

· 드래곤 사쿠라－ドラゴン桜(2005)

· 고쿠센－ごくせん(2002)

(의학 드라마)

· 의룡－医龍 Team Medical Dragon(2006)

· 하얀 거탑－白い巨塔(2003)

(가슴 시린 이야기)

· 라스트 프렌즈－ラストフレンズ(2008)

· 백야행－白夜行(2006)

(통쾌한 드라마)

· 한자와 나오키－半沢直樹(2013)

· 쿠로사기－クロサギ(2006)

시청각 일본어 표현연습

지은이　허인순, 최영숙, 김은모, 최준호 (삽화: 박지숙)
펴낸이　서거석
펴낸곳　전북대학교 출판문화원

초판 1쇄 인쇄　2014년 2월 24일
초판 1쇄 발행　2014년 2월 28일

전북대학교 출판문화원
주　소　전라북도 전주시 완산구 어진길 32 (풍남동2가)
내용문의　(063) 219-5321~2
구입문의　(063) 219-5321~2
팩　스　(063) 219-5323
출판등록　2012년 8월 20일 제465-2012-000021호

값 16,000원

ISBN 978-89-98534-11-0 93730

이 도서의 국립중앙도서관 출판시도서목록(CIP)은 서지정보유통지원시스템 홈페이지(http://seoji.nl.go.kr)와 국가자료공동목록시스템(http://www.nl.go.kr/kolisnet)에서 이용하실 수 있습니다.(CIP제어번호 : CIP2014005718)